알수록 맛있는
음식 이야기
❷

알수록 맛있는 음식 이야기 2

발행일	2021년 8월 30일		
지은이	차가성		
펴낸이	손형국		
펴낸곳	(주)북랩		
편집인	선일영	편집	정두철, 배진용, 김현아, 박준, 장하영
디자인	이현수, 한수희, 김윤주, 허지혜	제작	박기성, 황동현, 구성우, 권태련
마케팅	김회란, 박진관		
출판등록	2004. 12. 1(제2012-000051호)		
주소	서울특별시 금천구 가산디지털 1로 168, 우림라이온스밸리 B동 B113~114호, C동 B101호		
홈페이지	www.book.co.kr		
전화번호	(02)2026-5777	팩스	(02)2026-5747

ISBN	979-11-6539-943-6 04300 (종이책)	979-11-6539-945-0 04300 (세트)
	979-11-6539-944-3 05300 (전자책)	

(주)북랩 성공출판의 파트너

북랩 홈페이지와 패밀리 사이트에서 다양한 출판 솔루션을 만나 보세요!

홈페이지 book.co.kr • **블로그** blog.naver.com/essaybook • **출판문의** book@book.co.kr

작가 연락처 문의 ▸ ask.book.co.kr

작가의 연락처는 개인정보이므로 북랩에서 알려드릴 수가 없습니다.

알수록 맛있는

으식
이야기

2

/ 입맛 도는 밥상 인문학 /

차가성 지음

북랩 book Lab

○
머리글

요즘은 이른바 '먹방'이 유행이다. 개인 유튜브는 물론이고, TV를 틀면 여러 채널에서 경쟁적으로 먹방을 내보내고 있다. 그중에는 단순히 출연자들이 음식을 먹는 모습을 보여 주는 것도 있으며, 리포터가 여러 지역을 방문하여 그 지역 특산물로 요리된 음식을 먹는 내용도 있다. 때로는 이름난 음식점을 찾아가기도 한다. 먹방이 이처럼 유행하는 것은 그만큼 사람들의 관심이 많고 시청률이 높기 때문이다.

음식은 원래부터 모든 사람에게 관심의 대상이었으나, 최근의 유행은 혼자 밥을 먹는 이른바 '혼밥족'의 증가와도 관련이 깊다. 식사는 단순히 밥을 먹는 행위 이상이며, 누군가와 함께 먹는 것이 정상이다. 그러나 1인 가족이 늘어나고 코로나19로 인하여 사람과의 접촉을 피하면서 혼자 밥을 먹는 사람들이 증가하게 되었다. 이런 사람들이 누구와 함께 식사하고 싶은 욕

구를 먹방을 보면서 해소하기 때문이다.

먹방에서 소개하는 음식들을 보면 정말 그 종류가 너무 많아 놀라움을 금할 수 없다. 오늘날 우리가 접하게 되는 다양한 음식은 어느 한순간에 갑자기 생겨난 것이 아니라 각각의 유래와 역사가 있는 것이다. 어느 나라의 음식을 보면 그들의 고유한 문화와 가치관을 이해할 수 있으며 민족성, 역사성, 정체성까지 알 수 있다. 어느 나라의 음식이란 단순한 먹거리가 아니라 그 나라를 보여주는 거울이라 할 수 있다.

우리의 식품문화 역시 우리나라의 지역적 특성 및 역사와 밀접한 관련이 있다. 사계절이 확연하게 구분되는 기후적 특성은 철마다 새로운 식재료를 구할 수 있게 하였다. 삼면이 바다로 둘러싸여 있는 반도여서 다양한 수산물을 식용으로 할 수 있었으며, 전국토의 70% 이상이 산으로 되어 있다는 지리적 여건이 산이나 들에서 채취한 나물을 반찬으로 이용하는 한국음식의 특징에 그대로 반영되어 있다.

서쪽에서 동쪽으로 이동하던 인류는 바다에 막혀 한반도에 정착하게 되었으며, 자연스럽게 농경 사회를 이루게 되었다. 이에 따라 가을 추수철이 되면 성대하게 축제를 열고 함께 즐기는 문화가 형성되었다. 옛 문헌의 기록들을 보면 한반도에서는 삼국시대 이전부터 가을에 수확한 작물로 하늘에 제사 지내고, 밤낮으로 술을 마시며 노래하고 춤추는 국가적 행사가 있었다.

통일신라시대와 고려시대에는 불교의 영향을 받았고, 조선시대에는 유교의 영향을 받은 정치•문화적 배경에서 여러 계층별 음식이 독자적으로 발전하였다. 대표적인 것이 채식 위주의 담백한 사찰음식, 집권 세력인 궁중을 중심으로 한 화려한 궁중음식, 지배 계층인 양반가의 각 가문에서 이어져 온 반가음식(班家飮食), 일반 서민들의 소박한 서민음식 등이다.

우리의 식생활에서 기본이 되는 한식(韓食)은 밥과 면으로 대변되는 주식과 국이나 찌개를 비롯하여 김치, 나물 등의 반찬으로 구성되어 있다. 후식으로는 한과(韓菓), 떡, 식혜, 수정과 등이 제공되었고, 주류(酒類)를 식사와 함께 마시기도 한다. 술을 마신 다음날에 숙취 해소를 위한 해장국을 먹는 것은 다른 나라에서는 찾아보기 힘든 우리의 독특한 식문화이다. 음식을 통하여 건강을 챙기려는 마음에서 보신탕, 삼계탕, 추어탕 등이 생겨났다.

우리는 중국에서 전래된 만두와 녹차를 오래전부터 즐겨왔으며, 서양의 음식들이 전래되면서 빵, 과자, 커피, 초콜릿 등이 우리의 일상에 자연스럽게 자리 잡았다. 생일이나 축하 행사에는 케이크가 빠지지 않으며, 디저트로는 아이스크림이나 푸딩을 먹게 되었다. 또한 요즘에는 집에서 간편하게 식사할 수 있는 가정간편식(HMR)이 유행하고 있다.

이 책에서는 저자의 저서 『알수록 맛있는 음식 이야기 1』에서 다루지 못하였던 한식(韓食), 한과(韓菓)를 비롯한 여러 음식의 유래와 역사, 종류 및 만드는 법 등에 대하여 설명하였으며, 음식과 얽힌 이야기들도 곁들였다. 특히 우리의 전통주인 막걸리를 비롯한 술과 관련된 내용을 보완하였다. 이 책이 독자들에게 음식에 대한 이해를 넓히고, 보다 풍요로운 식생활을 누리는 데 도움이 되었으면 한다.

하가성

차례

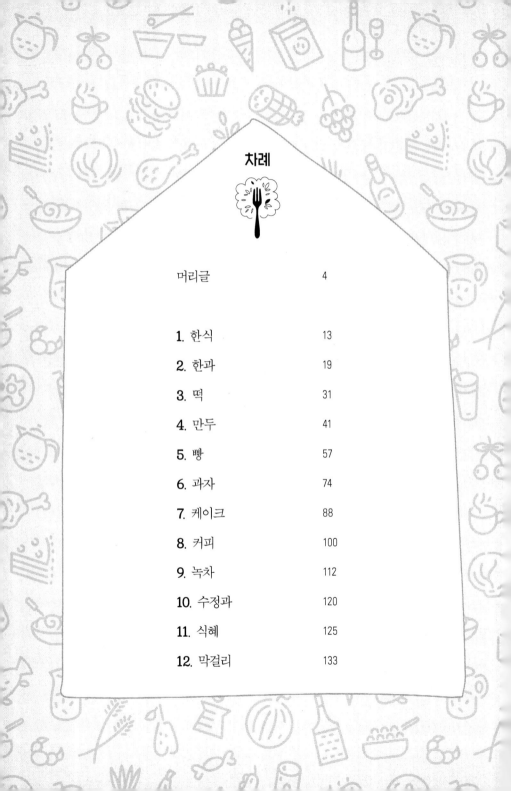

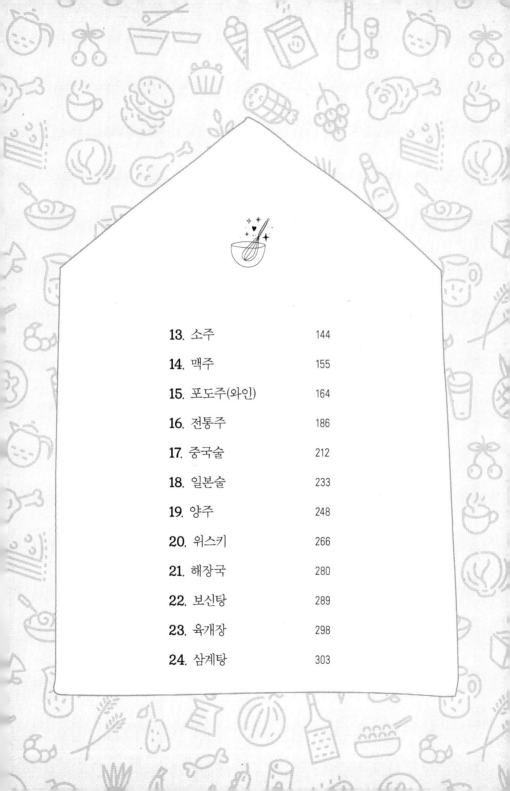

알수록 맛있는
음식 이야기
❷

1.
한식

    우리나라 고유의 음식이나 식사를 한식(韓食)이라고 한다. 한식이라는 단어는 비교적 최근에 생긴 말로써 서양을 비롯하여 중국이나 일본 등 외국의 음식과 구분하기 위하여 사용되기 시작한 것으로 추정되며, 1950년대의 신문에서 나타나기 시작하였다.

    예로서, 《동아일보》의 1954년 4월 24일 경제면에는 '각 음식료 약 5할 인상'이라는 기사에 '韓食(한식)'이라는 용어가 나오며, 《경향신문》의 1954년 4월 27일 경제면의 '현실 무시하는 사정위(査定委) 물가 폭등을 조장'이라는 기사에도 '韓食(한식)'이 나온다.

    한식은 우리 조상들이 한반도에 정착하여 살기 시작하면서부터 자연스럽게 발전한 것으로, 우리의 역사와 문화의 일부이다. 우리나라는 사계절이 뚜렷하여 계절마다 얻을 수 있는 재료가 다르고, 반도이기 때문에 바다와 육지에서 나오는 재료를 모두 이용할 수 있어서 다양한 요리법이 발달하였다. 고온다습한 기후는 벼농사에 적합하여 쌀밥이 주식이 되었다.

한식의 특징은 곡류와 채소류가 주를 이루고 있으며, 육류가 적다는 것이다. 또한 오랜 옛날부터 정착 생활을 하여 김치나 장류와 같이 시간이 오래 걸리는 발효음식이 발달하였다. 그리고 국이나 찌개 등 국물요리가 많아 숟가락의 사용이 일반화되어 있다.

오늘날 전 세계 인류 중 약 40%는 맨손으로 식사를 하며, 약 30%는 숟가락도 사용하나 주로 젓가락을 사용하고, 나머지 약 30%는 나이프, 포크, 스푼을 함께 사용한다고 한다. 젓가락도 사용하기는 하나 숟가락을 주로 사용하는 것은 우리 민족뿐이라고 한다.

한식은 크게 주식(主食), 부식(副食) 및 후식(後食)으로 나눌 수 있다. 주식은 밥을 비롯하여 죽, 국수 등을 말하며 식사의 중심이 된다. 부식은 국과 찌개를 비롯하여 주식을 제외한 모든 곁들임 음식을 말하며, 반찬(飯饌)이라고도 한다. 반찬의 종류는 매우 다양하며 볶음, 찜, 조림. 전(煎), 구이, 나물, 장아찌, 젓갈 등이 있다. 후식은 크게 떡, 과자, 과일 등의 병과류(餠菓類)와 차, 음료 등의 음청류(飮淸類)가 있다.

요즘은 서양의 영향을 받아 음식이 순서대로 나오는 경우도 있으나, 전통적인 한식의 상차림은 주식과 반찬을 모두 한 상에 차려내는 것이 원칙이다. 기본적으로 밥, 국, 김치, 장류(醬類) 등이 제공되며, 추가되는 반찬의 수에 따라 3첩반상, 5첩반상, 7첩반상, 9첩반상, 12첩반상 등으로 구분하기도 한다.

서양음식의 상차림은 개인별 배식이 원칙이어서 손님을 초대할 때에도 미리 참석 여부를 확인하고, 만일 추가 인원이 발생하면 적절한 대처 방법이 없다. 그러나 한국 상차림의 경우에는 "십시일반(十匙一飯)"이나 "숟가락 하나 더 놓는다"는 표현처럼 유연하게 대처할 수 있다.

서양의 음식들이 대체로 각 재료의 고유한 맛을 살리는 쪽으로 발달되어 온 데 비하여 한식은 여러 재료의 복합적인 맛을 중요시한다. 복합적인 맛을 강조한 대표적인 음식이 비빔밥이며, 국 역시 여러 음식 재료를 넣고 함께 끓여 어우러진 맛을 내는 요리이다. 이러한 국 문화의 발달은 씨족이나 부락 단위의 공동체 생활을 하면서 서로의 단합을 다지며 음식을 나누어 먹는 관습에서 비롯된 것이다.

서양을 비롯하여 대부분의 국가에서는 주식과 부식의 구분이 명확하지 않으나, 주식과 부식이 확실히 구분된다는 점 역시 한식의 특징이다. 한식에서 부식은 아무리 많아도 주식을 먹기 위한 보조적인 음식일 뿐이다. 우리는 맛있는 반찬을 '밥도둑'이라 표현하는데, 이는 주식과 부식의 위상을 함축적으로 보여주는 것이다.

우리나라는 농사를 주로 하였기 때문에 대표적인 주식은 밥이며 때로는 죽이나 국수가 제공되기도 한다. 밥이 나올 때는 국이나 찌개가 반드시 첨부되지만, 죽이나 국수가 나올 때에는 국이나 찌개가 생략되는 것이 보통이다. 국 중에서도 떡국과 만둣국은 주식의 내용으로 제공되기도 한다.

국수는 밀이나 메밀과 같은 곡물의 가루를 물에 반죽한 것을 가늘고 길게 뽑아낸 것, 또는 그것을 익혀 만든 음식을 말하며, 한자로는 면(麵)이라고 한다. 세상에는 수많은 국수 제조법이 있으나 크게 보면 납면, 압면, 절면, 소면의 4가지로 구분할 수 있다.

- 납면(拉麵): 수타면(手打麵)이라고도 하며, 밀가루 반죽을 손으로 두드리고 늘이기를 반복하여 가닥의 수와 가늘기를 조절한다.

- 압면(壓麵): 반죽을 구멍이 뚫린 틀에 넣고 강한 압력으로 밀어 국수가닥을 뽑는 방식이다.

■ 절면(切麵): 반죽을 밀대로 밀어 얇게 만든 후 칼로 썰거나 반죽을 바로 칼로 썰어서 만드는 방식이다.

■ 소면(素麵): 밀가루 반죽을 막대기에 감아 당겨 늘리면서 가늘게 만드는 방식이며, 우리나라에서 일반적으로 국수라고 부르는 것이다. 소면은 굵기에 따라 세면(細麵), 소면(小麵), 중면(中麵)으로 구분하기도 한다. 참고로, 소면(素麵)에는 '고기류를 넣지 않은 수수한 국수'라는 다른 의미도 있다.

국의 한자식 표현이 탕(湯)이며, 영어로는 수프(soup)로 번역된다. 사대주의가 강했던 조선시대에는 탕이 국의 높임말로 사용되었으나 요즘은 그런 구분은 없어지고 같은 의미로 사용된다. 한식의 상차림에서 국이나 찌개는 매끼마다 오르는 기본적인 반찬이다.

국은 고기류, 채소류, 어패류, 해조류 등 건더기가 되는 재료와 맛을 내는 간장, 고추장, 된장, 파, 마늘 등 양념류를 함께 넣고 끓여서 모든 음식 재료의 맛이 국물로 우러나도록 하여 종합적인 맛을 내는 요리이다. 더운 여름에는 오이, 미역 등으로 차가운 냉국을 제공하기도 한다.

국, 찌개, 전골(煎骨) 등은 서로 유사하여 쉽게 구분하기도 어렵고, 명확한 경계가 있는 것도 아니어서 관습상 부르는 경우가 많다. 일반적으로 국은 건더기보다 국물이 많으며 각자에게 개별적으로 제공된다. 이에 비해 찌개는 국물보다 건더기가 많고 간이 강하며, 밥상 가운데에 두고 함께 먹게 된다. 국과 찌개가 미리 조리된 상태로 제공되는 데 비하여 전골은 밥상 위에서 직접 끓인다는 점에서 구분된다.

국은 그 종류가 다양하여 한마디로 평가하기는 어렵다. 영양학적으로는 끓이는 동안에 비타민C 등 열에 약한 영양소가 파괴되며, 대체로 국물의 가장 기본적인 맛이 짠맛으로서 나트륨 성분을 많이 함유하고 있다는 단점이 지적되기도 한다. 그러나 국은 열을 가함으로써 식중독의 위험을 방지하고, 육류 등의 건더기를 부드럽게 하여 소화율을 높여주며, 국물에는 다양한 영양분이 골고루 녹아있어 밥에 부족하기 쉬운 영양소를 보충해 주는 훌륭한 식품이다.

2.
한과

　오늘날에는 서양에서 전래된 과자가 많이 보급되어 있어 과자라고 하면 으레 서양식 과자를 연상하게 되나, 우리나라에도 오래전부터 전통적인 과자인 한과가 있었다. 과거에 한과는 집 안에 제사가 있거나 명절이 와야만 겨우 맛볼 수 있었으며, 귀한 손님을 접대하던 음식이었으나, 지금은 언제라도 쉽게 사서 먹을 수 있는 기호식품이 되었다.

　요즘은 우리의 전통과자를 가리키는 말로서 대부분 '한과(韓菓)'라는 용어를 사용하고 있으나, 이 단어는 서양의 과자와 구분하기 위해 비교적 최근에 생긴 말이다. 한식(韓食)이란 단어가 1950년대의 신문에서 나타나기 시작하는 것으로 보아 한과(韓菓)라는 단어도 빠르면 이 무렵부터 사용되었을 가능성도 있다.

　신문에서 한과라는 단어가 처음 나오는 것은 《경향신문》의

1960년 11월 15일자 '제2회 생활개선 전시회'라는 기사이며, 식품 분야 전시품목 중에 조림, 장아찌, 쨈, 쿠키, 캔디 등과 함께 한과가 열거되어 있다. '韓菓'라는 표기는 1970년대 중반의 신문에 처음 나타나기 시작하였다.

《매일경제》의 1974년 6월 6일자 사회면에 신생어린이백화점의 점포 임대에 관한 기사에서 지하 슈퍼의 임대부문에 韓菓가 포함되어 있고,《동아일보》의 1975년 12월 29일자 정초의 손님상에 대한 기사에서 "설에는 韓菓를 즐기는 게 제맛일 듯하다"는 내용이 있으며,《경향신문》의 1977년 2월 19일자 '외길 50년 金順子(김순자) 여사'라는 인터뷰 기사에 韓菓가 언급되고 있다.

한과(韓菓)와 같은 의미로 한과(漢菓)라는 한자가 사용되기도 하나, '漢菓'는 '중국의 과자'라는 의미가 있어 최근에는 '한국의 과자'라는 의미의 '韓菓'라는 한자를 사용하는 것이 일반적이다. 그러나《동아일보》1971년 10월 1일자의 추석 경기를 진단하는 기사 중에 종합 한과(漢菓) 세트 가격에 대한 내용이 있으며, 드물기는 하나 아직도 일부 신문이나 잡지에서 漢菓라는 표기를 발견할 수 있다.

한과라는 단어를 사용하기 전에는 '조과(造菓)' 또는 '과줄'이란 단어가 사용되었다. 옛날 제사상에는 과일을 올렸는데, 과일이 나지 않는 계절에는 곡분(穀粉)으로 과일을 본떠서 만든 것

을 사용하였으며, 실과(實果)와 구분하여 조과(造菓)라고 하였
다. 조과는 1740년경에 나온 이익(李瀷)의 『성호사설(星湖僿說)』
을 비롯하여 조선시대 여러 문헌에 나온다.

《동아일보》의 1985년 9월 24일자 추석 장보기에 대한 기사에
"추석 장보기는 과일 생선 토란 등은 추석 이틀 전에 살 수밖에
없지만 북어 등 건어물이나 강정 사탕 등 造菓(조과) 肉類(육류)
옷가지 등은 미리 사두는 것이 좋다"는 내용이 나와 최근까지
도 사용되었음을 알 수 있다.

과줄은 조과에 해당하는 순우리말이며, 현재도 강원도 등 일
부 지역에서는 이런 명칭을 사용하고 있으나 널리 알려진 단어
는 아니고 한과라는 표현이 일반적이다. 옛 문헌에서 과줄이란
단어가 사용된 예는 우리나라의 대표적인 고전 소설인 『춘향
전』에서 찾아볼 수 있다.

암행어사 출두 대목에 "모든 수령 도망할 제 거동 보소. 인궤
(印櫃) 잃고 과줄 들고, 병부(兵符) 잃고 송편 들고, 탕건(宕巾)
잃고 용수 쓰고"라는 표현이 나온다. 이외에도 1613년경에 작성
된 『계축일기(癸丑日記)』, 1798년 이만영(李晩永)이 편찬한 『재물
보(才物譜)』 등에도 과줄(과즐)이 나온다.

우리나라에서 언제부터 한과를 만들기 시작하였는지 알 수
없으나 제례 문화와 관련이 깊은 것으로 추정된다. 우리 민족

은 고대로부터 제천 의식을 거행하였으며, 이런 제천 의식에서는 술과 음식을 나누어 먹으면서 춤추고 음악을 연주했다고 하며, 음식 중에는 당연히 과일도 포함되었다.

국가 형태가 갖추어진 후에는 국가 경영과 관련이 있는 제례가 행해졌다. 제천 의식은 추수가 끝난 가을에 열렸기 때문에 특별히 조과가 필요하지 않았으나, 국가적 제례는 과일이 없는 시기에도 올려야 했으므로 조과가 필요하게 되었다. 또한 조상에 대한 제사에서도 조과가 이용되었다.

기록상 한과의 존재를 확인할 수 있는 것은 고려시대부터이다. 『고려사(高麗史)』에 의하면 제19대 왕인 명종(明宗) 22년 (1192년)에 왕족과 귀족, 사원에서 유밀과(油蜜果)를 만드느라 곡물, 꿀, 기름 등이 많이 소비되어 물가가 올라 민생을 어렵게 한다고 하여 공사(公私)의 연회에 유밀과의 사용을 금하였다고 한다. 고려 중기인 명종 때에 유밀과 때문에 물가가 오를 정도로 성행하였다면 유밀과를 만들기 시작한 것은 훨씬 이전이었을 것이다.

이규경(李圭景)이 1850년경에 펴낸 『오주연문장전산고(五洲衍文長箋散稿)』에는 고려 충렬왕(忠烈王) 22년(1296년)에 원(元)나라 세자의 결혼식에 참석하기 위하여 원나라에 간 충렬왕이 결혼식 연회에서 본국에서 가져간 유밀과를 내놓았더니 그곳 사람들로부터 격찬을 받았다는 기록이 있다. 이후 고려의 유밀과는 원나라에 고려병(高麗餠)으로 알려지게 되었다고 한다.

이와 같이 고려에서 유밀과가 발달한 것은 고려의 국교(國敎)인 불교와 관계가 깊다. 불교에서는 살생을 금지하고 있으므로 절에서 제사를 지낼 때에는 고기와 생선 대신에 유밀과를 새, 붕어, 과실 등의 모양으로 만들어 사용하였다. 국가의 불교적 대행사인 연등회(燃燈會)와 팔관회(八關會)뿐만 아니라 각종 연회와 제사에도 유밀과가 사용되었다. 또한 불교의 영향으로 육식을 멀리하고 차를 많이 마시게 됨에 따라 다식과 같은 한과도 발달하였다.

조선시대에 들어서면 한과는 더욱 발전하여 문헌에 나오는 한과 종류만 하여도 수백 가지나 된다. 궁중에서뿐만 아니라 양반집에서도 한과가 일반화되어 연회상에 올라가는 전체 음식의 반을 차지할 정도로 성장했고, 일반 민가에서도 혼례, 제사, 연회 때 상차림의 대표적인 음식으로 각광 받게 되었다. 조선에서는 제사나 연회뿐만 아니라 손님을 접대할 때나 평상시에도 기호식품으로 한과를 즐겨 먹었다.

그러나 한과를 만들려면 꿀이나 참기름 등의 귀한 재료가 필요하였고, 또한 모든 제조과정을 일일이 수작업으로 했기 때문에 노동력도 많이 들어서 높은 신분의 계층이 아니면 만들어 먹을 수 없는 음식이었다. 그리고 한과를 만들면 완성된 양에 비하여 쌀, 밀가루 등이 많이 소요되었다. 따라서 가뭄이나 홍수가 들어서 작황이 좋지 않으면 수시로 제조금지 조치가 내려졌다.

궁중과 양반가를 중심으로 발전해오던 한과였으나 일제강점기에는 전쟁용품 공출로 인해 식재료를 구하기 쉽지 않아 쇠퇴하게 되었으며, 서양식 과자가 전파되면서 더욱 위축되었다. 8·15 해방 후에도 서구의 문화가 유입되고 밀가루, 설탕, 유제품 등의 식재료가 값싸게 공급됨에 따라 서양식 과자는 더욱 확산되었다.

1960년~1970년대에는 급격한 산업화가 진행되면서 공장에서 대량으로 만들어내는 과자에 비해 시간도 많이 걸리고 제조공정도 복잡하고 까다로운 전통 한과는 점차 설 자리를 잃고 명절, 제사, 결혼 등 특별한 날에만 사용되며 그 명맥을 이어가게 되었다.

1980년대에 들어서면서 국민경제가 윤택해지고, 우리 것에 대한 자긍심과 건강에 대한 인식이 높아짐에 따라 전통 한과에 대한 관심이 되살아나게 되었다. 설탕, 지방 등 고열량 식품의 과다 섭취로 인한 성인병의 위험이 커짐에 따라 상대적으로 칼로리가 낮은 한과를 찾게 되었으며, 잊을 만하면 터지는 크고 작은 식품 사고로 안전한 과자에 대한 관심이 높아지면서 화학 첨가물을 전혀 사용하지 않고 자연에서 구한 천연원료만 사용하여 만드는 전통 한과가 주목을 받게 되었다.

한과는 설탕보다는 꿀이나 조청을 주로 사용하기 때문에 단맛이 자극적이지 않고 조화로운 단맛을 낼 뿐만 아니라 천연재료의 은은한 향에다 자연스럽게 배어 나오는 고운 빛깔의 색이 주는 시각적인 아름다움까지 갖추고 있다. 한과는 계절의 변화에 따라 제철에 생산되는 재료와 지방의 특산물을 사용하여 자연의 순리를 따르는 음식이다.

이처럼 장점이 많은 한과이지만 아직은 공정 개선 및 대량 생산이라는 과제를 해결하지 못하여 대중화되지 못하고 있다. 그러나 전 세계 시장으로 진출하는 등 앞으로의 전망은 어둡지 않다. 한과는 만드는 법이나 재료 등에 따라 크게 유밀과, 유과, 다식, 숙실과, 정과, 과편, 엿, 당 등의 종류가 있다.

■ 유밀과(油蜜菓): 밀가루에 꿀, 참기름, 술 등을 넣고 반죽하여 모양을 만들어서 기름에 튀긴 후 꿀 또는 조청에 담가 충분히 스며들게 하여 만들며 가장 대표적인 한과이다. 흔히 유과(油菓)와 혼동하기도 하지만 서로 다른 종류이다. 유밀과는 밀가루를 사용하고 유과는 찹쌀가루를 이용하며, 유과는 겉에 조청을 묻히는 정도지만 유밀과는 최대한 조청이 스며들도록

절여서 만드는 차이가 있다.

유밀과는 모양이나 만드는 방법에 따라 약과(藥果), 박계(朴桂), 매작과(梅雀果), 채소과(菜蔬菓), 차수과(叉手果) 등으로 분류하기도 한다. 약과는 유밀과 중에서도 대표적인 것으로 옛 왕실의 제사나 잔치에 사용됨은 물론이고 중국에 가져갔던 최고의 조공품이기도 하였다.

■ 유과(油菓): 찹쌀을 술에 넣어 보름 정도 삭힌 뒤 가루를 내어 찐 다음 절구에 오래 쳐서 얇게 편 것을 용도에 맞게 자르고 건조시켜서 기름에 튀긴 후 조청이나 꿀을 입혀서 고물을 묻힌 것으로 약과나 다식에 비하여 노력과 시간이 많이 든다. 유과는 모양이나 만드는 방법에 따라 강정(羌飣), 산자(散子), 빈사과(賓紗菓), 연사과(軟絲果) 등으로 부른다.

강정은 유과 중에서 손가락 길이 정도로 썰어 말려서 튀긴 다음, 조청이나 꿀을 바르고 고물을 묻힌 것이다. "속 빈 강정"이라는 속담도 있듯이 강정은 속이 비도록 팽창시켜서 바싹 튀기는 것이 좋다. 입에 넣으면 바삭하게 부서지면서 사르르 녹는 것이 특징이다. 겉에 붙이는 고물에 따라 깨강정, 콩강정, 송화강정, 계피강정, 잣강정 등으로 불린다.

■ 다식(茶食): 여러 가지 먹을 수 있는 가루를 꿀로 반죽하여 다식판에 박아낸 것이며, 통일신라시대와 고려시대에 널리 성행했던 차(茶)를 마시는 문화와 함께 생겨난 한과이다. 부스러기가 없고 크기가 작아서 차 마실 때

곁들여 먹기에 좋다. 다식의 재료로는 주로 송화(松花), 깨, 쌀, 콩, 밤 등이 사용되었다. 다식은 다식판의 정교한 조각이 특징이며 수(壽), 복(福), 강(康), 녕(寧) 등의 한자를 비롯하여 꽃, 나비, 새, 물고기, 수레바퀴 등 다양한 모양이 있다.

'다식(茶食)'이란 명칭의 유래에 대해서 『성호사설』에서는 송(宋)나라에서 유입된 '다병(茶餅)'이 변한 것이라 하였다. 차는 본래 찻잎을 물에 달여 마시는 것이나 송나라 때에는 찻잎을 쪄서 일정한 무늬를 가진 틀에 박아 다병을 만들어 말려두었다가 제사 때는 가루로 만들어 끓는 물을 부어서 마셨다고 한다. 다식은 틀에 찍어 만드는 방법은 다병과 같으나 재료가 변한 것이며, 다병에서 '다(茶)'라는 이름만 남게 된 것이다.

■ 숙실과(熟實果): 숙실과는 '과일을 익혀서 만든 과자'란 뜻으로, '초(炒)'와 '란(卵)'으로 나뉜다. 초는 과일의 형태를 그대로 유지하기 위해 설탕에 조린 것으로 밤초와 대추초가 대표적이다. 란은 열매를 삶은 뒤 으깨어 설탕이나 꿀에 조린 다음 과실 본래의 형태와 비슷하게 빚은 것으로 생란(生卵), 율란(栗卵), 조란(棗卵) 등이 있다.

생란은 생강으로 만든 것으로 생강란(生薑卵) 또는 강란(薑卵)이라고도 한다. 율란은 밤으로 만든 것이며, 조란은 대추로 만든 것이다. 숙실과는 주로 잔치 음식으로 쓰였으며 제사상에 올리기도 하였다.

- 정과(正果): 인삼, 도라지, 생강, 연근, 은행, 호두, 모과, 유자, 살구, 사과, 매실, 대추 등을 꿀이나 조청에 재거나 조려서 본래의 모습이 남아있도록 만든 것이다. 처음에는 '조려서 만드는 과자'란 뜻으로 전과(煎果)라고 하였으나, 세월이 흐르며 전(煎)과 발음이 비슷한 정(正)으로 변하여 정과(正果)가 되었다. 정과는 만드는 방법에 따라 조림정과, 절임정과, 건정과(乾正果)로 구분한다.

  조림정과는 살짝 데친 후 꿀 등으로 조리는 것이며, 절임정과는 꿀 등에 오랫동안 재워서 만드는 것이다. 건정과는 완성된 절임정과나 조림정과를 하나씩 떼어내어 겉에 설탕을 묻힌 것을 말한다. 절임정과나 조림정과가 손에 끈적끈적 붙는데 비하여 건정과는 손에 달라붙지 않아 마른 것과 같은 느낌이 있다.

- 과편(果片): 과편을 만드는 방법은 잼을 만드는 법과 비슷하며, 과일즙 또는 과일을 삶아 거른 즙에 설탕이나 꿀을 넣고 조려서 엉기도록 한 다음 식혀서 알맞은 크기로 납작하게 썬 것으로 성상은 젤리와 비슷하다. 과일의 종류에 따라 잘 엉기지 않는 것은 녹말이나 한천을 쓰기도 한다.

  과일의 색과 향이 살아있고, 새콤달콤한 맛과 아울러 말랑말랑하고 매끄러운 질감이 일품이다. 하얀 접시나 투명한 유리그릇에 담아 차와 함께 내어 놓으면 한층 운치 있는 다과상이 된다. 사용되는 과일은 약간 신맛이 있고 빛깔이 고우면서도 색이 잘 변하지 않는 것이 적당하며, 변색이 잘 되는 사과, 배, 복숭아 등은 과편을 만들기에 적합하지 않다. 주로 사용되는 과일은 살구, 앵두, 포도, 머루, 딸기, 복분자, 유자, 모과 등이다.

■ 엿: 엿은 곡류(穀類)나 서류(薯類)의 전분을 엿기름으로 삭힌 후 걸러서 얻은 엿물을 졸인 것이며, 농축의 정도에 따라 조청과 갱엿으로 구분된다. 조청은 묽게 고아서 굳어지지 않은 상태를 말하며 수분함량은 20% 정도이고 식어도 유동성이 있다. 갱엿은 조청을 좀 더 오랫동안 고아서 단단하게 굳힌 것을 말하며 수분 함량은 10% 정도이다. 조청도 엿의 한 종류이기는 하나, 보통 한과로 분류되는 것은 단단하게 굳은 엿을 의미한다.

꿀을 의미하는 한자는 '밀(蜜)'을 주로 사용하나 옛날 궁중에서는 '청(淸)'을 대신 사용하기도 하였으며, '조청(造淸)'은 '인공(人工)으로 만든 꿀'이란 뜻이다. 오랜 옛날에는 단맛을 내는 데에 꿀을 사용하였으나, 꿀을 구하기가 어렵기 때문에 대신 조청을 만들어 사용하게 된 것이다. 설탕이 대중화되기 이전에는 조청이 단맛을 내는 감미료로 가정의 필수품이었다.

조청은 각종 음식을 조리할 때나 한과를 만들 때에 요긴하게 사용되었다. 조청을 더욱 졸이면 갈색이 짙어지며, 식혀서 굳히면 돌처럼 단단한 갱엿이 된다. 갱엿을 가열하여 약간 녹이거나 굳기 전의 갱엿을 잡아 늘리는 일을 반복하면 공기가 들어가 빛깔이 희어지고 쉽게 부서져서 깨물어 먹기 좋게 된다. 이렇게 만든 것을 흰엿이라고 하며, 우리가 흔히 먹는 엿은 이 흰엿이다. 흰엿은 판상(板狀)으로 굳히거나 길게 늘여서 가래엿으로 만든다. 엿의 원료로는 찹쌀을 가장 많이 이용하며 그 외에 멥쌀, 옥수수, 감자, 고구마, 호박 등도 많이 쓰인다.

■ 당(糖): 당은 설탕이나 엿을 끓였다가 식혀서 여러 가지 모양으로 굳힌 것으로 흔히 '사탕(沙糖/砂糖)'이라고 부른다. 전통 한과 중에서 가장 유명한 사탕은 '옥춘당(玉春糖/玉瑃糖)'이다. 옥춘당은 돌, 회갑, 전통혼례 등의 큰 잔치나 제사상에서 높은 원기둥 모양으로 쌓아 올리는 알록달록한 색깔의 사탕이다. 둥글납작한 모양이 맷돌을 닮아 '맷돌사탕'이라고도 불린다.

전통적으로는 쌀가루와 엿을 섞은 베이스에 천연색소로 물을 들인 후 엿가락처럼 길게 늘여 잘라낸 것을 납작하게 눌러 만든다. 색동무늬의 색이 나오는 것은 색이 다른 여러 가닥을 겹쳐서 둥글게 밀어내었기 때문이다. 요즘 공장에서 제조하는 옥춘당은 쌀가루와 엿 대신에 물엿과 설탕을 반반 섞어 만들며, 식용색소를 사용하고 박하향을 첨가하여 박하맛이 나기도 한다.

3.
떡

    떡은 오랜 옛날부터 우리 민족이 즐겨먹던 음식이며, 지금도 명절이나 집안의 대소사가 생겼을 때에는 반드시 먹는 음식이다. 떡은 우리의 문화 속에 깊이 뿌리 박혀 전래동화에도 자주 등장하며, 떡과 관련된 속담도 수없이 많이 있다. 떡은 주재료가 되는 곡물과 만드는 방법, 모양, 지역에 따라 다양한 종류가 있으며, 요즘도 계속 다양한 떡이 개발되고 있다.

    떡은 주로 쌀을 주식으로 하는 아시아에서 발달했으며, 밀가루를 주식으로 하는 서양에서는 빵이 발달하였다. 떡과 빵은 개념적으로는 쉽게 구분되나 엄밀하게 따지면 예외가 있어 구분이 애매한 경우도 있다. 예로써, 일반적으로 떡은 쌀가루를 사용하고 빵은 밀가루를 사용하지만, 쌀가루로 만든 빵도 있고 밀가루로 만든 떡도 있다.

    보통 빵은 발효라는 과정을 거치고 떡은 발효를 하지 않지만 술떡과 같이 발효를 이용한 떡도 있다. 그러나 대체적으로 구분하면 떡은 쌀을 주원료로 하여 증기(蒸氣)로 쪄서 익히며, 빵은 주로 밀가루를 사용하여 이스트(yeast)로 발효시킨 후 오븐(oven)에서 구워서 익힌 것이다.

한국, 중국, 일본 등 세 나라는 모두 전통적으로 떡을 만들어 먹고 있으나 각각 차이가 있다. 중국의 경우는 밀가루를 주재료로 하여 떡을 만들기 때문에 수제비, 국수, 만두 등도 떡의 범주에 포함시키나 우리나라에서는 쌀을 위주로 한 것을 떡이라 부르기 때문에 이와 같은 음식은 떡의 범주에서 제외된다. 또한 우리나라에서는 멥쌀가루를 떡의 주재료로 하고 있으나, 일본에서는 찹쌀가루를 주재료로 한 '모찌(もち)'가 일반적이다.

떡은 곡식이나 곡식의 가루를 찌거나 삶은 후 치거나 빚어서 만든 음식을 말하며, 떡의 종류는 만드는 방법에 따라 다음과 같이 구분할 수 있다.

■ 찌는 떡: 시루떡 또는 증병(甑餠)이라고도 한다. 시루에서 증기로 익힌 떡으로 대표적으로 백설기, 팥켜떡, 송편 등이 있다. 떡국 등의 위에 올리는 고명(糕銘)은 '떡 고(糕)'와 '새길 명(銘)'을 합한 글자로서 원래 백설기 등을 만들 때 대추를 썰어서 떡 위에 '수(壽)', '복(福)' 등의 글자를 새기던 것에서 유래된 것이다.

지금은 음식의 모양과 빛깔을 돋보이게 하고 음식의 맛을 더하기 위하여 음식 위에 얹거나 뿌리는 것을 통틀어 이르는 말로 의미가 변하였으며, 고명의 재료도 대추뿐만 아니라 버섯, 실고추, 지단, 밤, 호두, 은행, 잣, 깨소금, 당근, 파 등 다양해졌다.

■ 치는 떡: 도병(搗餅)이라고도 한다. 곡류를 그대로 또는 가루 내어 익힌 다음 절구 등에서 쳐서 끈기 있게 만든 떡이다. 대표적으로는 인절미, 가래떡, 절편 등이 있다.

■ 지지는 떡: 전병(煎餅)이라고도 한다. 곡분을 반죽하여 기름에 지진 떡이다. 대표적으로는 화전(花煎), 부꾸미 등이 있다.

■ 삶는 떡: 단자(團子) 또는 경단(瓊團)이라고도 한다. 찹쌀가루를 물에 반죽하여 동그랗게 빚어서 끓는 물에 삶아내는 떡이다. 팥죽의 새알심처럼 삶은 그대로의 것도 있으나, 삶아낸 후 고물을 묻히는 것이 대부분이며 고물에는 콩, 팥, 녹두, 참깨, 밤, 대추 등이 사용되고, 고물에 따라 서로 다른 맛과 색깔을 낸다.

■ 삭혀 찐 떡: 술떡 또는 증편(蒸片/蒸䭔), 증병(蒸餅)이라고도 한다. 방언으로는 기정떡, 기주떡 등이 있으며, 북한에서는 기지떡 또는 쉬움떡으로 부

른다. 쌀가루를 막걸리가 섞인 물로 반죽한 다음 더운 방에서 삭힌 후 밤, 대추, 잣 따위의 고명을 얹고 틀에 넣어 찐 떡이다. 술맛이 약간 나며, 여름철에도 쉽게 상하지 않기 때문에 주로 여름에 먹었다.

떡의 어원에 대해서는 동사 '찌다'의 명사형 '찌기'가 변한 것이라는 설과 '떼어 낸다'라는 동사에서 온 '떼기'가 변한 것이라는 설이 있으나 아직까지 명확히 밝혀지지는 않았다. 일부에서는 한자 덕(德)에서 나온 말로 "어진 행동으로 많은 이들에게 이롭게 베풀라는 뜻에서 유래가 되었다"고 주장하나 덕의 발음이 떡과 비슷한 데에 착안하여 억지로 짜 맞춘 것으로 보인다.

떡을 한자로 표기할 때에는 '병(餠)'이라는 표현이 주로 사용되고, 이외에 '편(片/䭏)'이란 한자도 떡을 의미한다. 문헌상 순우리말 '떡(썩)'은 1809년에 빙허각(憑虛閣) 이(李)씨가 작성한 부녀자를 위한 여성생활백과 성격의 책인 『규합총서(閨閤叢書)』에 처음 나온다.

우리나라에서 떡을 언제부터 먹기 시작하였는지는 확실하지 않으나, 아주 오랜 옛날부터였을 것으로 추정하고 있다. 한반도에 정착한 우리 선조들이 개발한 최초의 곡물 요리는 곡물을 토기 그릇에 담고 물을 부어 가열한 죽 형태였을 것으로 추정된다.

당시의 토기는 오늘날처럼 단단하지 못하고, 유약(釉藥) 등으로 표면을 처리한 것도 아니어서 죽이 될 때까지 장시간 가열하면 토기의 흙냄새가 죽에 옮겨져 맛이 나쁘게 되었다. 따라서 곡물을 시루에 찌는 방식으로 개선하게 되었으며, 이렇게 쪄서 익힌 요리는 오늘날의 지에밥과 비슷한 형태였을 것으로 짐작된다. 여기서 발전하여 곡물을 가루로 분쇄하여 찐 백설기 형태의 시루떡이 생겨났을 것으로 추정하고 있다.

신석기시대에서 초기철기시대의 유적지로 추정되는 황해도 봉산군의 봉산지탑리유적(鳳山智塔里遺蹟)에서는 곡물의 껍질을 벗기거나 가루로 빻는 데 쓰는 원시적 도구인 갈판(碾石)과 갈돌(碾石捧)이 발견되었고, 신석기시대 말기에서 청동기시대에 걸친 시기의 유적지로 추정되는 함경북도 나진시의 나진초도패총(羅津草島貝塚)에서는 양쪽에 손잡이가 달리고 바닥에 구멍이 여러 개 난 시루가 출토되었다. 이외에도 여러 고고학적 증거들을 근거로 청동기시대 이전부터 떡을 먹었을 것으로 추정하고 있다.

떡이 일상음식으로 일반화된 시기는 삼국시대로 추정된다. 삼국시대에는 논을 이용한 벼농사의 보급에 따라 쌀이 증산되었고, 경질 토기도 널리 보급되기 시작하였다. 또한 농업의 사회적 정착으로 제천의식이 발달해 떡이 제례음식으로 사용되기 시작하였다.

이러한 변화는 삼국시대의 여러 고분에서 출토된 시루나 『삼국사기(三國史記)』, 『삼국유사(三國遺事)』 등의 문헌을 통해 확인할 수 있다. 황해도 안악군에 있는 고구려시대 무덤인 안악3호분(安岳3號墳)의 벽화에는 가마에 시루를 얹어 놓고 무엇을 찌는 장면이 있는데, 이것은 떡 같은 것을 찌는 것으로 추정된다.

『삼국사기』에는 298년 신라의 왕위 계승과 관련하여 왕자 유리(儒理)와 탈해(脫解)에 대한 기록이 있는데, "두 사람이 떡을 깨물어 본 결과 유리의 치아 수가 더 많아 왕위에 올랐다"고 하였다. 이는 이 시기에 잇자국이 선명하게 남을 수 있는 인절미나 절편과 같은 떡이 있었음을 시사한다.

『삼국사기』에는 신라 자비왕(慈悲王) 때의 인물인 백결선생(百結先生)에 대한 이야기도 있다. 어느 해 세모(歲暮)를 맞아 이웃에서는 떡방아 소리가 들리는데 가난하여 떡을 만들지 못해 안타까워하는 아내의 마음을 달래주기 위하여 거문고로 떡방아 소리를 내었다고 한다. 떡방아 소리는 떡메로 떡을 치는 소리를 말하는 것이므로 이 시기에 흰떡이나 인절미와 같이 떡메로 쳐서 끈기 있게 만든 떡을 명절 음식으로 먹었음을 알 수 있다.

『삼국유사』의 가락국(駕洛國)에 대한 기록을 보면 "세시마다 술, 감주, 떡, 밥, 차, 과실 등 여러 가지를 갖추어 제사를 지냈다"

는 내용이 나와 떡이 제사 음식으로 사용되었음을 알 수 있다. 가락국은 서기 42년에 김해 지역에서 김수로왕(金首露王)이 건국하여 532년에 신라에게 병합될 때까지 존재하였던 국가이다.

삼국시대에는 농경기술과 농기구의 한계로 쌀의 수확량이 적어 보리, 조, 피, 수수, 기장 등의 잡곡이 일용되는 곡물이었다. 따라서 이때까지도 쌀을 원료로 한 떡은 일반화되지 못하였고, 거친 잡곡을 잘게 부수어 시루에 찐 떡을 주로 먹었을 것이다. 통일신라 때부터 벼의 생산량이 증가하기 시작하여 주식으로 자리 잡기 시작하였으나, 아직 쌀은 귀족층에 한정된 식품이었으며 일반 서민은 주로 조나 보리를 주식으로 하였다.

고려는 건국 초기부터 권농정책에 힘을 기울인 결과 쌀의 생산이 크게 늘어나 떡, 죽, 밥 등의 음식이 일반화되었다. 또한 불교의 영향으로 육식을 멀리하고 차를 즐기는 풍습이 발달하여 차와 함께 먹게 되는 떡이 발전하게 되었다. 떡은 점차 상류층뿐만 아니라 일반백성에게도 환영 받는 별식이 되었다.

또한 종전에는 제례음식으로 여겨지던 것이 절기 때 먹는 절식(節食)으로 자리를 잡게 되었다. 고려 후기에는 원(元)나라의 영향을 받아 떡의 종류와 조리법이 더욱 다양해졌다. 고려시대의 떡에 대한 문헌 기록은 『고려사(高麗史)』, 『지봉유설(芝峯類說)』, 『목은집(牧隱集)』 등에 남아있다.

조선시대에는 농업기술이 더욱 발전하여 떡의 주재료가 될 수 있는 곡물의 종류가 다양해졌고 생산량도 증대했다. 떡은 그 조리법이나 재료, 맛, 형태, 빛깔 등이 더욱 다양해지며 혼례, 제례, 연회 등 각종 행사와 손님맞이에 필수적인 음식으로 자리 잡았다.

다양한 조리서가 발간되어 조리기술이 발전하면서 자연스럽게 떡 문화도 발전하였다. 현재 우리가 먹고 있는 대부분의 떡을 조리·가공하는 방법이 조선시대에 확립되었다고 할 수 있다. 『음식디미방(飮食知味方)』을 비롯한 조선시대의 여러 문헌에 200여 종의 떡이 소개되어 있다.

19세기 말부터 서양의 식품이나 조리법, 식생활 관습이 전해지게 되어 우리 고유의 식문화에 큰 변화가 생기게 되었으며, 일제강점기에는 사회·경제적으로 일본의 영향을 받아 더욱 급격한 변화를 겪게 되었다. 서양의 빵과 과자 및 일본의 화과자(和菓子)가 전해지면서 별식으로 즐기던 전통적인 한과(韓菓) 및 떡을 대체하였다. 전기적 동력에 의한 방앗간이 증가하면서 집에서 직접 떡을 만들지 않고 곡물의 가루내기나 찌는 것을 외부에 맡기게 되었고, 미리 제조된 떡을 사다 먹는 경우도 많아졌다.

사회적으로는 기존의 유교적 질서가 무너져 신분제가 파괴되었고, 마을 공동체 의식도 희박해지게 되었다. 이에 따라 유교적 문화에서 온 각종 제례와 공동체의 행사들이 사라지거나 축소됨으로써 떡의 소요도 감소하였다. 경제적으로는 일제의 곡물 수탈로 쌀이 부족해져서 떡을 만들 여유가 없어졌다.

이에 따라 떡은 우리의 식문화에서 차지하던 과거의 위상을 잃고 명절 및 관혼상제의 의례용이나 일부 행사에 사용하기 위해서 만드는 정도로 명맥을 유지하게 되었다. 해방 이후에도 우리사회는 급속한 산업화와 도시화를 겪게 되었으며, 가족의 형태도 핵가족화되면서 가정에서 떡을 만드는 일이 거의 사라지게 되었다.

경제 발전에 따라 삶에 여유가 생기면서 건강에 대한 관심이 높아졌으며, 우리의 전통적인 것에 대한 재조명이 이루어지면서 떡은 새롭게 관심을 받게 되었다. 이런 시대적 배경에 의해 동네마다 소규모 떡집이 생겨나기 시작하여 현재 전국의 떡집 수는 약 2만 개로 추정되고 있다. 각 떡집들은 전통적인 것을 고집하는 오래된 점포에서 서양의 것을 응용한 퓨전떡을 판매하는 떡카페까지 저마다 장점을 내세우며 치열한 경쟁을 하고 있다.

프랜차이즈 형태로 운영되는 떡집도 있으며, 그중에는 SPC그룹에 의해 운영되는 '빚은'이 가장 유명하다. '빚은'은 2006년 9

월 서울 강남의 대치역 사거리에 1호점을 개업하여 2012년에는 매장수가 156개에 이를 정도로 성장하며 떡 프랜차이즈 시장을 주도하였다.

그러나 2011년에 떡이 중소기업적합업종으로 지정됨에 따라 '빚은'의 성장에 제동이 걸리게 되었다. 2015년에는 매장수가 121개로 감소하여 161개를 보유한 '떡보의 하루'에게 매장수 1위 자리를 내주었으며, 그 후에도 매장수가 계속 감소하여 현재는 약 100개 정도이다.

떡 시장의 전망은 나쁘지 않으며, 특히 행사용의 주문 떡 시장보다 떡카페를 찾는 수요가 증가할 것으로 예상하고 있다. 떡카페는 기존의 떡집과는 달리 세련된 인테리어로 꾸미고 1인분의 떡을 디저트처럼 간단히 즐길 수 있는 편안한 공간을 제공하고 있다.

판매되는 품목도 떡뿐만 아니라 수정과와 같은 전통차와 커피나 콜라와 같은 음료도 함께 제공하는 것이 보통이다. 떡카페에서 판매되는 떡은 우리나라 사람들만이 아니라 세계 각국의 외국인에게도 인기가 있으나, 유통기한이 짧다는 단점은 극복해야 할 과제이다.

4.
만두

만두의 기원은 중국 삼국시대 때 촉한(蜀漢)의 승상이었던 제
갈량(諸葛亮)에 의해 시작되었다고 보고 있다. 그는 이름보다
자(字)인 공명(孔明)으로 더 유명하며, 서기 225년에 지금의 베
트남과 미얀마 지역을 의미하는 남만(南蠻)을 정벌하였다. 귀국
길에 여수(瀘水)라는 강을 건너게 되었는데 풍랑이 심하여 발
이 묶이고 말았다.

부하로부터 그 지방의 풍습에 따라 사람의 머리로 수신(水神)
에게 제사를 지내야 한다는 말을 듣고, 사람의 머리 대신에 밀
가루로 사람의 머리 모양을 만들고 그 안을 돼지와 양의 고기
로 채워 제사를 지내니 풍랑이 가라앉아 무사히 강을 건넜다고
한다. 이때 제사에 사용한 사람 머리 모양의 밀가루 음식이 만
두의 기원이라는 것이다.

만두는 한자로 '만두 만(饅)'과 '머리 두(頭)'를 합하여 '饅頭(饅

头)'라고 쓴다. 본래 남만 사람의 머리를 본뜬 것이어서 '만두(蠻頭)'라 하였으나, 음식의 이름으로 적합하지 않아서 수신을 속인 것이므로 '속일 만(瞞)'자를 써서 '만두(瞞頭)'라 하였다가 후에 음이 같은 만(饅)을 빌려서 '만두(饅頭)'가 되었다고 한다.

만두(蠻頭) 또는 만두(瞞頭)는 송(宋)나라의 고승(高丞)이 편찬한 일종의 백과사전인 『사물기원(事物紀原)』에 나오며, 이 이야기는 『삼국지(三國志)』로 잘 알려진 소설에도 나와 널리 전파되게 되었다. 『삼국지』의 정식 명칭은 『삼국지연의(三國志演義)』이며, '연의(演義)'는 '소설' 또는 '지어낸 이야기'라는 뜻이다.

다른 주장으로는 만두의 표면이 부드럽고 윤택이 나므로 '아름답다', '부드럽다' 등의 뜻을 가진 만(曼)을 써서 만두(曼頭)라고 하였는데, 후에 음식을 나타내는 부수 '식(食)'을 붙인 '만두 만(饅)'자가 만들어져 만두(饅頭)가 되었다고도 한다. 만두(曼頭)는 중국의 삼국시대가 끝난 직후인 3세기 말 서진(西晉)의 속석(束晳)이란 사람이 떡에 관해 기록한 『병부(餅賦)』라는 책에 나온다.

여기에 "만두(曼頭)는 무후(武侯) 제갈공명에서 비롯된다"고 하였고, "초봄 음양이 교차할 때 만두를 차려놓고 바람이 잔잔해지며 날씨가 평온해지길 기원한다"는 기록이 나온다. 음의 계절인 겨울과 양의 계절인 봄이 교차하는 때는 바로 춘절(春節)

이며, 바람이 잔잔해지기를 기원하는 것은 제갈공명이 여수에서 제사 지냈던 목적과 같다.

만두의 기원에 대해 인류 문명의 발상지 중 하나인 메소포타미아에서 만들어졌다는 설도 있다. 메소포타미아는 현재의 이라크를 중심으로 시리아의 북동부, 이란의 남서부가 포함되는 지역으로서 밀의 원산지로 추정되는 지역과 일치한다. 밀이 있으면 밀가루를 반죽한 피에 고기 등을 싸서 익혀 먹는 음식도 있었을 것이고, 이것이 실크로드를 따라 동쪽으로 이동하면서 만두가 되었을 것이라는 주장이다.

터키에서는 만두를 '만트(mantı)'라고 부르고, 우즈베키스탄이나 카자흐스탄에서는 '만띄(манты)'라고 부르는 점이 이를 뒷받침한다고도 한다. 그러나 메소포타미아 지역에서 만두의 원형이 발견되었다는 증거가 없으며, 중국에서 개발된 만두가 실크로드를 따라 서쪽으로 이동하였을 수도 있으므로 이 가설은 논란의 여지가 있다.

한국, 중국, 일본 등 세 나라에는 모두 만두(饅頭)라는 음식이 있으나, 그것이 의미하는 바는 서로 다르다. 한국에서 만두는 밀가루를 반죽하여 만든 피에 고기, 두부, 채소 등의 소를 넣고 빚은 음식을 말한다. 중국에서는 '만터우(mántou)'라고 발음하고, 발효시킨 밀가루 반죽으로 만들며 꽃빵(花卷)과 같

이 속이 없는 찐빵과 비슷한 음식이다. 일본에서는 '만쥬(まんじゅう)'라고 발음하고, 팥앙금이나 밤앙금을 얇은 피에 넣어 구운 화과자(和菓子)를 뜻하며, 우리나라에서도 만쥬 또는 만주라고 부르는 음식이다.

한국의 만두와 같이 속에 내용물이 있는 것은 포자(包子) 또는 교자(餃子)라고 한다. 포자는 중국어로 '바오쯔(baozi)'라고 발음하며, 밀가루 반죽을 발효시켜 고기나 채소로 만든 소를 넣고 찐 것으로서 껍질이 두꺼워 우리나라의 찐빵과 같은 모양을 하고 있다. 만두의 유래가 되었다는 제갈공명이 만든 제사음식의 모양은 포자에 가까운 것이었다. 우리나라의 만두는 만두피를 발효시키지 않고 피가 두껍지 않다는 점에서 교자와 비슷한 것이다.

교자는 중국어로 '쟈오쯔(餃子, jiǎozi)'라고 하고, 일본어로는 '교자(ギョーザ)'라고 하며, 밀가루로 만든 얇은 껍질에 소를 넣고 초승달 모양으로 싸서 만든다. 한국에서도 일본어의 영향을 받아 이런 형태의 만두를 교자 또는 교자만두라고 부르기도 한다.

한국이나 중국에서는 삶고, 찌고, 굽고, 튀기는 등 다양한 조리법이 있으나 일본에서는 대부분 구워서 먹는다. 우리나라 중국집에 '야끼만두'라는 메뉴가 있는데, 이것은 일본어로 '굽는다'

는 의미의 '야끼(焼き)'와 만두가 합쳐진 말로서 군만두를 의미하며, 교자를 구운 것이다.

한국의 만두는 속 재료로서 육류로는 소고기나 돼지고기를 주로 사용하고, 채소류로는 김치, 숙주, 당근, 오이, 양파, 부추 등이 사용되며, 이 외에 두부, 당면 등을 사용한다. 대부분의 경우 두부를 넣는다는 점과 김치가 많이 사용된다는 점이 중국의 쟈오쯔나 일본의 교자와 다르다. 모양에 있어서도 교자와 같이 초승달 형태의 것도 있으나, 끝을 오므려 붙여 원형으로 한 것이 일반적이며, 그 외에도 다양한 형태를 취하고 있다.

만두의 일종으로 '춘권(春捲)'이라는 것이 있다. 영어로는 '스프링롤(spring roll)'이라고 하며, 중국어로는 '춘쥐안(春卷, chūnjuǎn)'이라고 하고, 일본어에서는 '하루마키(はるまき)'라고 불린다. 우리의 설에 해당하는 중국의 춘절에 먹던 음식으로 '봄(春)'을 돌돌 만다(捲)'는 뜻을 지니고 있으며, 각종 야채, 고기, 당면 등을 밀가루 반죽을 얇게 밀어낸 만두피로 돌돌 말은 음식이다. 주로 기름에 튀겨서 먹으며, 때로는 굽기도 한다.

만두와 비슷한 뜻으로 사용되는 단어로 '딤섬'이 있다. 원래는 중국 남부의 광둥(廣東/广东) 지방에서 먹던 음식이었으나 지금은 중국뿐만 아니라 세계인의 인기메뉴로 각광받고 있다. 우리나라나 일본에서는 대바구니에 쪄내어 간단히 먹을 수 있는 작은 만두를 의미하나, 중국의 경우는 만두류뿐만 아니라 면류, 밥류, 과자류 등 종류가 다양하다.

딤섬의 종류는 정의를 내릴 수 없을 만큼 많고, 만두처럼 찌거나 기름에 튀기는 것, 식혜처럼 떠먹는 것, 국수처럼 말아먹는 것 등 여러 가지가 있다. 춘권도 딤섬의 일종이고, 딤섬의 대부분이 만두의 형태를 하고 있어서 만두류를 지칭하는 것으로 오해되기도 하나 전혀 개념이 다른 음식이다.

중국어로 딤섬은 '뎬신(点心, diǎnxin)'이라고 발음하나, 딤섬의 본고장인 광둥성의 중심지인 광저우(廣州/广州)식 발음에서 유래된 '딤섬(dimsum)'이 세계적인 명칭이 되었다. '点'은 '찍을 점(點)'의 약자이며, 점심(点心)은 '마음에 점을 찍는다'는 의미이다. 원래 이 말은 하루에 두 끼를 먹던 중국에서 아침과 저녁 사이에 먹는 간단한 식사를 일컫는 말이었다.

우리나라도 조선시대에는 하루에 두 끼를 먹는 것이 일반적이었으며, 아침과 저녁 사이에 간단한 음식을 먹어 배고픔을 잠시 잊도록 만드는 것이 점심이고, 그 어원도 여기서 유래된 것이다. 요즘은 하루 세 끼가 일반화되어 점심도 정식 한 끼가 되었다.

우리나라에 만두가 전해진 시기는 분명하지 않다. 만두의 기원이 서기 225년 제갈공명이 남만을 정벌할 때이고, 이는 우리나라의 삼국시대에 해당하여 그 시기에 전래되었을 것이라는 주장도 있으나, 고려 말에 원(元)나라를 통해 들어왔을 것으로 보는 견해가 대부분이다.

삼국시대는 물론이고 통일신라시대에도 일반 서민은 조나 보리를 주식으로 하였으며 밀을 원료로 하는 만두는 나타나지 않았다. 고려시대에는 쌀의 생산이 크게 늘어나 떡이나 밥이 일반화되었고, 조선시대까지도 밀의 재배 및 수확량이 적어 밀가루로 만든 만두보다는 쌀가루로 만든 떡을 주로 만들어 먹었다.

만두에 대한 기록이 처음 발견되는 것은 고려 충렬왕(忠烈王) 때의 가요 雙花店(쌍화점)이다. 이 노래는 고려에서 조선 초기까지의 가곡(歌曲)을 모아서 편집한 『악장가사(樂章歌詞)』라는 책에 실려 있다. 『악장가사』의 편자는 확실하지 않으며, 편찬연대는 16세기 초중반이었을 것으로 추정된다.

쌍화점은 모두 4절로 된 노래이며, 쌍화점이란 제목은 1절의 첫 구절에서 따온 것이다. 그 내용은 "쌍화점에 쌍화를 사러 갔더니 회회아비가 내 손목을 잡아서 정을 통하였다"라는 것이다. 이 노래는 원나라에 굴복하여 왕권이 권위를 잃고 퇴폐적으로 된 사회상을 반영하고 있으며, 당시의 문란한 성(性) 윤리를 풍자한 것이라 볼 수 있다.

이 노래에서 회회아비의 회회(回回)란 이슬람교도들의 머리에 쓰는 터번(turban)의 모양에서 나온 말로 고려나 조선에서 이슬람 문화권의 민족을 지칭하던 단어였다. 고려 말 투르크족의 한 갈래인 위구르(Uygur)인은 중국 북부 지역의 교역을 거의 독점하고 있었으며, 고려의 수도인 개경에도 직접 상점을 차리며 상당 규모의 거주 집단을 이루기도 했다.

쌍화(雙花)는 조선시대 대부분의 문헌에서는 상화(霜花)라고 썼으며 상화(霜華), 상화(床花) 등의 표기도 보인다. 상화는 "밀가루에 술을 넣고 반죽하여 발효시킨 다음 그 안에 팥이나 깨, 고기, 나물 등을 넣고 둥글게 빚어 찐 음식"을 말하며, 현재 중국의 바오쯔(包子)와 유사한 음식이었다.

상화의 어원에 대해 쪄낸 모양이 둥글게 부풀어 올라 색깔이 뽀얗고 촉감이 말랑말랑하며 보드라워 마치 서리가 하얗게 앉은 것 같아 상화(霜花)라고 부르게 되었다는 설이 있다. 그러나 일반적으로 이런 경우에는 '서리 상(霜)'보다는 '눈 설(雪)'자를 써서 설화(雪花)라고 부르는 것이 자연스럽다.

상화의 어원에 대해 다르게 해석하는 시각도 있다. 쌍화는 위구르인이 운영하던 가게에서 팔던 음식이었으므로 위구르식의 이름이 있었을 것이고, 그것을 한자로 표기한 것이 쌍화(雙花)였을 것이라는 주장이다. 그 후의 문헌에서 이와 발음이 비슷한 상화(霜花), 상화(霜華), 상화(床花) 등으로 다양한 표기가 나타나는 것도 발음을 표현하였기 때문으로 볼 수 있다.

이와 관련하여 현재 인도와 파키스탄의 음식인 사모사(samosa)라는 튀김만두가 주목된다. 사모사는 얇은 반원형 밀가루 반죽에 다진 소고기와 야채, 감자 등으로 속을 채워 삼각형 모양으로 접어 튀긴 음식이다. 사모사는 인도 내에서도 지역에 따라 부르는 이름과 만드는 방법 등이 다르며, 인도 동부의 벵갈(Bangal) 지역에서는 싱아라(shingara)라고 부른다.

사모사와 유사한 형태의 음식들이 이웃 여러 나라에서 비슷한 이름으로 불리며 아프가니스칸의 삼보사(sambosa), 터키의 삼사(samsa), 이란의 삼부사(sambusa) 등이 그것이다. 사모사의 정확한 기원에 관해 알려져 있지 않으나 10세기 이전 중동 지역에서 먹기 시작해 인도로 전해졌을 것으로 보고 있다. 고려 충렬왕 시기인 13세기 말에서 14세기 초에 중동의 위구르족도 쌍화(雙花)와 비슷한 발음이 나는 찐빵과 유사한 음식을 먹었을 가능성은 충분하다.

1626년에 간행된 『목은선생문집(牧隱先生文集)』에 '둘째 아들 집에서 아침에 만두를 맛보다(二郎家朝餉饅頭)'라는 제목의 시가 실려 있다. 목은(牧隱)은 고려 말의 문신(文臣)인 이색(李穡)의 호이며, 그는 1328년에 태어나 1396년에 사망하였으므로 이시는 충렬왕 때의 가요 쌍화점보다 약 90년 후에 지은 것이다. 이 시에서는 만두를 "겉모양은 둥근 원형으로 그 색은 눈이 쌓인 듯하다. 속은 꽉 차서 안으로 열매가 맺힌 듯 여러 차례 갓 부풀린 듯하다"고 했다. 여기에 묘사된 만두는 오늘날의 찐빵과 비슷하다.

1672년에 장계향(張桂香)이 쓴 『음식디미방』에는 만두(饅頭)와 상화(霜花)가 모두 실려 있다. 여기에서 만두는 메밀가루로 만들고, 상화는 밀가루로 만드는 것으로 나와 두 음식이 서로 다른 것으로 설명하고 있다. 상화는 "밀가루를 부풀려 채소로 만든 소 또는 팥소를 넣고 찐 것"이라고 하였고, 만두소는 "무를 아주 무르게 삶아 덩어리 없이 으깨고 꿩의 연한 살을 다져 간장, 기름에 볶아 백자, 후추, 천초가루로 양념하여 넣는다"고 하였다.

1760년경에 나온 『성호사설(星湖僿說)』에서는 각종 만두를 구분하여 정리하고 있다. 이 책은 조선 후기의 실학자인 이익(李瀷)이 책을 읽다가 느낀 점이 있거나 흥미 있는 사실이 있으면 그때그때 기록해 둔 것들을 집안 조카들이 정리한 것이다. 그는 중국의 문헌을 참고하였으므로 만두를 떡의 한 종류로 이해했으며, 국수도 만두의 범위에 포함시켜 기수(起溲), 뇌구(牢九), 박장(薄壯), 탕병(湯餠) 등의 만두 종류를 설명하고 있다.

『성호사설』의 내용에 의하면 기수는 속이 없는 만두이며, 밀가루에다 주효(酒酵)를 넣어 반죽해 쪄서 익힌 것이며, 당시에 유행하던 상화병(霜花餠)도 기수의 일종이라 하였다. 이는 오늘날 중국의 만터우(饅头)에 해당한다. 뇌구는 염소고기나 돼지고기를 양념하여 속을 채운 것으로서 오늘날 중국의 바오쯔(包子)에 해당한다. 박장은 이름은 나오나 음식에 대한 설명은 없이 물만두(水團)의 일종일 것이라 하였다. 탕병은 넓고 두꺼운 모양을 하고 있는 국수인 수인병(水引餠)과 같은 것을 국물과 함께 먹는 것이라 했다.

홍석모(洪錫謨)가 1849년에 편찬하였으며, 우리나라 세시 풍속에 대해 12달로 나누어 해설한 『동국세시기(東國歲時記)』에는 유두(流頭)에 먹는 절식으로 수단(水團), 건단(乾團), 상화떡(霜花餠), 연병(連餠), 수교위(水角兒) 등을 소개하고 있다. 유두는 지금은 사라졌으나 우리의 고유 명절 중의 하나였으며, 음력으로 6월 15일을 말한다. 이날은 일가친지들이 맑은 시내나 산간 폭포에 가서 머리를 감고 몸을 씻은 뒤, 가지고 간 음식을 먹으면서 서늘하게 하루를 지내는 풍습이 있었다.

1924년에 이용기가 지은 『조선무쌍신식요리제법(朝鮮無雙新式料理製法)』에는 시체만두(流行饅頭), 배추만두, 어만두(魚饅頭), 보만두(褓饅頭), 지진만두(煮饅頭), 감자만두(薯饅頭), 편수

(水角兒 또는 瓜綠兜) 등 다양한 만두 만드는 방법이 등장하지만 상화(霜花)는 보이지 않는다. 이 책은 한홍서림(韓興書林)에서 1924년에 초판을 인쇄한 이후 1943년에는 4판이 나올 정도로 인기가 있었으며, 책 이름에 붙은 '무쌍(無雙)'은 '조선요리 만드는 법으로서 이만한 것은 둘도 없다'라는 뜻이다.

목은의 시에서 보이듯이 고려시대에서 조선시대 초기까지도 만두와 상화는 구분 없이 사용되었던 것으로 보이며, 『음식디미방』이나 『성호사설』에서 나타난 것처럼 조선시대 중기에는 두 음식을 별도의 것으로 구분하였다. 그러나 조선시대 후기로 가면 상화에 대한 기록은 점점 찾아보기 어렵고 『동국세시기』 등에서 "이런 음식이 있었다"라는 정도로 취급되고 있다.

일제강점기 이후에는 아예 이름도 사라져 당시 가장 유명한 『조선무쌍신식요리제법』 같은 요리책에서도 찾아볼 수 없게 되었다. 상화라는 명칭만 사라진 것이 아니라 현재 중국의 만터우와 바오쯔에 해당하는 발효시키는 만두도 사라지고, 쟈오쯔 또는 일본의 교자에 해당하는 음식만 만두라는 명칭으로 변하여 지금까지 전해지게 되었다.

사라진 상화의 흔적은 제주도의 상애떡과 증편 또는 술떡이라고 하는 쌀가루로 만든 떡에서 찾아볼 수 있다. 술떡은 밀가루 대신 쌀가루를 사용하였으며, 막걸리를 조금 탄 뜨거운 물로 묽게 반죽하여 더운 방에서 발효시킨 후 틀에 넣어 찐 것으로 속에 채워 넣는 것이 없는 점이 상화와 다르나 제조 방법은 기본적으로 같다.

제주도에는 보릿가루나 밀가루를 막걸리로 반죽하여 발효시켜 만든 상애떡(상외떡)이 있다. 과거 삼별초(三別抄)가 저항하던 제주도에는 고려가 원나라의 속국이 된 후 원나라에서 제주도를 직접 관할하기 위해 탐라총관부(耽羅摠管府)를 설치하였으며, 몽골인이 목장을 운영하면서 휴대용 음식으로 먹던 것이 제주 사람들에게 전래돼 향토음식으로 자리 잡은 것이 상애떡으로 알려져 있다.

조선시대 후기에 상화라는 이름은 사라졌으나, 그 음식은 오늘날 찐빵이라는 이름으로 부활하게 된다. 찐빵을 간편하게 만들 때에는 베이킹파우더와 같은 팽창제를 사용하기도 하나 밀가루 반죽을 막걸리나 효모를 이용하여 발효시켜 부풀리는 것이 기본 제조 방법이다. 속 재료는 팥이 가장 많이 사용되나 고기, 채소 등 다양한 소재가 사용된다. 찐빵은 만두의 일종이므로 찐만두라고 불려야 합당하나 찐빵이라고 불리게 된 데는 시대적 배경이 있다.

6·25 전쟁이 끝나고 모든 것이 부족하였던 우리나라는 외국의 원조 물자에 의존할 수밖에 없었으며, 밀가루는 그중에서

중요한 식량이었다. 이에 따라 수제비, 칼국수 등의 밀가루 음식이 일상화되었으며, 밀가루 반죽에 팥을 삶아 넣은 찐만두도 자연스럽게 탄생하였다.

그 당시에는 밀이나 옥수수를 원료로 만든 빵이 학교나 군대의 급식용으로 제공되었고, 빵을 생산하는 공장도 생겨나기 시작하여 빵이라는 새로운 식품이 널리 알려져 있었다. 따라서 발효시키지 않고 만드는 일반 만두와는 달리 부풀어 오른 모습이 빵과 비슷하며, 굽지 않고 쪄서 만들므로 누군가가 찐빵이라고 불렀고, 이것이 일반화된 것이다.

찐빵이라는 이름이 널리 퍼진 데에는 '안흥찐빵'의 역할이 크다. 강원도 횡성군 안흥면에는 20여 개의 찐빵 가게가 몰려있어 '찐빵마을'이라고 불리며, 해마다 '찐빵 축제'도 연다. 안흥이 찐빵으로 유명해진 데에는 지리적인 요건이 중요한 역할을 하였다.

1974년 영동고속도로가 완성되기 전까지 안흥은 서울에서 강릉으로 가는 길의 중간지점으로 휴게소의 역할을 했다. 그 당시 간단한 요깃거리로 판매되던 것이 찐빵이었으며, 그 맛이 입소문을 타면서 전국적으로 알려지게 되었고, 안흥이라는 지명과 함께 찐빵이라는 이름이 전파되는 계기가 되었다.

안흥찐빵을 처음 만들어 판매한 사람은 심순녀(沈順女)로 알려져 있다. 처음에는 정식 가게도 없이 시작하여 1968년에 '안홍찐빵'이라는 이름으로 가게를 내었다. 그 후 안홍찐빵이 유명해지자 이웃에 찐빵집이 잇달아 생겨나기 시작하였으며, 안홍에서 만들지 않은 것도 안홍찐빵이라는 이름으로 판매되어 전국의 고속도로 휴게소, 길거리 곳곳에서 안홍찐빵을 볼 수 있게 되었다. 너도나도 안홍찐빵이라는 이름을 사용하자 현재는 차별화를 위해 '심순녀안홍찐빵'이라고 상호를 변경하여 영업하고 있다.

찐빵과 유사한 말로 호빵이 있다. 만두가 몽골족이 세운 원나라를 통해서 전래된 것이므로 몽골족을 의미하는 '오랑캐 호(胡)'에서 호빵이란 이름이 유래된 것으로 잘못 알고 있는 사람도 있으나, 호빵은 1971년 현 SPC삼립의 전신인 삼립식품공업에서 출시한 찐빵의 상품 명칭(삼립호빵)이었다. 출시 당시 광고 내용을 보면 호빵의 '호'는 '뜨거워서 호호 분다' 또는 '온 가족이 호호 웃으며 함께 먹는다'는 의미의 중의적 표현에서 따온 것이었다.

이 제품이 큰 인기를 얻자 호빵이 보통명사처럼 자리 잡았고, 그 후에 제품을 낸 경쟁사에서도 호빵이라는 이름을 사용하였다. 현재 호빵은 공장에서 생산되어 판매되는 찐빵으로 인식되고 있다. 국내 호빵 시장은 SPC삼립이 약 80%의 시장점유율을 차지하고 있으며, 전체 규모는 2016년에 약 590억 원을 기록한 이후 성장세가 정체되어 있다.

예전에는 귀한 음식이었던 만두가 요즘은 일반 가정은 물론 음식점에서도 부담 없이 즐길 수 있는 서민의 음식으로 자리 잡았으며, 공장에서 만드는 냉동만두가 일반화되면서 만둣국은 보편적인 음식이 되었다. 냉동만두는 1980년 천일식품에서 처음으로 생산하였으며, 1981년부터 도투락, 삼포식품 등이 참여하면서 급속한 성장을 하였다.

발효시킨 만두인 찐빵이나 호빵은 간식 위주로 소비되는 데 비하여 피가 얇고 발효시키지 않는 일반 만두는 간식으로도 먹지만 주로 만둣국에 넣어 식사대용으로 소비된다. 냉동만두 시장은 점유율 약 45%를 차지하는 CJ제일제당이 주도하고 있으며, 전체 시장 규모는 2017년에 약 4,600억 원으로 정점을 찍은 후 완만한 감소세를 보이고 있다.

5.
빵

　요즘은 마트나 편의점에서 다양한 종류의 빵을 손쉽게 구할 수 있게 되었으며, 동네마다 빵집이 들어서 있어 빵은 우리에게 아주 친근한 존재가 되었다. 전통적으로 밥을 주식(主食)으로 소비하던 우리나라에서도 최근 들어 빵 중심의 서구식 식문화가 급속히 확산되면서 밥의 주식 지위를 위협하고 있다.

　빵을 의미하는 단어 'pain(프랑스어)', 'pan(스페인어)', 'pão(포르투갈어)' 등은 라틴어로 '빵'이나 '양식'을 의미하는 '파니스(panis)'에서 유래된 것이고, 'bread(영어)', 'brot(독일어)', 'brood(네덜란드어)' 등의 어원은 고대 튜튼어(Teutone語)로 '조각'을 의미하는 'braudz'에서 유래된 것이다. 우리말 빵은 포르투갈어인 '빠웅(pão)'이 일본에 전해져 '판(パン)'이 되었고, 이것이 일제강점기에 우리나라에 전해지면서 빵이 된 것이다. 중국에서는 빵을 '미엔빠오(面包)'라고 한다.

빵의 기원은 정확하지 않으며 기원전 4,000년~3,000년경으로 추정하고 있다. 빵의 주원료인 밀은 인류가 농업을 시작하였을 때부터 재배하기 시작한 작물로서, 비교적 쉽게 껍질이 벗겨져 쌀이 되는 벼와는 달리 밀은 껍질을 제거하기 어려웠기 때문에 통째로 갈아서 껍질과 밀가루를 분리하여 이용하게 되었다. 이렇게 얻은 밀가루를 이용한 음식은 빵과 국수로 발전하게 되었다. 따라서 빵의 역사는 제분(製粉)의 역사와 함께 시작되었다고 할 수 있다.

밀가루는 단백질 함량에 따라 강력분(11~16%), 중력분(9~12%), 박력분(6~10%) 등으로 구분한다. 단백질 함량에 따라 가공적성에 차이가 나며 빵은 주로 강력분을 사용하여 만든다. 밀가루의 특성을 결정짓는 것은 밀가루 단백질의 주성분인 글루텐(gluten)이란 물질 때문이다. 글루텐은 잘 늘어나는 성질이 있어 빵을 만들 때 이스트가 발효함에 따라 발생하는 가스를 잘 잡아두어 팽창하고, 빵을 구워냈을 때 쫄깃쫄깃하게 된다.

초기의 빵은 단순히 밀가루를 물로 반죽하여 불에 구운 것으로 발효 과정이 없어서 오늘날의 기준으로 보면 과자에 해당한다 하겠다. 발효시키지 않았기 때문에 딱딱하고 납작한 형태였으며, 보존성이 좋고 휴대하기가 편리하였다. 성경에서 말하는 '누룩을 넣지 않은 빵'인 무교병(無酵餠)도 이처럼 발효시키지 않은 빵이다. 이란, 이라크 등 중동지역에서는 지금도 이와 유사한 발효시키지 않은 빵을 주로 먹고 있다.

발효시킨 빵은 기원전 2,000년경에 이집트에서 시작된 것으로 추정된다. 처음에는 우연히 빵 반죽에 천연효모가 작용하여 부풀어 오른 것을 보고 발효빵을 만들게 되었을 것이다. 고대 이집트 사람들은 밀가루에 물을 붓고 반죽한 후, 상온에 두고 부풀어 오르기를 기다리는 천연발효 방법으로 빵을 만들었다. 이집트에서는 화덕이나 밀을 가는 도구 등 빵과 관련된 고대 유물이 많이 발견되었으며, 고대 이집트의 회화와 조각품 중에도 밀가루를 반죽하여 빵을 굽는 것을 표현한 작품들이 있다.

고대 이집트의 빵 제조 기술은 그리스를 거쳐 로마로 전해졌다. 고대 그리스에서는 돌과 벽돌로 만든 화덕을 고안하여 여기에서 빵을 구웠다. 로마시대에는 제분, 제빵 기술이 크게 발달하였는데 이는 전리품으로 들여온 좋은 재료와 우수한 기술자가 있었기 때문이었다.

로마시대인 기원전 300년경에는 이미 200여 개의 빵 전문점이 성업을 이룰 정도로 제빵업이 크게 번성하였으며, 제빵업자들의 조합인 길드(guild)가 결성되기도 하였다. 로마제국이 붕괴되고 기독교가 전파됨에 따라 제빵 기술도 함께 유럽 각지로 퍼져나갔다.

1680년 네덜란드의 레벤후크(Anton van Leeuwenhoek)는 자신이 만든 현미경으로 최초로 효모의 존재를 확인하였으며, 1861년 프랑스의 파스퇴르(Louis Pasteur)는 "미생물에 의해서 발효와 부패가 발생한다"는 이론을 주장하고 실험을 통해 이를 증명하였다. 그의 실험은 오늘날 저온살균 방법의 기초가 되었다.

그가 말한 미생물은 후에 효모임이 밝혀졌고, 효모를 배양한 제빵용 이스트(yeast)가 공업적으로 만들어지는 계기가 되었다. 18세기에 시작된 산업혁명과 그 후의 기술적 발전의 결과 밀가루를 반죽하는 믹서(mixer), 빵을 굽는 오븐(oven) 등이 개선되어 빵의 대량생산이 가능해졌다.

빵은 밀가루를 주원료로 하여 물, 소금, 설탕, 효모 등을 섞어 반죽하여 발효한 뒤에 불에 굽거나 찐 음식이며, 종류에 따라서는 계란, 우유, 버터, 크림, 견과류 등을 첨가하기도 한다. 밀가루 외에 보리, 호밀, 메밀, 옥수수, 쌀 등의 곡물이 사용되기도 한다.

우리나라 〈식품공전〉에서는 빵을 "밀가루 또는 기타 곡분, 설탕, 유지, 계란 등을 주원료로 하여 이를 발효시키거나 발효하지 않고 반죽한 것 또는 크림, 설탕, 계란 등을 주원료로 하여 반죽하여 냉동한 것과 이를 익힌 것으로서 식빵, 케이크, 카스텔라, 도넛, 피자, 파이, 핫도그, 티라미스, 무스케익 등이 있다"고 정의하고 있다.

- 식빵: 넓은 의미로는 식사 때에 내놓는 모든 빵을 말하며, 식빵에 대한 규정은 나라마다 다르다. 우리나라에서는 일반적으로 사각틀에서 구워 식사대용으로 이용하는 빵을 식빵이라 부른다.

  식빵은 모양에 따라 빵의 윗면을 자연스럽게 부풀려 만든 영국형(open top bread)과 뚜껑을 덮어 평평하게 구운 미국형(pullman bread)으로 구분할 수 있다. 또 배합에 따라 설탕, 우유, 유지(油脂)를 거의 첨가하지 않은 저배합(lean type) 식빵과 이들을 많이 첨가한 고배합(rich type) 식빵으로 구분할 수 있으며, 대체적으로 전자는 토스트용이고 후자는 샌드위치용이다.

- 케이크(cake): 케이크는 주재료인 밀가루, 계란, 설탕, 소금에 부재료인 우유, 생크림, 베이킹파우더 등의 재료를 혼합하여 구운 것이다.

- 카스텔라(castella): 스펀지케이크의 일종으로서 계란, 밀가루, 설탕, 꿀 등을 혼합하여 충분히 저은 후 오븐에 구운 것이다. 크게 부풀어 올라 푹신푹신하며 우유나 커피와 잘 어울린다.

■ 도넛(doughnut): 밀가루에 설탕, 계란, 우유, 지방, 이스트를 넣어 만든 반죽을 둥글게 빚어 안쪽에 구멍을 뚫거나 링 모양으로 만들어 기름에 튀긴 빵이며, 주로 간식으로 애용된다.

■ 피자(pizza): 밀가루 반죽인 도우 위에 토마토소스를 바르고, 여러 가지 재료의 토핑을 얹은 후에 마지막으로 치즈를 뿌려서 오븐에 구워낸다.

■ 파이(pie): 쇼트페이스트(short paste), 쇼트크러스트(short crust) 또는 파이크러스트(pie crust)라고 불리는 접시 모양의 밀가루 반죽(파이껍질) 위에 고기나 과일 등 다양한 재료를 채워서 구운 음식이다. 고기, 해산물 등을 사용하는 파이는 보통 속이 깊은 파이껍질에 만들어 주요리에 이용되고, 과일 등을 사용한 것은 주로 디저트(dessert)로 이용된다. 파이는 껍질을 위아래로 덮은 것과 밑면에만 껍질이 있는 것이 있다.

■ 핫도그(hotdog): 가늘고 긴 형태의 소시지를 익혀서 기다란 빵 사이에 끼워 넣은 음식으로 보통 그 위에 케첩이나 머스타드를 뿌려 먹는다.

■ 티라미수(tiramisu): 커피, 카카오, 치즈, 계란 노른자, 설탕 등의 재료로 만든 달콤하고 부드러운 이탈리아의 대표적인 디저트이다.

■ 무스케익(mousse cake): 무스케익은 거품처럼 부드럽고 가벼운 느낌의 크림을 이용하여 만든 케이크로 주로 디저트로 이용된다.

빵의 종류는 용도나 제조 방법에 따라 식빵류, 과자빵류, 페이스트리(pastry)류, 조리빵류, 기타 빵류 등으로 구분하기도 한다. 식빵의 설탕 함량이 10% 이하인 데 비하여 과자빵은 20~30% 수준으로 높고, 버터나 계란의 비율도 높아 단맛이 나는 빵을 말하며 앙금빵, 크림빵, 소보로빵, 스위트롤(sweet roll) 등이 있다.

페이스트리류는 밀가루 반죽 사이에 유지를 넣어 결을 내 구운 빵을 말하며 파이, 데니시(danish), 크루아상(croissant) 등이 있다. 조리빵은 여러 가지 속 재료를 사용한 피자, 샌드위치, 햄버거, 핫도그 등을 말한다. 밀가루반죽을 발효시킨 후 찐 만두류도 빵의 일종으로 볼 수 있으나, 일반적으로 만두류는 빵과는 구분되는 별도의 음식으로 여겨지고 있다.

과자도 빵과 같이 밀가루, 계란, 설탕, 유지를 주원료로 사용해서 굽는 것이어서 빵과 유사한 음식이다. 그러나 빵이 주로 식사대용으로 먹는 데 비하여 과자는 기호식품으로 찾게 된다는 특징이 있으며, 빵은 이스트를 사용하여 발효시키는데 비하여 과자는 화학적 팽창제(baking powder)를 사용한다는 차이가 있다. 일반적으로 빵은 설탕이 적게 들어가는 데 비하여 과자에는 들어가는 설탕의 양이 많아 단맛이 강하다는 차이도 있다.

중국이나 일본은 우리나라보다 먼저 빵이 전해졌으며, 우리나라에 빵이 전래된 것은 개화기인 19세기 말이었다. 그러나 17~18세기경에 중국을 방문한 연행사(燕行使) 일행이나 일본으로 간 조선통신사(朝鮮通信使) 일행 중에는 빵을 먹어본 사람도 있어서 우리나라에 빵이 알려지기 시작하였다.

그중 한 사람이 문신이자 학자인 일암(一菴) 이기지(李器之)였으며, 그는 1720년 북경으로 가는 사신과 함께 중국을 방문하였고, 그 때의 경험을 적은 기행문인 『일암연기(一庵燕記)』에서 서양떡(西洋餅)을 먹어보았다고 하였다. 그가 먹어본 서양떡에는 설탕, 계란, 밀가루가 들어갔다고 하였으며, 아마도 그것은 카스텔라였을 가능성이 높다.

인터넷 자료를 보면 "1890년대 경 외국 선교사들에 의해 정동구락부에서 '면포(麵包)'라고 하는 빵과 '설고(雪糕)'라는 카스텔라가 만들어졌는데 이것이 한국에서의 빵의 시초였다" 또는 "1884년 한로통상조약 체결 이후에 러시아인 웨베르공사의 처제인 손택(孫澤)이 공관 앞에 정동구락부(또는 손탁호텔)를 개설하고 우리나라 최초의 빵을 선보였다" 등의 내용이 있다. 심지어 정동구락부가 1902년 개관한 서양식 호텔이라고 소개한 글도 있다.

정동구락부(貞洞俱樂部)는 고종(高宗) 31년(1894년)에 결성된 구미인(歐美人)과 조선 개화파(開化派) 인물을 중심으로 한 사교 모임의 이름이며, 구락부(俱樂部)는 클럽(club)을 뜻하는 일본식 한자이다. 이 모임에 가입한 한국인 회원은 민영환(閔泳煥), 윤치호(尹致昊), 이상재(李商在), 서재필(徐載弼) 등이었고, 외국인으로는 미국공사 실(J.M.B. Sill), 프랑스영사 플랑시(C.de Plancy), 당시 정부의 고문으로 초빙된 다이(W.M. Dye)와 리젠드르(C.W. Legendre), 미국인 선교사 언더우드(H.G. Underwood)와 아펜젤러(H.G. Appenzeller) 등이 있었다.

정동구락부 초기에는 정동(貞洞)의 덕수궁 근처에 있던 손탁의 집이 모임 장소였으며, 1902년 손탁호텔(Sontag Hotel)이 건립되자 이곳으로 모임 장소를 옮겼다. 정동구락부는 겉으로는 사교 모임을 표방하였으나, 일본의 정치적 간섭을 배제하기 위한 정치적 모임의 성격이 강하였으며, 커피나 빵 등을 국내에서 가장 먼저 소개하는 등 서구 문물 도입의 창구 역할을 하기도 했다.

손탁호텔은 앙트와네트 손탁(Antoinette Sontag)이 서울 중구 정동에 세운 서양식 호텔이었다. 손탁의 한국명은 손택(孫

澤)이며, 초대 주한 러시아공사 베베르(Karl Ivanovich Veber)의 처제가 아니라 먼 친척으로서 1885년 베베르를 따라 한국에 와서 1909년까지 25년 동안 생활하였다. 영어, 독일어, 프랑스어, 러시아에 능통하고 한국어도 가능하였으므로 베베르 공사의 추천으로 궁내부(宮內府)에서 외국인 접대업무를 담당하면서 고종 및 명성황후와도 친밀하게 지낸 인물이다.

대한제과협회(大韓製菓協會)에서 만든 『한국 빵 과자 문화사』에 따르면, "1885년 미국인 선교사 언더우드와 아펜젤러가 입국해 빵을 구웠는데 이를 한국 최초의 빵으로 본다"고 하였다. 19세기 말 선교사들에 의해 빵이 소개되기는 하였으나, 이는 일부 인사에 국한된 것이고 우리나라에 본격적으로 빵이 알려지기 시작한 것은 1910년 한일합방 이후 일본을 통해 빵이 도입되면서부터이다.

일본에는 16세기 말에 포르투갈 선교사에 의해 빵이 전래되었다. 그러나 서양의 빵은 밥과 면을 주식으로 하는 일본인에게 맞지 않아 한동안은 크게 호응을 얻지 못하였다. 이에 따라 일본에서는 빵이 주식보다는 간식이나 기호식품으로 발전하여 일본 특유의 빵으로 변형되었고, 그중 대표적인 것이 카스텔라와 단팥빵이다. 일본의 빵이 서양과 다르게 독자적으로 발전한 데에는 우유와 같이 일본에서는 구하기 힘든 식자재 대신 일본에서 쉽게 구할 수 있는 원료로 대체한 노력의 결과이기도 하다.

카스텔라는 포르투갈인에 의해 소개된 빵을 일본에서 개량한 것으로 정작 포르투갈에는 카스텔라가 없다고 한다. 카스텔라와 닮은 포르투갈 빵은 '빠웅데로(pão de ló)'라고 하는 스펀지케이크이다. 이것은 오랜 기간 상하지 않기 때문에 장거리 무역을 하는 선원들이 애용하는 식품이었다. 나가사키(長崎)는 1571년 포르투갈 상선이 일본에 최초로 입항한 항구이며, 일본에서 서양 문물을 가장 먼저 받아들인 도시이다.

카스텔라라는 명칭의 유래는 이탈리아반도에 존재하였던 국가 카스틸랴(Castilla)의 포루투갈식 발음인 카스텔라(Castella)에서 온 것이라 한다. 카스틸랴에서 포르투갈로 전해진 '카스틸라 왕국의 과자'라는 의미의 'Bolo de Castella'에서 카스텔라라는 명칭이 생겼으며, 이것이 일본에서 '가스테라(カステラ)'라고 불리게 된 것이다. 현재 카스텔라(castella)는 세계적으로 일본식 과자의 일종으로 보고 있다.

일본의 카스텔라는 나가사키시(長崎市)의 '후쿠사야(福砂屋)'라는 상점에서 1624년부터 만들기 시작한 것이 처음이며, 나가사키의 명물이 되었다. '나가사키카스테라(長崎カステラ)'라고 불리는 것은 나가사키 지방의 카스텔라를 말하는 것이 아니라 나

가사키식 제조방법의 카스텔라를 말하는 것이다. 나가사키카
스테라는 정방형(正方形) 또는 장방형(長方形)의 큰 틀에 넣어
오븐에 구운 후 네모나게 자르며, 물엿을 사용하여 축축한 식
감이 있는 것이 특징이다. 우유, 가루차(抹茶), 흑설탕, 초콜릿,
치즈 등을 첨가하여 맛을 낸 변형도 있다.

일본에서 효모를 이용한 발효빵은 1842년 에가와 히데타쓰
(江川英龍)가 처음 만들었으며, 일본에서는 그를 '빵의 시조(パ
ン祖)'라 부른다. 그는 군대식량으로서의 유용성 때문에 빵을
만든 것이며, 일반인에게 유통하지는 않았다. 속에 팥을 넣어
달게 만든 단팥빵(餡パン)은 '기무라야(木村屋)'의 창립자인 기
무라 야스베에(木村安兵衛)가 1874년에 처음 만들었으며, 잼빵,
크림빵, 야채빵 등 여러 과자빵으로 발전하였다.

이런 일본식 빵은 일본인들에 의해 한반도에도 전해졌고, 현
재도 단팥빵은 제과점의 주메뉴 중 하나로 자리 잡고 있다. 일
제강점기에 빵이 보급될 수 있었던 것은 일본인들에 의해 제분
공장들이 설립되어 빵의 주재료인 밀가루를 구하기 쉽게 된 영
향도 있다.

일제는 한반도에서 쌀을 수탈해가는 대신에 밀가루를 공급
하였다. 그러나 일제강점기에는 대규모 제빵회사는 없었고 소
규모 제빵업소가 있었을 뿐이다. 1940년도 초에는 전국에 40여

개소의 제빵업소가 있었으며, 그중에는 한국인이 운영하는 업소도 있었다고 한다.

1945년 일본의 패망과 함께 조선에서 제과점을 운영하던 일본인들은 모두 철수하였고, 그 자리를 이들에게 기술을 전수받은 한국인들이 차지하게 되었다. 해방되던 해인 1945년에는 전북 군산의 이성당(李盛堂), 황해도 옹진군의 상미당(賞美堂), 서울의 고려당(高麗堂)을 비롯하여 전국에 수많은 제과점들이 탄생하였으며, 상미당은 현 SPC그룹의 모태가 된다.

전라북도 군산시 중앙로에 있는 이성당은 흔히 우리나라에서 가장 오래된 빵집으로 알려져 있다. 이성당은 1945년 이석우씨가 개업하였으며, 1947년 일본인이 운영하던 '이즈모야(出雲屋)'라는 제과점 건물을 불하받아 확장 이전하였다. 이즈모야는 일본인 히로세 야스타로(廣瀨安太郎)가 1910년에 개업하였으며, 처음에는 일본 전통과자인 화과자를 팔았으나 1920년대부터는 단팥빵, 크림빵, 케이크 등도 판매하였다.

이성당을 가장 오래된 빵집으로 보는 이유는 이즈모야 시절까지 포함하기 때문이나, 그러나 이즈모야와 이성당은 실질적인 연관성이 없으며 이성당 스스로는 1945년을 창립 연도로 잡고 포장지와 간판 곳곳에 'Since 1945'를 강조하고 있다. 이성당의 대표적인 제품은 단팥빵과 야채빵이며, 빵 나오는 시간을 기다려 줄을 서야만 살 수 있을 정도로 인기가 있다.

실제로 현존하는 가장 오래된 빵집은 화월당(花月堂)으로 1920년 일본인 고바야시(小林)가 현재 위치인 전라남도 순천시 중앙로에서 개점하였다. 1928년에 이 가게의 점원으로 취직하였던 조천석씨는 8·15 해방 후에 가게를 물려받았다. 포장지와 간판에 'Since 1928'이라고 표시하여 1928년을 창업 시점으로 잡고 있다.

종전에는 빙수, 도넛, 야채빵, 샌드위치 등 다양한 품목을 판매하였으나 1997년 외환위기 이후에는 '볼카스테라'와 '찹쌀떡' 두 가지만 판매하고 있고 이 집의 카스텔라 안에는 팥앙금이 들어있는 것이 특징이어서 빵집이라고 부르기도 애매하다. 이 집은 진열 판매는 하지 않고 예약 및 택배로만 판매하고 있다.

8·15 해방 당시에 남북한을 통틀어서 15개의 제분공장이 있었으며, 하루 7,600배럴의 생산능력을 가지고 있었다고 한다. 이 시설들은 6·25 전쟁 중 대부분 파괴되었으며, 1952년 대한제분이 인천공장을 복구하고, 1953년 조선제분이 설립됨에 따라 밀가루 공급이 재개되었다. 한편 1953년에는 제일제당공업에서 설탕을, 1957년에는 대한버터에서 쇼트닝과 마가린을, 제일유니버살사에서 제빵용 효모를 각각 생산하기 시작하면서 빵 재료의 국내 공급이 이루어지게 되었다.

6·25 전쟁 이후 미국의 원조로 밀가루가 저렴하게 공급되었고, 쌀 부족을 해결하고자 정부에서는 양곡관리법(糧穀管理法)을 제정하여 1965년부터 시행하면서 '혼분식장려운동'을 펼쳤다. 이에 따라 국수나 수제비 등의 밀가루 음식이 일상화되고 학교 급식으로 빵과 우유가 제공되면서 빵의 소비도 증가하게 되었다.

1950년대 중반 이후 전국적으로 제과제빵이 인기업종으로 떠올랐다. 1950~1960년대 당시에 명성을 날리던 빵집으로 서울에는 고려당(高麗堂), 태극당(太極堂), 뉴욕제과, 독일빵집, 덕수제과 등이 있었으며 지방에는 대전의 성심당(聖心堂), 대구의 삼송제과, 전주의 풍년제과(豐年製菓), 목포의 코롬방제과 등이 있었다.

1960년대 이후에는 공장에서 대량으로 만드는 양산빵의 시대가 열렸다. 1961년에 삼립산업제과공사에서 빵을 생산하기 시작하였으며, 1969년에는 서울식품공업과 기린(麒麟)의 전신인 삼립식품에서 빵을 생산하기 시작하였다. 이들 양산빵 업체가 성장할 수 있는 배경에는 군대라는 대량 소비처가 있었던 것도 한몫을 하였다. 제과점의 빵은 부유한 사람이나 먹을 수 있는 고급 음식이었으나, 양산빵이 나오면서 일반 서민들도 쉽게 빵을 사먹을 수 있게 되었다.

1970년대 말부터 국민소득의 증가와 함께 고급스러운 제과점 빵을 찾는 소비자들이 증가하면서 뉴욕제과, 고려당, 태극당, 독일빵집 등 당시 인기 있던 제과점들이 프랜차이즈 형태의 분점을 내기 시작하였다. 이에 자극을 받은 대기업에서도 속속 이 시장에 참여하게 되었다. 1984년에는 신라호텔에서 분리된 신라명과가 설립되었고, 1986년에는 샤니를 모기업으로 하는 파리크라상(Paris Croissant)이 개점하였으며, 1988년에는 제과 업체인 크라운제과가 만든 크라운베이커리(Crown Bakery)가 등장하였다.

베이커리 프랜차이즈가 번성하면서 1985년경부터는 제과점의 빵 시장점유율이 양산제빵업계를 앞섰고, 1990년대 말에는 제과점의 점유율이 양산제빵업계의 2배 이상이 됐다. 이에 따라 1960~1970년대에 존재하였던 소규모 양산제빵업체들이 문을 닫기 시작하였다.

1988년 파리크라상은 직영 점포인 파리크라상 외에 가맹점인 파리바게뜨(Paris Baguette)를 오픈하였으며, 1997년에는 CJ그룹의 CJ푸드빌에서 운영하는 뚜레쥬르(Tous Les Jours)가 참여하였다. 1990년대 가맹점 수가 1,000여 개일 정도로 업계 최고를 달리며 전성기를 누렸던 크라운베이커리는 그 후 경쟁에서 밀려 2013년에 폐업하였고, 현재는 파리바게뜨와 뚜레쥬르 두

브랜드가 사실상 국내 제빵 프랜차이즈 시장을 양분하고 있다.

현재 국내 베이커리 시장은 대기업이 운영하는 '프랜차이즈 베이커리(franchise bakery)'와 일반 개인이 운영하는 '윈도 베이커리(window bakery)'로 크게 구분되며, 일명 '동네빵집'이라 불리는 윈도 베이커리는 점포 숫자와 매출 규모가 점차 줄어들고 있는 경향이다.

한편 최근에는 호텔이나 백화점, 마트 등에서 운영하는 이른바 '인스토어 베이커리(instore bakery)'의 비중도 점점 커지고 있으며, 양산제빵업체는 편의점, 마트, 학교 매점 등에 저렴한 빵을 공급하며 어린이와 청소년을 대상으로 한 시장을 형성하고 있다.

6.
과자

　과자는 그 종류만큼이나 만드는 방법과 사용되는 재료가 다양하기 때문에 한마디로 정의하기 어려운 식품이다. 우리 고유의 과자인 한과(韓菓) 및 일본과자인 화과자(和菓子)도 있으나 일반적으로 이야기하는 과자는 서양에서 유래된 양과자(洋菓子)를 의미한다. 그러나 정작 서양에는 우리말 과자에 해당하는 단어가 없으며 쿠키(cookie), 크래커(cracker), 비스킷(biscuit) 등 과자의 한 종류를 뜻하는 단어가 별도로 있을 뿐이다.

　'과자(菓子)'라는 말은 20세기 초에 일본을 통해서 전해졌으며, 일본어 '가시(菓子, かし)'의 한자를 우리식으로 읽은 것이다. 한자 '과(菓)'와 '과(果)'는 모두 같은 의미로 '과일의 열매'라는 뜻이 있으며, 한자 '자(子)' 역시 '아들', '자식'이라는 일반적인 뜻 외에 '열매'라는 뜻도 있다. 결국 과자(菓子)와 과자(果子)는 모두가 원래 '과일의 열매'를 뜻하는 단어였다.

일본에서도 원래 가시(菓子)는 '과일의 열매'를 뜻하는 단어였다. 이런 가시에 열매 이외의 의미가 포함되게 된 것은 중국어의 영향이었다. 중국어로 '궈쯔(果子)'는 '과일의 열매'라는 의미도 있으나 '기름에 튀긴 밀가루 식품'이라는 의미도 있었다. 현대 중국어에서 밀가루 식품을 뜻하는 경우에는 '과(果)' 대신에 음식을 의미하는 부수인 '식(食)'을 붙인 '과(餜/馃)'를 사용하여 '궈쯔(馃子)'라고 한다.

일본에는 헤이안시대(平安時代)에 당(唐)나라에 파견된 견당사(遣唐使)에 의해 과자의 제조 방법이 도입되어 당과자(唐菓子)라고 불렸으며, 이것이 발전하여 오늘날의 화과자(和菓子)가 되었다. 처음에 가시(菓子/果子)는 '과일의 열매'도 포함하는 단어였으나, 에도시대(江戸時代)에 '구다모노(果物: 과일)'와 '가시(菓子: 과자)'의 구분이 생겼으며, 가시는 식사 이외에 간식으로 먹는 모든 음식을 의미하는 단어로 사용하게 되었다. '菓子'와 '果子'는 같은 의미이나 오늘날 과자를 한자로 쓸 경우에는 우리나라나 일본이나 모두 '菓子'라고 한다.

일반적으로 과자는 밀가루, 계란, 설탕, 유지 등을 주원료로 사용해서 반죽한 후 굽거나 기름에 튀겨서 만들게 되며 빵과 유사하여 명확히 구분하기 어렵다. <식품공전>에서 정한 과자의 정의는 "곡분 등을 주원료로 하여 굽기, 팽화, 유탕 등의 공정을 거친 것이거나 이에 식품 또는 식품첨가물을 가한 것으로 비스킷, 웨이퍼, 쿠키, 크래커, 한과류, 스낵과자 등을 말한다'라고 되어 있다.

- 비스킷(biscuit)과 크래커(cracker): 비스킷과 크래커는 사실 그 차이를 정확하게 구분하기 어려우며, 모두 밀가루를 주원료로 하여 우유, 버터, 계란, 설탕, 향료 등을 섞어서 반죽하여 구운 과자이다. 비스킷은 영국에서 주로 사용하는 단어이며, 미국에서는 크래커라고 한다. 비스킷과 크래커는 건조하여 오래 보관할 수 있으며, 영양가도 있기 때문에 군대 비상식량으로 오래전부터 사용됐다.

  비스킷의 어원은 라틴어인 '비스콕두스(biscoctus)'에서 나왔으며, '두 번 구워서 만든 과자'라는 의미이다. 비스킷의 전통적 제조 방법은 뜨거운 오븐에서 구운 후 다시 냉각오븐에서 서서히 건조시켜 완전히 익힘으로써 보존성을 높인다. 크래커의 어원은 '부서지다(crack)'라는 동사이며, 설탕은 거의 첨가하지 않아 단맛이 없고, 얇고 딱딱하게 굽기 때문에 깨물 때 바삭바삭 부서지는 감촉이 특징이다.

  비스킷은 원료 배합과 만드는 방법에 따라 하드비스킷(hard biscuit)과 소프트비스킷(soft biscuit)으로 구분한다. 하드비스킷은 글루텐(gluten) 함량이 많은 강력분을 사용하고, 설탕과 지방을 적게 사용하기 때문에 제품이 비교적 단단하고 보존성이 좋으므로 휴대식량으로 적합하다. 글루텐의 차진 성질을 충분히 나타내기 위하여 반죽을 오랜 시간 동안 놓아 두며, 구울 때 부풀어 오르는 것을 방지하기 위하여 바늘구멍을 낸다. 소프트비스킷은 글루텐 함량이 적은 박력분을 사용하며, 설탕과 지방을 많이 사용하여 풍미가 강하고 부드럽다.

- 웨이퍼(wafer): 웨이퍼는 '아주 얇은 조각'을 의미하며, 반도체 집적회로를 만들 때 쓰는 직경 5~10cm 정도의 실리콘 단결정의 얇은 판도 웨이퍼라고 한다. 우리나라에서는 웨이퍼보다는 '웨하스'로 더 잘 알려져 있으며, 이는 '웨이퍼스(wafers)'의 일본식 표기인 '웨하스(ウェハース)'에서 온 것이다. 기포를 다량 함유한 묽은 반죽을 그물코무늬가 있는 틀에 흘려 부어서 얇고 바삭하게 구운 후 크림이나 초콜릿을 두 쪽 사이에 끼워서 만든다.

- 쿠키(cookie): 쿠키는 동그랗고 납작하게 구운 비스킷의 일종으로 주로 미국에서 부르는 호칭이다. 쿠키의 어원은 네덜란드어로 '작은 케이크'를 뜻하는 '쿠오퀘(koekje)'이다. 비스킷이나 크래커 같은 형태의 과자를 포함해서 쿠키라고 부르기도 하며, 우리가 과자라고 할 때에 떠오르는 이미지는 보통 쿠키를 의미하는 경우가 많다. 일반적으로 비스킷보다 버터를 많이 사용하고, 여러 가지 기호식품을 첨가하기도 하며, 화학적 팽창제를 사용하여 굽는다.

쿠키를 만드는 기본적인 방법은 버터나 쇼트닝에 설탕을 넣고 저어서 크림 모양으로 만든 다음, 계란을 넣고 다시 잘 저어준 후 밀가루, 베이킹 파우더, 향료 등을 섞어서 반죽하여 오븐에 구워 낸다. 표면에 초콜릿을 칠하거나 잼과 크림을 사이에 끼우는 등 응용 제품도 많이 있다. 형을 만드는 방법은 기본적으로 다음 세 가지가 있다.

첫째, 반죽을 일정한 두께로 밀어 펴고 형틀로 모양을 찍어내거나 알맞은 크기로 자른다.

둘째, 반죽을 짤주머니에 채우고 철판 위에 짜낸다.

셋째, 반죽을 냉장고에 넣어 굳힌 후 얇게 썬다.

■ 한과(韓菓): 우리나라의 전통 과자를 말하며 옛날에는 조과(造果)라고도 하였고, 외래 과자인 양과자(洋菓子)와 구분하기 위해 비교적 최근에 생긴 말이다.

■ 스낵(snack): 원래는 간편하게 가벼운 식사를 할 수 있는 간이식당을 의미하는 스낵바(snack bar)를 줄여서 부르던 말이었으나, 그 식당에서 취급하는 음식으로 의미가 변하였다. 스낵의 종류는 샐러드, 햄버거, 샌드위치, 감자칩, 초콜릿과자 등 다양하다.

그러나 우리나라나 일본에서는 가볍게 먹을 수 있는 튀김과자(스낵과자)를 나타내는 단어로 의미가 변경되었다. 법에 규정된 정의는 없으며 제과업계에서 관습적으로 막연히 다른 과자와 구분하여 부르는 명칭으로서 새우깡, 고래밥, 꼬깔콘, 맛동산, 뿌셔뿌셔, 양파링, 포테이토칩 등의 제품이 이에 속한다.

서양에 우리의 과자에 해당하는 단어가 없는 것처럼 중국에도 이에 합당한 단어가 없다. '궈쯔(馃子)'라는 단어가 있기는 하나 이는 '기름에 튀긴 밀가루 식품'이라는 의미이며 우리가 생각하는 과자와는 거리가 있다. 영어의 스낵처럼 떡, 과자, 빵, 케이크 등 모든 간식을 의미하는 단어로 '띠엔신(点心)'이 있으며, 이는 딤섬(dimsum)이란 이름으로 잘 알려져 있다.

중국의 대표적인 과자로는 '위에삥(月餠/月饼)'이 있으며, 위에삥(월병)은 우리의 추석에 해당하는 음력 8월 15일 중추절(中秋节)의 음식으로서 밀가루, 라드, 설탕, 달걀 등을 섞어 만든 피에 팥앙금이나 견과류 등의 소를 넣은 후 둥근 달 모양의 나무틀에 넣어서 구워낸 것이다.

일본의 전통과자를 의미하는 '와가시(和菓子: 화과자)'는 에도시대(江戶時代)에 확립되었으며, 다도(茶道)에서 차를 마실 때 함께 곁들어 먹기 때문에 단것이 많고 기름은 거의 들어가지 않는다. 화과자는 "첫맛은 눈으로, 끝맛은 혀로 즐긴다"는 말이 있을 정도로 모양이 화려한 것이 특징이며 찹쌀, 밀가루, 팥, 설탕, 한천 등을 재료로 사용한다.

화과자의 종류는 매우 많고, 우리나라에서는 떡으로 분류할 것도 포함하고 있다. 가장 일반적인 분류는 수분이 양에 따라 수분함량이 40% 이상인 생과자(生菓子), 수분함량이 10~40% 정도인 반생과자(半生菓子) 및 수분함량이 10% 미만인 건과자(干菓子)로 나눌 수 있다.

대표적인 생과자로는 찹쌀로 만든 떡인 '모찌(餅)'가 있다. 반생과자 중에서 가장 잘 알려진 것으로는 '모나카(最中)'가 있다. 모나카는 찹쌀로 만든 얇게 구운 과자 껍질 사이에 팥소를 넣어서 만들며, 껍질은 벚꽃 또는 국화 모양을 한 것이 많다. 건과자는 수분이 적어 오래 보관할 수 있으며, 대표적으로는 '센베이(煎餅)'가 있다. 센베이는 밀가루에 달걀과 설탕을 넣어 만든 반죽을 틀에 넣고 굽거나 튀긴 것이며, 쌀가루로 만들기도 한다.

서양에 과자에 해당하는 단어가 없는 것은 이들이 우리나라에 도입되기까지 미국 및 유럽 각국에서 여러 가지 변화를 겪으면서 독자적으로 발전된 것이기 때문이다. 따라서 과자에 대한 명확한 정의도 없으며, 빵과의 구분도 모호하게 된 것이다. 과자의 종류 역시 분류기준에 따라 다양하게 나눌 수 있으며, 팽창 형태에 따라 다음과 같이 분류하기도 한다.

■ 화학적 팽창: 베이킹파우더와 같은 팽창제에 의존하여 부풀린 제품으로 케이크, 와플, 도넛, 머핀(muffin), 반죽형 쿠키 등이 있다.

■ 공기 팽창: 믹싱 할 때 공기를 집어넣어 부풀린 제품으로 스펀지케이크, 머랭(meringue) 등이 있다.

■ 유지(油脂)에 의한 팽창: 밀가루 반죽에 유지를 집어넣고 밀어 펴기를 하여 굽는 동안 유지층 사이를 증기압으로 부풀리도록 하는 제품으로, 대표적인 것이 퍼프페이스트리(puff pastry)이다.

■ 복합형 팽창: 위의 2가지 이상을 병용한 형태를 말한다.

■ 무팽창: 반죽 자체에 아무런 팽창을 주지 않고 수증기압의 영향을 받아 조금 팽창되는 과자를 말하며 아메리칸파이(American pie), 쿠키 등이 있다.

과자를 만들 때 사용하는 화학팽창제는 베이킹소다(baking soda)와 베이킹파우더(baking powder)가 있다. 베이킹소다는 탄산수소나트륨($NaHCO_3$)을 말하는 것으로, 그 자체로는 팽창 효과가 없으므로 버터밀크, 요거트, 초콜릿 등의 산성 재료가 사용되는 제품에 한하여 사용할 수 있다.

베이킹파우더는 주성분인 베이킹소다에 이와 반응할 수 있는 인산칼슘, 주석산 등의 산성염(酸性鹽)과 화학반응을 조절하는 완화제 역할을 하는 옥수수전분, 감자전분 등이 혼합된 것으로서 별도의 산성 재료를 추가할 필요가 없도록 한 것이다. 제과 제빵에서 말하는 화학팽창제는 보통 베이킹파우더를 의미한다.

인류가 언제부터 과자를 먹기 시작하였는지는 알 수 없으나 불을 이용하게 되면서 자연스럽게 밀가루 반죽을 구워먹게 되었을 것으로 추정된다. 과자에 가까운 형태의 점토 모형이 기원전 2,000년경의 메소포타미아 신(新)슈메르시대의 도시인 마리(Mari)에 있는 궁전의 한 방에서 출토되기도 하였다. 문명이 발달함에 따라 단순히 배를 채우는 것이 아니라 맛을 추구하게 되면서 과자가 만들어지게 되었을 것으로 추정된다.

기원전 4세기경부터 인도에서 설탕이 제조되기 시작하였고, 기원전 327년 알렉산더대왕의 인도 침략을 계기로 그리스(마케도니아)에 알려졌다. 그러나 그리스시대에는 설탕이 매우 귀하여 단맛을 내는 데는 주로 벌꿀과 과일류의 과즙을 사용하였다. 그리스시대에는 이미 수십 종에 이르는 과자가 만들어졌다고 하며, 이 기술은 로마시대에 계승되어 경제력과 종교의식을 바탕으로 크게 발전하였고, 로마제국의 확장과 함께 유럽, 아시아, 아프리카 북부 등으로 과자가 전파되었다.

1492년 콜럼버스 일행에 의해 아메리카 대륙이 발견되면서 다량의 설탕, 코코아, 커피 등이 유럽으로 공급되어 과자의 종류가 다양해지고 대량으로 생산되기 시작했다. 16세기 중반 프랑스 왕궁에서 현재 서양과자의 기초가 확립되었으며, 1789년의 프랑스혁명의 결과 왕궁 소속 요리사 및 제과제빵 기술자들이 궁 밖으로 나오게 됨에 따라 왕궁 내에서만 발달하던 과자가 일반화되는 계기를 마련하였고, 19세기 초에는 유럽 전역에 퍼졌다.

우리나라에는 19세기 말에 서양 선교사에 의해 과자가 소개되었으나, 본격적으로 일반인에게 알려지게 된 것은 1910년 한일합병을 전후하여 일본의 제과제빵 기술자들이 한반도에 진출하여 제과점을 개업하면서부터이다. 1920년대까지는 일본인들이 독점하여 서울에만 약 60개의 업소가 있었다고 한다.

1930년대가 되면서 우리나라 사람들이 운영하는 제과점도 생겨나기 시작하였으며 수도권에만 100여 개의 업소가 있었다고 한다. 1940년대에 들어서면서 태평양전쟁을 일으킨 일본이 통제경제를 실시함에 따라 밀가루가 부족하게 되어 폐업하는 업체가 속출하였다.

8·15 해방 후 미군정이 시작되며 밀가루와 분유 등의 원조물자가 공급되자 제과점이 다시 급속도로 팽창하였으며, 8·15 해

방 직후인 1945년에서 6·25 전쟁이 일어난 1950년까지의 기간에 전국에 500여 개의 제과점이 있었다고 한다. 현재까지도 유명한 군산의 이성당, 서울의 고려당, 뉴욕제과, 태극당 등이 모두 이 무렵에 개업하였으며, 현 SPC그룹의 모태가 된 상미당과 크라운제과의 모태가 된 영일당 역시 이 시기에 문을 열었다.

흔히 빵집이라고 부르는 제과점 또는 베이커리(bakery)는 매장에서 갓 구워낸 빵, 케이크 등을 주로 판매하는 가게이다. 그러나 제과점이라는 이름과 달리 일반적으로 상상하는 과자와는 거리가 있는 제품들이 대부분이다. 흔히 생각하는 과자는 제과점이 아닌 공장에서 생산된다. 우리나라의 제과점 수는 약 4만 개 정도로 추정되며, 요즘은 과자 외에 음료, 아이스크림류뿐만 아니라 디저트류까지 판매하고 있는 곳이 많다.

일제강점기 빵을 만드는 공장은 설립되지 않았으나, 빵에 비하여 상대적으로 설비의 규모가 작은 제과공장은 있었다. 《동아일보》 1920년 4월 1일자 기사에는 평양제과주식회사(平壤製菓株式會社)의 설립에 대한 내용이 있으며, 1930년대에는 일본의 대형 제과업체인 모리나가제과(森永製菓), 메이지제과(明治製菓) 등이 서울에 공장을 세웠다.

8·15 해방 당시 우리나라에는 10여 개의 제과공장이 있었으며, 서울에는 8개가 있었으나 모두 일본인이 경영하던 것이었

다. 서울에 있던 제과업체는 영강제과(永岡製菓), 경성제과(京城製菓), 조선제과(朝鮮製菓), 장곡제과(長谷製菓), 대서제과(大西製菓), 궁본제과(宮本製菓), 기린제과(麒麟製菓), 풍국제과(豊國製菓) 등이었으며, 우리나라 제과공업은 일본인이 놓고 간 시설을 이어받으며 시작되었다. 해태제과는 영강제과의 설비를 인수하며 창립된 것이고, 오리온은 풍국제과를 인수한 동양제과공업의 후신이다.

6·25 전쟁을 겪으면서 잠시 위축되었던 제과산업은 전쟁 후 미국의 원조로 밀가루가 저렴하게 공급되었고, 1953년에 제일제당공업에서 설탕을 생산하기 시작한 데 이어서 1956년에는 삼양사와 대한제당에서도 설탕을 생산하여 빠른 속도로 회복되었으며, 1960~1970년대에는 대중화를 이루게 되었다.

이 당시에 출시되어 지금까지도 판매되고 있는 장수 과자로는 크라운제과의 크라운산도(1961년), 농심의 새우깡(1971년)과 인디안밥(1976년), 오리온의 초코파이(1974년)와 오징어땅콩(1976년), 해태제과의 에이스(1974년)와 맛동산(1975년), 롯데제과의 빠다코코넛(1979년) 등이 있다.

국민소득의 증가와 함께 배고픔에서 해방됨에 따라 기호식품인 과자는 더욱 성장하게 되었으며, 현재 우리나라에서 한 해에 나오는 신제품의 종류는 수백 가지에 이른다. 우리나라 제과산업의 역사는 '제과4사'라고 일컬어지는 롯데제과, 오리온, 해태제과, 크라운제과의 역사를 살펴보면 그 흐름을 짐작할 수 있다.

롯데제과는 현 롯데그룹의 모기업으로서 껌, 캔디, 비스킷, 초콜릿 등을 생산하는 제과업체이다. 1965년의 한일국교정상화를 계기로 신격호(辛格浩)가 일본에서 창립한 '롯데(ロッテ)'가 국내에 출자하여 세웠으며, 제과4사 중에서 가장 늦게 설립되었으나 제과업체 중에서 매출 규모가 가장 큰 회사이다.

롯데제과가 인수한 기린은 쌀과자인 '쌀로별', 아이스크림인 '본젤라또' 등을 생산하던 회사로서 1969년 부산에서 설립된 삼립식품(주)가 1981년에 상호를 변경한 것이다. 삼립식품(주)는 2016년에 SPC삼립으로 상호 변경한 (주)삼립식품과는 아무 관련이 없는 별개의 회사이다.

오리온은 일본인이 세운 풍국제과에 기반을 두고 있으나 작고한 이양구(李洋球) 회장이 인수한 해인 1956년을 창립 시점으로 잡고 있다. 2001년 둘째 사위인 담철곤(譚哲坤) 회장이 동양그룹에서 식품, 엔터테인먼트 분야 계열사들을 이끌고 독립하여 오리온그룹을 만들면서 그룹의 중심 기업이 되었고, 2003년에 동양제과에서 현재의 상호인 오리온으로 변경하였다. 비스킷, 파이, 껌, 초콜릿 등을 생산하는 과자류 제조업체이다.

해태제과는 일본인이 세운 영강제과에 기반을 두고 있으나, 그 회사에 근무하던 민후식(閔厚植), 신덕발(申德鉢), 박병규(朴炳圭), 한달성(韓達成) 등 4명이 합자하여 해태제과합명회사를 설립한 1945년을 창립년도로 잡고 있다. 창립한 해인 1945년에 출시된 '연양갱(鍊羊羹)'은 우리나라 기업에서 만든 최초의 과자라는 명성을 얻고 있으나, 현재의 〈식품공전〉 기준에 따르면 과자가 아닌 캔디류에 속한다.

해태제과는 2001년에 UBS컨소시엄에 인수되어 해태제과식품으로 상호가 변경되었으며, 2005년에 크라운제과가 인수하였으나 브랜드 가치를 고려하여 합병하지 않고 별도 법인으로 존속시키고 있다. 비스킷, 스낵, 껌, 초콜릿, 사탕, 아이스크림 등 모든 종류의 과자류를 생산하고 있다.

크라운제과는 창업주 윤태현(尹台鉉)이 영일당이라는 제과점을 개업한 1947년을 창립 시점으로 잡고 있다. 윤태현의 창업 이야기는 1999년 MBC에서 '국회'라는 제목의 드라마로 방영되기도 하였다. 2017년 크라운제과, 해태제과식품 등을 계열사로 운영하는 지주회사 크라운해태홀딩스를 설립하여 크라운해태제과그룹을 관리하고 있다. 재설립된 크라운제과는 사업회사로서 과자, 아이스크림, 냉동식품 등을 생산하고 있다.

7.
케이크

원래 우리의 음식은 아니었으나 이제 케이크는 결혼식이나 생일을 비롯하여 축하할 일이나 기념식의 행사에서 빠뜨릴 수 없는 필수 음식이 되어 우리 문화에서도 매우 친숙해진 것이 되었다. 이뿐 아니라 식사 후의 디저트나 커피, 차 등의 음료와 함께 즐기는 일도 많아지고 있다.

케이크(cake)는 영어 발음에 가깝게 '케익'이나 '케잌'으로 표기하는 사람도 있으나, 외래어 표기법에 따르면 '케이크'가 맞는 표현이다. 예전에는 '케키'나 '께끼'라고도 하였으며, 이는 케이크의 일본어 표기인 '게키(ケーキ)'의 영향을 받은 것이다. 영어 'cake'의 어원은 고대 튜튼어(Teutonic) 및 고대 아이슬란드어인 'kaka'에서 유래되었으며, 13세기경부터 사용되었다고 한다.

케이크의 기원은 신석기시대까지 거슬러 올라가며, 최초의 케이크는 단순히 밀가루를 물로 반죽하여 납작하고 둥그런 모양으로 불에 구운 형태의 것이었다. 처음에는 케이크와 빵의 구분이 모호하였으며, 차츰 케이크와 빵의 구분이 생기기 시작한 것은 그리스·로마시대에 들어서서였다. 그리스시대에는 케이크의 종류가 100여 종에 달했으며, 로마시대에는 케이크를 만드는 사람과 빵을 만드는 사람이 완전히 구분되어 각각의 전문점과 직업조합을 가지게 되었다.

11~13세기에 있었던 십자군 원정과 15~16세기에 활발히 이루어진 신대륙 발견의 영향으로 설탕 및 다양한 향신료가 유럽으로 전해지게 되어 케이크의 품질이 향상되었다. 두껍고 폭신하며, 둥근 모양에 윗부분이 아이싱 처리된 케이크는 17세기 중반부터 만들어지기 시작하였다.

케이크 위에 설탕을 주원료로 하는 액체를 바르면 오븐에서 구운 후에 딱딱하고 투명한 얼음처럼 변하기 때문에 이를 '아이싱(icing)'이라 부른다. 이스트 대신에 베이킹파우더를 사용하고, 정제된 하얀 밀가루로 만든 현대적 케이크가 만들어지기 시작한 것은 19세기의 일이다.

크리스마스는 서양인에게 최대의 명절로 꼽히는 날이며, 우리나라에서는 주로 친구나 애인들과 즐기는 날이지만 서양에서는 철저히 가족과 함께 보내는 날이다. 크리스마스에는 온 가족이 모여 예수의 탄생을 축하하며 여러 가지 음식을 해먹는데,

그중에는 당연히 케이크도 있다.

우리나라에서는 크리스마스 케이크라고 하면 주로 새하얀 크림에 화려한 장식이 올려져 있는 둥근 형태의 케이크를 생각하지만 이런 케이크는 미국과 일본 등에서 주로 만드는 것이고, 유럽의 국가들은 저마다 고유한 유래를 가진 특별한 크리스마스 케이크가 있다.

결혼식에서 웨딩 케이크를 자르는 풍습의 기원은 로마시대 결혼을 할 때 신혼부부의 머리에 케이크를 떨어뜨리는 것에서 비롯되었다고 한다. 당시의 케이크는 지금과는 다르게 딱딱한 것이었으며, 이것을 머리에 떨어뜨리면 부서지게 되고, 부서진 케이크를 많은 사람이 먹을수록 아이를 많이 낳는다고 믿었다고 한다.

그 후 유럽에서는 다산과 풍요의 의미를 담아 다양한 견과류를 사용하고, 탑이나 사원 건물을 본떠서 높게 쌓아 올려 만들게 되었으며, 점차 하얀 크림과 화려한 장식을 사용하게 되었다. 웨딩 케이크의 특징은 모두 흰색을 띠고 있는 것인데 이는 순결을 의미한다.

생일을 축하하기 위해 생일 케이크를 선물하는 것은 유럽의 아주 오랜 전통이다. 그리스시대에 생일 케이크가 있었는지는 알 수 없으나, 로마시대에는 생일 케이크를 만들었다는 기록이 있다. 생일 케이크를 촛불로 장식하는 것은 중세 독일에서 이른 아침 생일을 맞은 어린 아이에게 촛불이 켜진 케이크를 선물로 주었던 킨더페스테(kinderfeste)라는 행사에서 유래되었다고 한다.

소원을 빌며 촛불을 끄는 관습도 킨더페스테에서 유래된 것으로, '촛불은 단숨에 끌 것'이나 '소원은 꼭 비밀에 부쳐야 할 것' 등은 오늘날까지 이어지고 있다. 19세기 중반 이후 생일 케이크를 선물하고 생일 축하 노래를 불러주는 것은 서양 문화에서 중요한 부분이 되었다. 우리나라에도 생일 케이크에 촛불을 켜고, 생일 축하 노래를 불러주며, 촛불을 단숨에 끄는 등의 관습은 전해졌으나 대부분의 경우 소원을 빌지는 않는다.

케이크는 밀가루, 설탕, 달걀, 버터, 우유, 크림, 견과류, 향신료 등의 재료를 적절히 혼합하여 구운 서양과자의 총칭으로 그 종류가 다양하며, 대표적으로 다음과 같은 것이 있다.

- 스펀지케이크(sponge cake): 스펀지케이크란 거품을 낸 계란에 설탕, 밀가루, 식염, 향료 등을 넣고 가볍게 섞은 후 팬(pan)에 부어 오븐에서 구운 케이크를 말한다. 스펀지케이크는 모든 케이크의 기본이 되며, 식감이 폭신폭신하고 오븐에서 구울 때 반죽이 스펀지처럼 부풀어 오른다고 하여 이런 이름이 붙었다.

스펀지케이크를 만들 때 원료 중에 버터를 사용한 것은 '버터스펀지케이크(butter sponge cake)'라고 한다. 우리에게 가장 친숙한 둥근 모양의 바탕 케이크를 제과제빵 용어로는 '제누아즈(genoise)'라고 한다. 제누아즈는 프랑스어로 '제노바 지방의 것'을 뜻하며, 이탈리아의 제노바(Genova) 지방에서 시작된 것을 프랑스에서 발전시켜 이런 이름을 붙였다.

스펀지케이크는 그냥 먹기에는 퍽퍽하기 때문에 그 자체로 먹는 경우는 드물고 보통 다른 케이크의 베이스로 사용된다. 스펀지케이크에 크림을 입히고 딸기, 초콜릿, 과일 등으로 장식한 것이 '데커레이션케이크(decoration cake)'이다. 데커레이션케이크는 크리스마스 케이크, 웨딩 케이크, 생일 케이크 등 일반적으로 생각하는 케이크로서, 보통 케이크라고 하면 데커레이션케이크를 의미하는 경우가 많다.

스펀지케이크에 부드러움을 더하는 요소들은 대부분 크림을 기본 재료로 삼는다. 크림은 우유를 원료로 한 동물성크림과 팜유를 바탕으로 만든 식물성크림이 있다. 식물성크림을 사용하는 이유는 재료의 수급에서 우유보다 안정적이며 값이 싸고, 동물성크림보다 온도에 따른 변화 및 시간 경과에 따른 변화가 적다는 장점이 있기 때문이다.

크림은 저어주면 거품이 생기면서 공기를 잡아주는 역할을 하며, 이 구조를 오래 유지하는 것이 중요하다. 이에 따라 지방 함량이 적은 휘핑크림의 경우에는 카라기난(carrageenan) 등의 증점제를 포함하는 경우가 대부분이다. 크림에는 생크림(fresh cream)과 휘핑크림(whipping cream)이 있다.

생크림이란 우유의 지방 성분을 분리하여 모은 것으로 거품을 내서 케이크의 데커레이션에 사용하기 위해서는 지방 함량이 최소 38% 이상은 되어야 한다. 휘핑크림은 우유의 지방 성분인 동물성크림도 있으나 주로 식물성크림이며, 지방 함량은 30~35% 정도로 생크림보다 적다.

- 쇼트케이크(short cake): 원래 쇼트케이크는 버터, 마가린과 같은 유지를 듬뿍 배합하여 만든 바삭바삭한 비스킷·쿠키류를 의미하지만, 우리나라에서는 보통 작은 크기로 만든 데커레이션케이크를 가리킨다. 또는 보통의 데커레이션케이크를 먹기 좋은 크기로 자른 케이크를 의미하기도 한다.

- 시폰케이크(chiffon cake): 스펀지케이크의 일종으로 지방과 계란이 많이 들어가기 때문에 부드럽고 촉촉한 느낌이 나는 케이크이다. 시폰(chiffon)은 실크나 나일론으로 만든 속이 비치는 얇은 직물을 의미하며, 그만큼 케이크가 부드럽다. 시폰케이크는 가운데에 구멍이 뚫려있는 독특한 모양이기 때문에 시폰케이크를 굽기 위한 전용 틀이 따로 있다. 시럽이나 생크림 등을 겉면에 바르거나 코코아 파우더, 녹차, 과일 등을 첨가하기도 한다.

- 카스텔라(castella): 스펀지케이크의 일종으로서 계란, 밀가루, 설탕, 꿀 등을 혼합하여 충분히 저은 후 오븐에 구운 것이다. 16세기 말에 포르투갈인에 의해 소개된 빵을 일본에서 개량한 것이다.

■ 버터케이크(butter cake): 버터케이크는 버터를 많이 사용하여 입 안에서 가볍게 녹으면서도 깊은 맛이 특징인 케이크로서 디저트뿐만 아니라 식사 대용으로도 사용되는 케이크들을 칭하는 말이다. 버터케이크는 '파운드케이크(pound cake)'에서 발전한 것이며, 기본 재료에 말린 과일을 첨가한 '후르츠케이크(fruit cake)'와 밀가루 대신에 견과류의 가루를 사용한 것 등의 변형이 있다.

파운드케이크는 영국에서 처음 만들기 시작한 것으로 버터케이크의 기본 재료인 밀가루, 버터, 설탕, 계란을 각각 1파운드(453.6g)씩 섞어서 굽는다고 하여 파운드케이크이란 이름이 붙었다. 비교적 구하기 쉬운 기본적인 재료를 사용하고, 만드는 과정도 거품을 내거나 체로 치는 등 특별한 기술이 없어도 되므로 케이크를 처음 만드는 사람도 시도해 볼 수 있는 케이크이다.

그러나 일반적인 케이크보다 밀가루의 비율이 높고, 머랭(meringue)을 사용하는 케이크도 아니기 때문에 전통적인 1:1:1:1 배합으로 만들면 탄성이 거의 없는 뻑뻑한 것이 된다. 따라서 우유나 차 같은 음료를 곁들여서 먹는 것이 보통이다. 사실 오늘날의 파운드케이크는 전통적인 비율을 그대로 지키는 경우가 드물고 버터 비율을 대폭 줄이거나 아예 우유나 요구르트로 대체하고, 계란의 비율을 크게 높여 맛을 한층 부드럽게 하며, 케이크를 부풀리기 위한 베이킹파우더를 소량 추가하는 방식을 사용하는 것이 보통이다.

■ 롤케이크(roll cake): 마치 김밥처럼 돌돌 말린 형태를 하고 있어 롤케이크라고 불린다. 19세기에 들어와서 만들어지기 시작하였으며, '스위스롤(Swiss Roll)'이라고 불리기도 한다. 케이크 시트(sheet)에 시럽과 생크림 등을 바르고 잼, 건포도, 호두, 블루베리 등을 넣은 뒤 시트를 말아서 기둥 모양으로 만든 케이크이다. 케이크 시트를 만들 때에 초콜릿, 치즈, 녹차 등 다양한 재료를 첨가하는 경우도 있다.

■ 팬케이크(pancake): 미국인들의 아침식사로 널리 알려진 팬케이크는 뜨거울 때 먹으면 맛있다고 하여 '핫케이크(hot cake)'라고도 불린다. 밀가루, 계란, 물 등의 기본 재료에 취향에 따른 여러 가지 재료를 섞어 만든 반죽을 달군 프라이팬에 부어 구운 음식이며, 미국에서는 전통적으로 메이플 시럽(maple syrup)과 버터를 곁들여서 먹었다.

　팬케이크과 유사한 음식은 유럽, 아시아, 아프리카, 중미, 북미 등 전 세계 어디서나 그 존재를 확인할 수 있다. 그 이름이 뭐라고 불리든지 일반적으로 달콤하게 만든 밀가루 반죽을 프라이팬 등에 부어 굽는 것으로 간단하게 완성된다. 우리나라의 부침개도 팬케이크와 유사한 음식이라 하겠다. 팬케이크는 미국의 개척시기에 황무지의 이동 마차 안에서 발효된 빵을 굽는 것이 불가능하자 편법으로 밀가루 반죽을 대충 만들어 팬에다가 구워먹은 것이 그 시초이다.

■ 티라미스(tiramisu): 티라미스는 설탕, 커피, 카카오, 계란 노른자, 마스카르포네 치즈(Mascarpone cheese) 등의 재료로 만든 달콤하고 부드러운 이탈리아의 대표적인 디저트이다. 티라미스는 열량이 높고, 카페인 성분을 함유한 커피와 카카오가 들어있어 기분을 고조시키는 효과가 있다. 형태가 흐트러지기 쉽기 때문에 다른 케이크들과는 달리 티라미스 전용 그릇이나 컵에 담아낸다.

티라미스의 어원은 이탈리아어로 '밀다', '잡아당기다'라는 뜻의 '티라레(tirare)', '나'를 뜻하는 '미(mi)', '위'를 나타내는 '수(su)'가 합쳐진 것으로 '나를 들어올리다'라는 뜻이며, 속뜻으로는 '기운이 나게 하다' 혹은 '기분이 좋아지다' 등의 의미가 있다.

■ 치즈케이크(cheese cake): 치즈케이크는 크림치즈(cream cheese), 코티지 치즈(cottage cheese) 등의 치즈와 우유를 주원료로 해서 만든 케이크로서 유지방이 풍부하며, 맛이 달지 않고 부드러워서 어린이 영양간식으로 인기가 있다. 나라마다 혹은 조리 방법과 형태에 따라 종류가 다양하지만 가장 인기가 높은 것은 진한 치즈 향이 나는 뉴욕 스타일의 치즈케이크이다. 치즈케이크는 견해에 따라 케이크가 아니라 커스타드(custard)로 분류하는 경우도 있다.

■ 무스케이크(mousse cake): 무스(mousse)는 프랑어로 '거품'이라는 뜻이

며, 거품처럼 부드럽고 가벼운 느낌의 크림을 이용하여 만든 케이크로 주로 디저트로 이용된다. 생크림, 달걀흰자, 젤라틴을 섞어서 부풀린 것을 스펀지케이크 위에 올린 형태이다. 딸기, 블루베리 등 각종 과일과 초콜릿, 치즈 등을 섞어 색깔과 맛을 다양하게 만들 수 있다. 완성 후 반드시 냉동시키는 것이 다른 케이크들과 구별되는 특징이며, 이러한 특징 때문에 아이스크림과 젤리의 중간 정도의 식감을 가지고 있다.

■ 슈크림(choux cream): 밀가루, 계란, 버터, 소금을 섞어서 반죽하여 속이 비도록 오븐에 구워 부풀린 껍질 속에 커스터드 크림을 넣은 과자이다. 커스터드 크림 대신 생과일이나 통조림으로 된 과일을 넣기도 하고, 거품을 낸 생크림을 넣은 것도 있다. 주로 차를 마실 때 곁들이는 소형 케이크이다.

슈(choux)는 프랑스어로 '양배추'를 의미하며, 껍질이 부푼 모양이 양배추와 흡사하여 붙은 이름이다. 슈크림을 프랑스어로는 'choux à la crème'라고 하며, '크림을 넣은 양배추'라는 의미이다. 영어로는 크림퍼프(cream puff)라고 한다. 슈크림(choux cream, シュークリーム)은 일본에서 만든 단어로 프랑스어 '슈'와 영어 '크림'을 조합한 것이며, 우리나라에서도 사용하고 있지만 다른 외국에서는 통용되지 않는 말이다.

■ 마들렌(madeleine): 밀가루, 버터, 달걀, 우유를 넣고 레몬향을 더해 조

개 모양으로 구워 만든 소형 과자로서 카스텔라와 비슷하게 부드럽고 촉촉한 식감을 가지고 있다. 주로 차나 커피와 함께 먹으며, 아이들의 간식으로도 적당하다. 전통적인 마들렌은 레몬향을 넣지만 오늘날에는 다양하게 변형된 레시피가 등장하고 있다. 아몬드와 같은 견과류나 과일을 첨가하거나, 꿀로 단맛과 촉촉한 식감을 더하기도 하고, 오렌지로 향을 내기도 한다.

우리나라에 케이크나 빵이 소개된 것은 19세기 말에 선교사들에 의해서였다. 일제강점기에 일본인들이 경영하는 제과점에서 케이크를 만들기도 하였으나 널리 퍼지지는 못하였다. 해방 후에는 미국으로부터 밀가루와 분유 등의 원조물자가 공급되었고, 일본인이 경영하던 제과점을 물려받아 전국에 많은 제과점이 생겨났으나, 1960년대까지도 케이크가 주력 상품은 아니었다.

6·25 전쟁 후 미국의 원조를 받게 되면서 노래, 영화, 음식을 비롯하여 모든 분야에서 미국의 문화가 우리의 생활 속으로 스며들게 되었고, 미국인들에게 큰 명절인 크리스마스의 풍습도 전해지게 되었다. 1960년대 후반부터 크리스마스카드로 송년 인사를 전하는 것이 유행하였으며, 1970년대에는 어린이들에게 크리스마스 케이크를 선물로 주는 것이 일반화되었다. 국민소

득의 증가와 함께 1970년대 말부터는 크리스마스 시즌 외에도 케이크의 판매가 증가하여 제과점의 기본 메뉴로 자리 잡게 되었다.

케이크 시장이 확대되자 우리나라 고유의 전통 음식인 떡을 이용하여 만든 떡케이크도 등장하게 되었다. 떡케이크는 이름은 케이크이지만 만드는 방법이나 원료에서 케이크와는 전혀 다른 음식이다. 떡케이크가 언제부터 만들어지기 시작하였는지 정확히 알 수는 없으나, 1980년대 후반부터 시작된 쌀의 재고문제를 해결하기 위한 쌀 소비 촉진 운동의 하나로 만들어지기 시작했을 것으로 추측된다. 1990년대 초반부터 일기 시작한 고유의 떡 문화를 되살리려는 움직임도 있어서 이제는 떡케이크도 하나의 음식으로 정착하였다.

8.
커피

커피는 전 세계적으로 가장 많이 소비되고 있는 기호음료이다. 커피가 우리나라에 전래된 것은 19세기 말의 일이며, 우리나라 사람들이 커피를 마시기 시작한 역사는 130여 년 정도밖에 되지 않는다. 하지만 이제 커피는 우리의 일상이 되어 매일 아침 커피를 습관처럼 즐기는 사람들이 많이 있으며, 손님이 방문하였을 때 주로 내놓는 음료가 바로 커피이다.

커피나무의 원산지에 대하여는 여러 가지 설이 있으나, 아프리카 대륙 북동부에 있는 에티오피아가 원산지라는 설이 주류를 이루고 있다. 에티오피아에는 지금도 야생의 커피나무가 우거진 숲이 있으며, 커피(coffee)라는 단어의 어원은 그곳의 지명인 '카파(Kaffa)'에서 유래되었다고 한다. 에티오피아 기원의 커피나무는 주변으로 전파되어 2차 원산지를 형성하였다.

커피나무속(屬)의 식물은 약 40종이 알려져 있으나 커피 생산용으로 재배되는 것은 아라비카, 로브스타, 리베리카 등 세 가지이다.

■ 아라비카(arabica): 에티오피아가 원산지이며, 전 세계 커피 생산량의 약 75%를 차지한다. 병충해에 약하여 재배하기 어렵지만 향이 우수한 장점이 있어 주로 원두커피용으로 사용된다. 아라비카종은 다시 마일드종과 브라질종으로 구분하기도 한다.

■ 로브스타(robusta): 콩고 지방이 원산지이고, 전 세계 커피 생산량의 약 25%를 차지한다. 병충해에 강하고 척박한 환경에서도 잘 자라서 20세기 초부터 많이 재배되기 시작하였다. 향이 부족하고 아라비카종에 비하여 카페인의 함량이 많으나 가격이 저렴하여 인스턴트커피에 많이 사용된다.

■ 리베리카(liberica): 라이베리아가 원산지이며, 향미가 떨어지고 쓴맛이 강하여 국제적으로 유통되지는 않고 생산국에서 자체 소비하는 정도로서 생산량은 무시할 정도로 미미하다.

원산지인 에티오피아에서부터 커피 열매를 이용하기 시작하였으나, 처음에는 음료로 마신 것이 아니라 열매 그대로 먹거나 술로 담가서 의약용으로 사용하였다. 오늘날과 같이 음료로 마시게 된 것은 아라비아의 이슬람교도들에 의해서였다. 그들은 밤 기도 시간에 잠에 들지 않기 위하여 커피 음료를 마셨다고 한다.

13세기까지는 주로 이슬람 성직자들만 마셨으나, 14세기 말에 생원두를 볶는 기술이 개발되면서 기호음료로서 일반인에게도 커피가 유행하기 시작하였다. 유럽에는 12세기 십자군전쟁 때에 처음 소개되었으나, 이교도의 음료라 하여 배척당하다가 르네상스와 함께 커피에 대한 인식도 바뀌어 17세기부터는 기독교인들도 커피를 마음 놓고 마실 수 있게 되었다고 한다.

커피는 일반적으로 커피나무의 종자를 볶은 후 따뜻한 물로 우려낸 음료를 말하며, 때로는 음료를 만들기 위한 원료 상태를 의미하기도 한다. 커피나무는 작은 키의 상록수이며, 앵두와 닮은 붉은 열매를 맺는다. 열매 안에는 보통 두 쪽의 종자가 들어 있으며, 우리가 커피로 이용하는 것은 이 종자이다.

가공하지 않은 종자를 커피콩 또는 생원두라고 하며, 영어로는 'green bean'이라고 한다. 생원두는 풋내가 나고 우리가 알고 있는 커피의 맛이나 향은 전혀 없으나, 품질의 변화 없이 수년 동안 보존할 수 있다. 생원두를 볶는 과정에서 커피 고유의 맛과 향이 생성되며 색깔도 다갈색으로 변한다. 휘발성 성분이 많아 2주 정도가 지나면 맛과 향이 현저하게 줄어들게 된다.

커피는 가공방식에 따라서 원두커피(whole beans), 분쇄커피(ground coffee), 인스턴트커피(instant coffee) 등으로 분류한다. 원두커피는 생원두를 볶은 종자 모양 그대로의 커피를 말하며, 물로 우려내기 직전에 분쇄하게 된다. 볶은 원두는 품질이 변하기 쉬우므로 보통 생원두 상태로 유통하고, 볶은 후에는 바로 사용하게 된다. 분쇄커피는 원두커피를 미리 분쇄하여 이용하기 편하게 한 것으로 풍미의 변화를 막기 위하여 밀봉 포장하여 유통된다. 보통 분쇄커피를 따로 구분하지 않고 원두커피에 포함시키기도 한다.

인스턴트커피는 원두커피를 분쇄하여 증기 또는 열탕으로 추출하고, 추출된 커피 원액을 농축하고 건조시켜 분말 혹은 과립상태로 가공한 것이다. 물에 잘 녹기 때문에 소비자가 바로 이용하기 쉬운 장점이 있으나, 맛과 향에서 원두커피보다 부족한 단점이 있다.

커피는 가공과정에서 향을 첨가한 향커피(flavored coffee)와 향을 첨가하지 않은 레귤러커피(regular coffee)로 구분하기도 한다. 향커피는 오랜 보관으로 인해 향이 증발하여 약해졌거나 맛없는 커피에 헤이즐넛향, 바닐라향 등의 인공향을 첨가하여 원하는 향이 나도록 가공한 것이다.

레귤러커피는 커피 고유의 향을 느낄 수 있으며 블루마운틴,

모카자바, 콜롬비아슈프리모, 케냐AA 등과 같이 어떤 지역의 이름에서 따온 커피는 대부분 레귤러커피이다. 레귤러커피 중에는 향을 풍부하게 하려고 서로 다른 품종의 원두를 혼합한 것도 있다. 우리나라에서는 설탕과 크림이 섞여있는 인스턴트 커피를 레귤러커피라고 부르기도 한다.

오늘날 기호음료로서 전 세계인이 즐기고 있는 커피는 중세에서 근대에 이르기까지는 주로 약리효과 때문에 이용되었으며, 커피의 약리효과는 커피 중에 있는 카페인(caffeine)이라는 성분의 영향이다. 카페인의 대표적인 효과는 각성작용(覺醒作用)이다.

커피를 마시면 머리를 맑게 하여 사고력, 판단력을 증진시키며, 기분을 좋게 하지만 수면을 방해한다. 그러나 카페인에 대한 민감도는 개인에 따라 심한 차이를 보여 커피 한 잔만 마셔도 밤을 꼬박 새우는 사람이 있는가 하면, 여러 잔을 마셔도 잠을 잘 자는 사람도 있다.

우리가 커피에 대하여 건강에 좋지 않다는 생각을 하게 된 것은 과학적인 근거에 의해 형성된 것이 아니라 사소한 것을 침소봉대하는 매스컴의 영향이 크다. 모든 식품에는 양면성이 있으며, 커피 역시 긍정적인 측면과 부정적인 측면을 어느 정도 지니고 있다.

또한 사람마다 유전적으로 카페인에 대한 민감성이나 분해 능력에 차이가 있으므로, 건강과 관련 지어 지나친 걱정이나 기대를 하는 것은 바람직하지 않다. 커피는 인류가 오랜 기간 즐겨온 기호식품이며, 상식적인 수준의 섭취량이라면 여러 가지 복잡하게 생각할 것 없이 그냥 즐겁게 마시면 되는 것이다.

우리나라에서 커피를 가장 먼저 맛본 사람은 고종황제(高宗皇帝)로 알려져 있다. 1895년 을미사변(乙未事變) 때 러시아공사관으로 피신한 고종에게 러시아공사가 커피를 대접하였으며, 다시 궁중으로 돌아온 후에도 그 맛을 잊지 못하고 계속 찾았기 때문에 커피는 궁중의 기호식품이 되었다고 한다. 하지만 여러 기록을 보면 고종이 커피를 마시기 이전에 이미 우리나라에 커피가 도입되었음을 알 수 있다.

미국의 천문학자인 퍼시벌 로웰(Percival Lowell)은 1883년 한양에 약 3개월 체류하며 겪었던 자신의 경험을 정리하여 2년 뒤인 1885년에 발표한 『Choson, The Land of Morning Calm(조선, 고요한 아침의 나라)』에서 "커피를 대접받았다"는 기록을 남겼다.

배재학당을 세운 선교사 헨리 아펜젤러(Heny G. Appenzeller)의 선교단 보고서에는 인천에 위치한 대불(大佛)호텔에 머물면서 서양식 음식과 커피를 제공받았다고 하였다. 대불호텔은 우리나라 최초의 서양식 호텔로서 1888년 일본인에 의해 세워졌다.

최초로 일본과 미국에 국비로 유학을 하였던 조선말의 개화사상가 유길준(兪吉濬)이 1895년에 간행한 『서유견문(西遊見聞)』에는 "1890년경 커피, 홍차가 중국을 통해 조선에 소개되었다"는 내용이 있다. 19세기 말에 우리나라에 소개된 커피는 한자로 '가비(咖啡)' 또는 '가배(珈琲)'라고 하거나 '양탕국'이라고 불렀다.

일제강점기 때에는 주요 도시에 다방(茶房) 또는 일본식 명칭인 깃사텐(喫茶店)이란 이름으로 커피전문점이 들어섰다. 그러나 당시에는 커피가 너무 비싼 사치품이다 보니 일반인들은 엄두도 내기 힘들었고, 다방의 손님은 일본인이나 관료, 부유층 및 일부 문화예술인 등이었다.

우리나라 최초의 다방에 대한 기록은 《황성신문(皇城新聞)》 1909년 11월 3일자에 실린 "南大門停車場에는 一日붓터 喫茶店을 開設ᄒ얏다더라(남대문정거장에는 1일부터 다방을 개설하였다더라)"라는 기사 내용이다. 남대문정거장은 현재의 서울역에 해당한다.

전국에 번성하던 다방은 1941년의 태평양전쟁으로 인해 설탕, 커피 등의 수입이 막히면서 쇠퇴일로를 걸어 일제강점기 말기에는 거의 폐업상태에 들어가기도 하였다. 그 후 해방과 6•25 전쟁을 겪으면서 미군 PX에서 흘러나온 커피로 인해 일반인들도 커피를 마실 기회가 늘어났다.

세계적으로 원두커피가 주로 소비되는 데 비하여 우리나라에서는 인스턴트커피의 소비가 압도적으로 많은 것은 미군의 전투식량이던 C레이션(C-Ration)에 들어있던 커피의 영향력이 컸다. 인스턴트커피는 1901년 미국에서 처음 시판되었으며, 6•25 전쟁 이후에 미국으로부터 제공된 원조물자 중에는 인스턴트커피도 포함되어 있었다.

커피의 공급이 원활해지면서 전국의 주요 도시에서 다방이 크게 늘어났고 이전보다 다방을 이용하는 계층도 크게 늘었다. 6•25 전쟁으로 모든 시설이 부족해지자 다방이 단순히 차를 마시고 쉬는 장소에서 더 나아가 어른들의 사랑방, 대학생의 공부방, 직장인의 휴식 공간, 데이트와 맞선 공간, 각종 전시회 및 발표회 장소로 활용되는 등 다양한 역할을 했다.

또한 카운터에는 '얼굴마담'을 두고 '레지(lady)'라고 불리는 젊은 아가씨들이 커피를 날라주는 등 상업적인 면모도 갖추어 갔다. 다방은 이후 1990년대 말까지 약 40년 동안 전성기를 누리다가 '스타벅스'를 비롯한 원두커피전문점이 등장하면서 쇠퇴기를 맞이하였다.

전량 수입에 의존하던 커피는 동서식품에서 1970년 9월에 레귤러커피를 생산한 데 이어서 12월에는 인스턴트커피를 생산함으로써 국산커피의 시대를 열었다. 커피가 국산화된 지 약 50년이 지난 현재는 세계에서 커피를 많이 소비하는 국가 중 하나가 되었다. 우리나라는 같은 동아시아의 일본이나 중국과 달리 유독 커피가 차(茶)보다 더 일상적인 나라이기도 하다.

한반도는 예로부터 아열대에서 잘 자라는 차를 대량으로 재배하기가 힘들었으며, 생산량이 적으니 가격이 비쌌고 사치품 비슷하게 여겨졌다. 차례(茶禮) 때에도 비싼 차를 대신해 상대적으로 값싼 술이 '곡차(穀茶)'라는 이름으로 그 자리를 차지할 정도로 우리나라에서 차문화는 일상화되기 어려웠다. 해방 이후에는 미국 문화의 영향을 크게 받아 차보다 커피가 더욱 사랑받게 되었다

우리나라에서 커피가 대중화되는 데에는 커피믹스(coffee mix)와 커피자판기의 역할이 컸다. 커피믹스는 인스턴트커피, 설탕, 커피 크리머 등을 섞어서 1회분씩 포장하여 물에 타서 먹을 수 있도록 해 놓은 제품이며, 1976년 동서식품에서 '맥심(Maxim)'이라는 브랜드로 세계 최초로 판매하였다.

커피믹스 한 봉지에 끓는 물만 있으면 쉽사리 인스턴트커피를 마실 수 있다는 편의성이 큰 인기를 끈 것으로, 우리나라의

인스턴트커피 시장을 상징하는 제품이다. 커피믹스의 시장 규모는 1조 원을 넘으며, 선두주자인 동서식품이 그중 약 80%를 차지하고 있다.

커피자판기는 자판기 안에서 인스턴트커피에 뜨거운 물을 부어 혼합하는 장치이며, 최초의 커피자판기는 1977년 롯데산업이 일본 샤프(シャープ, Sharp)의 자판기 400대를 구입한 것이 시작이다. 커피자판기는 1988년 서울올림픽을 계기로 급속도로 보급되었으며 지하철, 길거리, 회사, 대학교, 식당 등 곳곳에 설치되어 '길다방'이란 별명으로 불리기도 하였다.

동전 하나 넣고 버튼만 누르면 30~40초 안에 커피가 나오는 커피자판기는 '빨리빨리'로 대변되는 성격 급한 한국인들을 겨냥한 최적의 아이템이었다. 2010년대 초만 해도 전국에 10만 개 이상 있었으나 커피 프랜차이즈, 개인 커피전문점, 가정용 커피추출기의 등장 등으로 점점 사라져가고 있다.

커피 프랜차이즈는 1999년 7월 이화여자대학교 앞에 생긴 스타벅스(Starbucks) 1호점에서 시작되었다. 스타벅스는 1971년에 설립된 미국의 커피 프랜차이즈 브랜드이며, 우리나라에서는 이마트와 미국 스타벅스가 50:50으로 투자한 스타벅스커피코리아에서 운영하고 있다. 스타벅스는 현재 1,200여 개의 매장을 운영하며, 커피 프랜차이즈 업계에서 약 75% 점유율을 차지하고 있다. 2위 업체인 투썸플레이스(A Twosome Place)와 3위인 이디야(Ediya)를 포함하여 빅3로 불리고 있다.

최근 들어 유행하기 시작한 홈카페도 커피자판기의 퇴조에 영향을 주고 있다. 홈카페란 가정용 커피추출기를 이용하여 집에서 커피를 즐기는 것을 말하며, 편리하다면 기꺼이 비용을 더 지불한다는 소비경향을 반영하고 있다. 홈카페의 기존 방식은 원두를 갈아 드립 또는 에스프레소 추출을 통해 즐기는 것이었다. 하지만 이런 방식은 커피를 준비하는 데 약 10분 이상의 시간이 걸리며, 설거짓거리가 많이 생긴다는 불편함이 있었다.

그러나 캡슐커피가 등장하면서 이런 불편이 사라지게 되었다. 캡슐 하나로 1분 정도의 시간만 투자하면 빠르고 간편하게 커피를 즐길 수 있게 되면서 캡슐커피의 매출이 가파르게 상승하였고, 2019년에는 원두커피의 매출을 추월하였다. 캡슐커피의 매출은 매년 30~40%의 높은 성장률을 이어가고 있으며, 이에 따라 커피머신 제품들도 다양하게 출시되고 있다.

커피자판기가 쇠퇴하게 된 데는 'RTD커피'의 영향도 크다. RTD는 'Ready to Drink'의 약자로서, RTD커피는 즉석에서 바로 마실 수 있는 커피를 의미한다. 자판기에서 커피가 만들어지는 짧은 시간도 기다릴 필요가 없는 제품으로 캔, 컵, 페트,

파우치, 병 등 다양한 형태가 있다.

　RTD커피의 시작은 1986년 동서식품에서 출시한 캔커피 '맥스웰'이다. 2020년 기준으로 RTD커피는 150종 이상이 판매되고 있으며, 유형별로는 캔 타입이 약 40%, 컵 타입이 약 34%이고, 그 뒤를 페트, 파우치, 병 등이 따르고 있다. 시장 규모는 약 1조 3천억 원이며, 업체별로는 롯데칠성과 동서식품이 각각 25% 내외로 1,2위를 다투고 있으며, 그보다 조금 처져서 매일유업, 코카콜라, 남양유업, 빙그레 등이 따르고 있다.

9.
녹차

녹차는 우리나라에서도 오랜 옛날부터 마셔왔으나 예전에는 구하기가 어려웠고, 다도(茶道)라는 이름으로 예절과 정신수양의 수단으로 발전하기도 하여 일반인들은 쉽게 접하지 못하는 음료였다. 최근에는 녹차의 유용한 효능이 알려지면서 건강식품으로 인식되고 있으며, 간편하게 이용할 수 있는 상품들이 개발되어 언제 어디서나 즐기는 음료로 애용되고 있다.

차(茶)나무의 원산지에 대하여는 중국이라는 설과 인도라는 설이 있었으나, 현재는 중국의 윈난성(云南省/雲南省)과 구이저우성(贵州省/貴州省)에 걸쳐있는 윈구이고원(云贵高原/雲貴高原)이 원산지로 인정되고 있다. 차나무의 원산지 문제와는 별도로 차를 마시기 시작한 기원은 중국임에 틀림없다.

중국과 인도에는 모두 야생 차나무가 발견되지만, 인도인은 차를 마시지 않았고 차나무가 있는지도 모르던 시기에 이미 중국인들은 차를 마시기 시작하였다. 당(唐)나라 육우(陸羽)가 쓴 『다경(茶經)』에 따르면, 중국에서는 BC 2700년경의 신농시대(神農時代) 때부터 차를 마셨다고 한다.

신농씨(神農氏)는 중국의 개국 전설 속의 제왕인 삼황(三皇)의 한 사람으로 농업, 의약, 양조, 상업 등을 처음 알려준 신(神)으로 추앙 받고 있다. 신농씨는 온갖 식물을 직접 먹어보고 그 효능을 밝혀냈는데, 그러던 중 독초에 중독되었으나 우연히 찻잎을 먹고 해독이 되어 그 때부터 차를 마시게 되었다는 것이다.

다른 전설에서는 신농씨가 차나무 아래에서 병자들을 치료하기 위하여 물을 끓이고 있었는데 나뭇잎이 솥 안으로 떨어져 물이 연한 황색으로 변하였으며, 신농씨가 그 물을 마셔보니 해갈 작용과 함께 정신을 맑게 하는 작용이 있음을 알게 되어 그 때부터 차를 마시게 되었다는 것이다.

어느 전설이건 차에 해독작용이 있음을 신농씨가 처음 발견하였다는 것이고, 이로 미루어 중국인이 차를 마시게 된 동기는 약용으로 사용하기 위해서였음을 짐작할 수 있다. 중국에서 차가 음료로서 일반에게 보급되기 시작한 것은 당나라 시대로 보고 있다.

『삼국사기』에 의하면 우리나라의 경우 신라 선덕왕(宣德王) 때부터 중국에서 들어온 차를 마시기 시작하였으며, 흥덕왕(興

德王) 3년(828년) 사신 대렴(大廉)이 당나라에서 돌아오는 길에 차 종자를 가져와 지리산에 심게 한 것이 차나무의 시초라고 한다. 그러나 본격적으로 차나무를 재배하기 시작한 것은 최근의 일로서 1939년 일본의 차 전문가들이 전라남도 보성(寶城)을 차 재배의 최적지로 선정하고 그곳에 재배단지를 조성하면서부터이다.

한자 '茶'는 '차' 또는 '다'로 읽히며, 원래 차나무의 어린잎을 따서 만든 음료 또는 음료를 우려내기 위하여 가공 처리한 찻잎을 의미하는 것이었으나 요즘은 율무차, 인삼차, 생강차 등과 같이 식물의 잎, 뿌리, 열매 등에서 우려낸 음료 전체를 통칭하는 의미로도 사용된다.

차는 제조 방법에 따라 불발효차(不醱酵茶), 반발효차(半醱酵茶), 발효차(醱酵茶)로 나뉜다. 차 제조에서 말하는 발효란 찻잎 중에 함유된 과산화효소(peroxidase), 폴리페놀 산화효소(polyphenol oxidade) 등의 산화효소와 대기 중의 산소를 이용하여 카테킨(catechin)을 오르토퀴논(orthoquinone)으로 변하게 하고, 또한 테아플라빈(theaflavin) 등의 산화중합물을 생성하는 것을 의미하며, 일반적으로 말하는 미생물이 관여하는 발효와는 다르다.

불발효차는 잎을 증기나 열로 가열하여 산화효소를 파괴시켜 산화가 진행되지 않도록 하여 건조시킨 것으로 녹색이 유지되어 녹차(綠茶, green tea)라고 한다. 반발효차는 성분의 일부만 산화시켜 특유의 방향이 나도록 한 것으로, 대표적인 반발효차에는 우롱차(烏龍茶, oolong tea)가 있다.

발효차는 찻잎을 충분히 산화시킨 것으로 홍차(紅茶, black tea)가 대표적이다. 발효차 중에서 산화효소로 충분히 처리한 후에 미생물로 발효시킨 것을 후발효차(後醱酵茶)라고 한다. 후발효차는 미생물에 의한 발효로 독특한 풍미를 지니며, 대표적인 후발효차로는 보이차(普洱茶)가 있다.

일본 사람들은 식사 때마다 녹차를 마시며, 차 마시는 습관이 일상화되어 있다. 녹차의 효능이 주목받기 시작한 것은 일본에서도 녹차의 주산지로 유명한 시즈오카현(靜岡縣)의 나카카와네(中川根) 지역의 암 발생률이 전국 평균에 비해 매우 낮았다는 1978년 교토의과대학 연구팀의 발표가 있은 후부터이다.

녹차의 여러 효능에 대한 연구는 주로 일본 학자들에 의해 주도되어 왔다. 최근에는 서양의 여러 학자들도 녹차의 효능에 대한 연구를 활발히 하고 있으며, 미국의 유명한 시사주간지인 《타임(Time)》은 2002년 1월에 '몸에 좋은 10가지 식품'을 선정하면서 녹차를 포함시켰다.

녹차의 성분은 품종, 재배법, 찻잎 따는 시기 등에 따라 다르나 아미노산, 섬유질, 엽록소, 비타민, 무기질 등이 풍부하며, 여러 유용한 물질도 포함되어 있다. 그러나 이는 말린 잎 상태에서 그렇다는 것이며, 음료인 녹차는 99% 이상이 수분이어서 유용성분은 극미량에 불과하다.

녹차라는 단어는 음료인 녹차와 그 원료가 되는 찻잎을 모두 지칭하기 때문에 종종 혼동을 일으킨다. 우리가 주로 섭취하는 것은 음료인 녹차이며, 보통 녹차라고 하면 마시는 음료를 의미한다. 여기에는 카테킨, 카페인을 비롯한 극미량의 수용성 성분이 포함되어 있을 뿐이므로 찻잎에 있는 성분을 예로 들어 녹차의 효능을 이야기하는 것은 의미가 없다.

녹차 음료에 포함되어 있는 대표적인 유용성분은 카테킨(catechin)이다. 카테킨은 구조상 수산기(-OH)를 많이 가지고 있어 여러 물질과 쉽게 결합하는 성질이 있으며, 이런 특성 때문에 항산화 효과, 암 예방 및 억제, 콜레스테롤 저하작용, 지방 제거, 중금속 제거 등의 효능이 있는 것으로 알려져 있다. 홍차나 우롱차의 경우는 발효과정에서 50% 이상의 카테킨이 감소한다.

녹차의 향은 심신을 편안하게 하며, 특히 카페인(caffeine)은 중추신경을 자극하여 혈액의 순환과 신장 기능을 증진시켜 배뇨를 활발히 하도록 유도하여 피로물질을 체외로 배출시킨다.

또한 각성효과를 통하여 두뇌의 활동이 빨라지도록 도와줌으로써 사고력, 판단력을 증진시킨다.

흔히 카페인은 몸에 좋지 않다고 하지만, 단시간에 많은 양의 카페인을 섭취하지 않는 한 건강에 지장이 없다는 것이 현재의 결론이다. 녹차 중의 카페인은 함량에서 커피의 30% 정도이고, 카테킨 등과 결합하여 흡수되지 않고 체외로 배출되기 때문에 녹차를 마셔도 카페인 과다섭취에 의한 부작용은 거의 없다.

현재까지의 과학적 지식에 근거하면 녹차는 어떤 약리적 효과를 기대하기보다는 독특한 향미와 정서적 안정을 주는 기호식품으로 즐기는 것이 가장 바람직한 태도이다. 녹차의 향미를 제대로 즐기려면 티백의 경우는 70℃ 정도의 따뜻한 물에 20~30초 동안 우려내고, 잎차의 경우는 60~70℃의 물에 2~3분 동안 우려내어 찻물이 연한 노란빛을 띨 정도가 적당하다고 한다.

너무 뜨거운 물을 사용하거나 오랫동안 우려내면 녹차 특유의 담백하고 고소한 맛과 향 대신에 씁쓸한 맛이 진해져서 풍미가 나빠진다. 또한 열에 약한 성분들이 파괴되며, 카페인의 용출량이 증가하여 카테킨과 결합함으로써 녹차의 유용한 효능도 저하된다.

동서양을 막론하고 과거에 차는 귀한 음료였고, 차를 우려내어 마시기까지는 여러 번거로운 절차가 필요하였다. 이런 차를 대중화시키는 데에는 티백(tea bag)의 영향이 컸다. 티백은 조그만 주머니 안에 찻잎 등을 넣고 물에 담가 찻물이 우러나도록 고안된 제품이다.

처음 티백을 발명한 사람이 누구인가에 대해서는 여러 설이 있으나, 1904년경 뉴욕의 토머스 설리반(Thomas Sullivan)이란 상인이 비단 주머니에 찻잎을 넣어 샘플로 보내기 시작한 것이 기원이 되었다는 것이 가장 널리 알려져 있다. 그 후 1920년경에는 티백이 널리 보급되었고, 1952년 영국의 유명한 홍차 제조업체인 립톤(Lipton)에서 대기업으로선 최초로 티백 차를 출시하였다.

우리나라의 경우 티백 제품이 언제 어느 회사에서 처음 판매된 것인지는 확실하지 않으나, 국내 녹차 시장에서 가장 영향력이 큰 동서식품에서 녹차를 티백으로 생산하기 시작한 것은 1986년이었다. 그러나 녹차의 쓴맛에 익숙하지 않은 일반 소비자에게 호응을 받지 못하여 판매량이 저조하였다. 이를 극복하기 위하여 동서식품에서는 1988년 녹차에 볶은 현미를 섞은 '현미녹차'를 출시하였다. 이 제품은 크게 히트하였으며 녹차가 우리 일상생활에 정착할 수 있는 계기를 마련하였다.

녹차의 산뜻함과 구수한 숭늉 맛을 함께 느낄 수 있는 현미

녹차는 녹차를 처음 마시는 초보자에게도 부담이 없으며, 가격도 저렴하여 사무실이나 가정에서 접대용으로 애용되고 있다. 최근 들어 동서식품를 비롯하여 녹차원, 오설록 등에서 생산하는 순수한 녹차 제품도 전보다 판매량이 증가하고는 있으나, 아직은 현미녹차가 대세를 이루고 있다.

10.
수정과

　예전에 수정과는 가을에 곶감이 만들어지는 때부터 겨울철 내내 식혜와 함께 즐겨 마시던 우리 민족 고유의 전통음료였으며, 특히 설날에 먹던 대표적인 음식이었다. 곶감의 단맛과 계피의 알싸한 향에 생강의 매운맛이 잘 어우러져 특유의 향미를 지녔으며, 몇 알 띄워진 잣의 고소함까지 더해지면 환상적인 맛을 내게 된다. 요즘은 계절에 관계없이 즐기는 음료가 되었으며, 음식점에서 후식으로 종종 제공되기도 한다.

　한과(韓菓) 중에서 과일을 꿀, 설탕, 조청 등에 재거나 조려서 만든 것을 정과(正果)라고 한다. 수정과(水正果)는 '국물이 있는 정과'를 의미하며, 여러 재료를 넣어 국물을 낸 뒤 정과를 첨가해 마시는 음료수의 총칭이었다. 요즘은 수정과 하면 곶감이 들어있는 음료를 생각하게 되지만, 조선시대 궁중 연회상에 차려졌던 수정과의 재료로는 석류, 유자, 생강, 곶감, 가련, 두충, 산사, 앵두 등이 사용되었다.

우리나라에서 곶감을 사용한 수정과를 언제부터 먹기 시작했는지는 알 수 없다. 그러나 수정과를 만드는 방법이 비교적 간단하고, 구전(口傳) 전래동화에 '호랑이와 곶감'이 있을 정도로 오래전부터 곶감도 만들어 먹었을 것으로 추정되므로 수정과도 상당히 오래전부터 먹었을 가능성이 있다.

1925년에 편찬된『해동죽지(海東竹枝)』란 문헌에 "고려의 궁인(宮人)이 설날 곶감과 생강 끓인 물로 음료수를 만든 것이 지금까지 전해져 내려오는데 수전과(水煎果)라고 부르며 새해가 되면 한 그릇씩 마신다"는 내용이 있어 늦어도 고려시대에는 곶감을 사용한 수정과를 먹었다고 추정된다.

감은 우리나라를 비롯하여 중국과 일본 등 동아시아가 원산지이다. 중국에서는 기원전부터 재배해왔다고 하며, 6세기 전반에 가사협(賈思勰)이 쓴『제민요술(齊民要術)』이라는 책에 이미 곶감 만드는 법과 떫은 맛 빼는 법까지 소개되고 있다고 한다. 우리나라의 경우도 감의 재배 역사는 매우 오래되었을 것으로 여겨지지만 기록이 남아있는 것은 고려 고종(高宗) 23년(1236년)경에 편찬된 의약서인『향약구급방(鄕藥救急方)』이 처음이다.

중국에서는 일찍부터 곶감을 만들었으므로 그 방법이 한반도에도 오래전에 전해졌을 것으로 추측된다. 곶감의 어원은 '꽃다의 옛말인 '곶다'와 감이 합쳐진 것이며, 예전에는 싸리나무 대에 껍질 벗긴 감을 줄줄이 꿰어서 수평으로 매달아 말렸던 데에서 유래되었다. 한자로는 건시(乾柿) 외에 백시(白柿) 또는 시병(柿餠)이라고도 하였다.

문헌상 곶감이 처음 나오는 것은 『예종실록(睿宗實錄)』1468년의 기록이며, 여기에는 곶감을 의미하는 건시(乾柿)가 경북 상주(尙州)의 진상품으로 정해졌다는 내용이 있다. 1682년 중국에 보낸 예물 목록 중에도 곶감이 있으며, 1805년경 정동유(鄭東愈)가 쓴 『주영편(晝永編)』에는 종묘제사 때 바치던 계절 식료품으로 기록되어 있다.

수정과에 대한 최초의 기록은 1765년 영조(英祖)의 탄신과 등극 40년을 경축하기 위한 잔치에 대해 기록한 『수작의궤(受爵儀軌)』이다. 1795년 정조(正祖)의 어머니 혜경궁 홍씨(惠慶宮 洪氏)의 회갑잔치에 대한 기록인 『원행을묘정리의궤(園行乙卯整理儀軌)』에 나오는 수정과의 종류는 20여 가지나 된다. 조선시대에는 이외에도 1809년의 『규합총서』, 1849년의 『동국세시기』, 1896년의 『규곤요람』, 1800년대 말에 작성된 『시의전서』 등에 수정과에 대한 내용이 나온다.

문헌마다 수정과에 대한 설명이 조금씩 다르고 처음부터 계피와 설탕이 사용된 것은 아니며, 오늘날과 같은 수정과는 20세기에 들어서 완성된 것으로 보인다. 수정과를 만드는 방법은 생강과 계피를 달인 물에 꿀이나 설탕을 타서 단맛을 더한 후에 곶감을 넣으면 완성된다. 계피와 생강은 같이 끓이면 향이 확 줄기 때문에 따로 끓여서 합치는 것이 좋으며, 곶감도 처음부터 넣으면 국물이 혼탁해지므로 따로 불려서 부드러워지면 넣는 것이 좋다. 먹을 때는 잣을 몇 알 띄워 모양과 맛을 더하는 것이 일반적이다.

요즘은 쉽게 누구나 먹을 수 있게 된 수정과이나 과거에는 엄청나게 사치스러운 음료였다. 조선 후기만 해도 꿀은 물론이고 조청도 비싸서 고급 식재료의 대표였고, 계피나 설탕은 우리나라에서 생산되지 않아 모두 수입에 의존해야 했기 때문에 양반들조차도 임금이 하사할 때에나 조금씩 맛볼 수 있었다고 한다. 이처럼 귀한 원료로 만든 것이 수정과였기 때문에 궁중에서도 특별한 날에나 마셨고, 지체 높은 양반집에서도 새해가 시작되는 정월이나 귀한 손님이 왔을 때 접대용으로 어렵게 내놓았다고 한다.

계피나 설탕을 싼값에 쉽게 구할 수 있게 된 오늘날엔 간단히 만들 수 있게 된 수정과이나, 일반적으로는 곶감을 빼고 만들어 원래의 모습을 잃어가고 있다. 곶감이 빠지면서 이제는 수정과(水正果)라기보다는 '계피차'나 '생강차'라고 부르는 것이 더 어울릴 정도이나 곶감이 빠진 음료도 여전히 수정과로 불리고 있다. 곶감이 들어있을 때에는 숟가락이 필요해 떠먹는 음료였으나, 곶감이 빠지면서 마시는 음료로 변하였다.

식혜와 더불어 우리나라의 전통음료로 거론되는 지명도 높은 음료이지만, 식혜가 제품화되어 어느 정도 시장규모를 형성하고 있는데 비해 수정과는 별로 인기를 모으지 못하고 있다. 현재는 '비락식혜'를 생산하는 팔도에서 '비락수정과'를 생산하는 정도이다. 아마 수정과가 음료의 주소비층인 젊은이들의 입맛보다는 어른들 취향이기 때문이 아닌가 여겨진다. 그러나 인구의 고령화 추세와 함께 수정과가 주목 받는 날이 오게 될 지도 모르겠다.

11.
식혜

　오늘날엔 넘쳐나는 수많은 종류의 음료들 때문에 그 가치가 많이 줄어들었으나 식혜(食醯)는 오랜 세월 우리 민족과 함께 한 전통음료이다. 우리 선조들은 더운 여름날 잣알을 동동 띄운 차가운 식혜 한 사발로 더위를 이겨냈으며, 요즘은 찜질방에서 빼놓을 수 없는 별미로 자리 잡았다. 명절 차례상을 차릴 때에는 '좌포우혜(左脯右醯)'라 하여 반드시 올리는 음식이기도 하다.

　식혜는 엿기름 우린 물에 고들고들하게 지은 고두밥을 넣고 따뜻한 곳에서 삭힌 음료를 말한다. 식물은 싹이 틀 때 씨앗에 있는 녹말을 분해해서 성장의 에너지로 쓰기 위해 아밀레이스 (amylase)라는 효소가 활성화되는데, 엿기름은 보리의 싹만 트게 한 후에 바로 건조시켜 아밀레이스를 이용할 수 있도록 만든 것이다.

엿기름은 맥아(麥芽, malt)라고도 하며, 맥주를 만들 때에도 역시 엿기름을 사용한다. 엿기름과 맥아는 모두 보리의 싹을 틔워 건조시킨 것을 말하나 양조(釀造) 분야에서는 주로 맥아라고 부르고 식혜나 조청 같은 한국요리의 식재료로 언급할 때는 주로 엿기름이라 부르는 경향이 있다.

우리나라에서 언제부터 식혜를 만들었는지는 확실하게 밝혀진 것이 없다. 『삼국유사』의 '가락국기(駕洛國記)'에 수로왕(首露王)을 위한 제사에 술(酒), 감주(甘酒), 떡(餅), 밥(白米), 차(茶), 과(果)를 올렸다는 기록이 있으나, 여기서 말하는 감주가 오늘날의 식혜와 같은 것인지는 불분명하다.

인터넷 자료를 보면 "고려 후기의 문신인 이규보(李奎報)의 시를 모은 『동국이상국집(東國李相國集)』에 '행당맥락(杏餳麥酪)'이란 구절이 있으며, 여기에 나오는 '낙(酪)'을 식혜나 감주라고 보는 견해도 있다"는 내용이 근거도 밝히지 않고 인용되고 있다. 그러나 맥락(麥酪)은 '보리를 갈아서 쑨 보리죽'을 의미하며, 낙(酪)을 식혜나 감주라고 보는 이유에 대한 설명이 없어 공감이 가지 않는다.

중국에서 엿에 관한 최초의 기록은 3세기 초 후한(後漢)의 유희(劉熙)가 지은 『석명(釋名)』이란 백과사전에 나온다. 여기에 "묽은 엿은 이(飴)라 하고, 된 엿을 당(餳)이라 하며, 이보다 딱딱하면서 탁한 엿은 포(餔)라고 한다"라는 내용이 있어 한(漢)나라 시대에 이미 엿이 존재하였음을 알 수 있다.

중국의 한나라는 우리나라의 삼국시대에 존재하였던 국가이므로 우리나라도 삼국시대에 엿이 존재하였을 가능성이 있음을 보여준다. 고려시대에는 꿀이나 조청을 이용한 한과에 대한 기록이 여러 문헌에 나타나고 있으며, 엿이나 조청을 만드는 기술이 있었다면 식혜를 만드는 것은 어렵지 않으므로 적어도 고려시대 이전부터 식혜가 있었다고 추정된다.

식혜에 대한 문헌상 최초의 기록은 조선 영조(英祖) 때인 1740년경에 쓰인 『소문사설(謏聞事說)』이란 조리서로서, 온돌의 열을 이용해 식혜를 만드는 법이 기록되어 있다. 조선시대에는 이 외에도 1896년에 나온 『규곤요람』, 19세기 말에 작성된 『시의전서』 등에 식혜 만드는 법이 소개되고 있다. 식혜를 만드는 전통적인 방법은 다음과 같다.

먼저 엿기름을 빨아 물에 넣고 손으로 짜듯이 주물러준다. 고운 체로 찌꺼기를 걸러내고 앙금이 가라앉도록 방치해둔다. 앙금이 가라앉으면 맑은 웃물만 가만히 따라서 찹쌀이나 멥쌀로 미리 지어놓은 고두밥에 붓고, 적당량의 물을 첨가하여 따뜻한 온돌방에서 이불 등을 덮어 밥알을 삭힌다.

하룻밤 정도 지나 밥알이 떠오르면 조리로 건져서 찬물에 헹

구어 다른 그릇에 담고, 나머지 물만 설탕이나 꿀을 넣고 한 번 끓여서 식힌다. 이때 생강 저민 것이나 유자즙을 넣고 함께 끓이면 향과 맛이 더욱 좋아지며, 끓이는 동안 떠오르는 거품은 숟가락으로 걷어내야 식혜 물이 맑고 깨끗하게 된다. 마실 때에는 따로 건져내었던 밥알을 넣어 함께 마시며, 잣알을 띄우기도 한다.

옛날에는 밥알이 동동 떠있는 것이 동동주랑 비슷해서 어린애가 동동주를 식혜로 잘못 알고 마셨다가 봉변을 당하는 일도 간혹 있었다고 한다. 식혜와 동동주는 외관은 비슷하나 전혀 다른 식품이다. 식혜는 엿기름에 있는 아밀레이스라는 효소를 이용하여 쌀의 전분을 당분으로 분해하여 단맛을 낸 음료이다. 동동주는 누룩에 있는 누룩곰팡이가 증식하면서 생성되는 효소에 의해 쌀의 전분이 당분으로 분해되면, 2차적으로 누룩에 있던 효모(酵母)가 작용하여 당을 에틸알코올(ethyl alcohol)로 분해하여 만들어진 발효주(醱酵酒)의 일종이다.

식혜는 감주(甘酒)라고도 하는데, 식혜와 감주는 다른 것이라는 의견도 있다. 이는 식혜를 만드는 방법이 지역마다 조금씩 다르게 발전했고 부르는 명칭도 달랐기 때문에 나타나는 현상이고, 오늘날에는 대체로 같은 의미로 사용되고 있으며, 식혜라는 용어가 일반적으로 사용된다. 단술은 감주와 같은 말이며, 1992년 문화부에서 식생활 용어 순화안을 확정하면서 감주의 순화말로 단술을 제시하였다.

식혜가 감주와 다르다고 주장하는 측에서 가장 큰 차이로 내세우는 것은 식혜에는 알코올 성분이 없고 감주는 알코올 성분이 있어 술의 일종이라는 것이다. 또는 알코올이 생성되기 전의 상태를 식혜라 하고 알코올이 생성되면 감주라고 구분하기도 한다. 술이 될 확률은 밥알을 삭히는 시간이 길어질수록 높아진다.

식혜는 원래 알코올 성분이 없는 것이 정상이다. 그러나 만드는 과정에서 공기 속의 효모가 들어가서 알코올 발효를 하게 되면, 알코올 농도는 낮으면서 달콤한 맛이 남아 있는 술이 된다. 즉, 알코올 발효가 불완전하여 술 맛이 약하고 단맛이 강한 상태의 것이 감주라는 것이다.

감주는 예주(醴酒)라는 단어와 혼용되기도 하였는데, 예주는 손님 접대나 제사 때 쓰였던 알코올 성분이 거의 없고 단맛이 강한 술이었다. 옛날에 제사용으로 예주를 빚을 때에는 전날에 술을 담가 이튿날 바로 사용하여 부정에 노출되지 않도록 하였다고 한다.

빠른 시간 안에 술을 만들기 위해 누룩과 함께 엿기름을 사용하여 당분이 생성되는 시간을 단축하였다. 이런 전통은 계명주(鷄鳴酒)라는 경기도 무형문화제 제1호가 된 민속주에 남아 있다. 계명주라는 이름은 술을 빚은 다음날 새벽, 닭이 울 때까지는 술이 다 익는다고 하여 붙여진 이름이다.

전통음료인 식혜는 발효식품인 '식해(食醢)'와 혼동되기도 한다. 식해의 '해(醢)'는 젓갈을 의미하며, 북한지방과 강원도에 특히 발달되어 있는 식품이다. 식해는 주로 생선에 약간의 소금과 밥을 섞고 고춧가루, 파, 마늘, 생강, 무, 엿기름 등을 함께 버무려 삭힌 것으로 함경도의 가자미식해, 강원도의 북어식해 등이 유명하다. 식혜와 식해를 북한에서는 모두 식혜라고 부르며, 이 때문에 발음도 비슷한 식해가 식혜와 자주 헷갈리는 이유가 되기도 한다.

옛 문헌에서도 식혜(食醯)와 식해(食醢)는 자주 혼동하여 사용되었으며, 처음 서당의 훈장이 되려고 하는 사람의 한자실력을 '혜(醯)'자와 '해(醢)'자를 구분해 쓸 수 있느냐로 시험했다고 한다. 이런 흔적은 안동식혜(安東食醯)에서도 나타나며, 안동식혜는 지금도 안동식해(安東食醢)라고 부르는 사람이 있다.

안동식혜의 유래에 대해서는 여러 가지 설이 있지만, 그중에서 동해안 지역의 소식해(蔬食醢)에서 파생된 음식이라고 보는 것이 일반적이다. 생선을 사용하여 만든 식해는 어식해(魚食醢)라고 하며, 소식해는 넣을 만한 생선이 없거나, 생선의 비린내를 싫어하는 사람 또는 종교적 이유로 생선을 먹지 못하는 사람을 위해 생선을 빼고 밥과 무, 엿기름 등을 함께 버무려 삭힌 음식이다.

안동식혜는 밥에 무와 고춧가루, 생강 등의 향신료를 섞고 엿기름물을 부어 발효시킨 식품으로서 국물이 많아 나박김치와 비슷한 외관을 가지고 있다. 안동식혜는 국물이 많은 점에서는 식혜에 가깝고, 사용된 원료는 소식해와 같아 식혜와 식해의 중간쯤 되는 식품이다. 안동식혜는 안동의 대표적인 향토음식이며, 일반적인 식혜와 구분하기 위해 반드시 앞에 '안동(安東)'을 붙여 안동식혜라고 부른다.

집에서만 만들어오던 식혜를 제일 처음 상품으로 생산하기 시작한 것은 중소업체인 '고려인삼제품'으로서 1975년에 '태극식혜'라는 브랜드로 시장에 선보였으나 별다른 주목을 받지 못하였다. 1990년대 초반까지 공장에서 만든 식혜의 매출은 미미한 수준에 불과하였다. 그러던 중 1993년 비락에서 생산한 '비락식혜'가 탄산음료와 커피 등을 대체하면서 크게 히트하였고, 1993년에 65억 원 수준이던 식혜 시장은 1994년에 3백억 원 정도로 늘어나게 된다.

이처럼 시장이 급성장하자 음료업체, 유가공업체 등에서 잇따라 뛰어들어 1995년에는 50개 정도의 업체가 식혜를 생산하게 되었다. 여러 회사의 경쟁 때문에 1995년에 식혜 시장은 2천 600억 원을 웃도는 성적을 기록하였으나, 반짝 실적에 그치고 곧바로 하락의 길을 걷게 되었으며, 1996년에는 1995년의 절반 수준으로 떨어졌다. 그 이유는 과당 경쟁에 따라 가격을 낮추기 위해 품질이 낮은 제품이 생산되었고, 식혜라기보다는 밥풀을 띄운 설탕물과 같은 제품까지 나돌게 되어 소비자들의 외면을 받기 시작하였기 때문이다.

폭발적이었던 식혜의 인기는 순식간에 식었으며, 치명적인 타격을 받고 문을 닫는 기업이 속출했다. 다양한 음료가 출시되고 소비자의 취향이 변하면서 식혜 시장은 점차 축소되었으며, 비락식혜를 비롯한 몇몇 제품이 출시되고 있을 뿐이다. 현재 비락식혜는 팔도에서 생산하고 있으며, 식혜 시장에서 85% 이상의 점유율을 차지하고 있다.

우리의 전통식품에 대한 관심이 높아지며 식혜는 다시 관심을 끌게 되었으며 호박을 넣은 '호박식혜', 인삼을 넣은 '인삼식혜', 녹차를 넣은 '녹차식혜', 배를 넣은 '배식혜' 등 다양한 제품이 개발되고 있다. 현재는 국내뿐만이 아니라 해외까지 수출하고 있어 우리의 전통음료인 식혜가 세계인들에게 사랑받는 날이 오기를 기대해 본다.

12.
막걸리

막걸리는 오랫동안 서민들과 애환을 같이 한 술이다. 농촌에서는 힘든 농사일을 하는 중간에 먹던 새참에서 빠지지 않는 것이 막걸리였고, 대학교의 축제나 운동회가 있으면 언제나 함께하던 것도 막걸리였다. 비가 오는 날이면 파전과 함께 찾게 되는 것이 막걸리이다.

등산을 마치고 하산 길에 산어귀의 음식점에 들러 마시는 막걸리 한 잔은 등산의 또 다른 묘미이다. 한때 맥주, 소주, 와인 등에 밀려 홀대받던 막걸리가 요즘 다시 각광을 받고 있으며, 과일과 혼합해 마시는 칵테일 막걸리도 등장해서 여성들에게 인기를 끌고 있다.

술은 인류의 역사와 함께 탄생했다고 해도 과언이 아니다. 인류가 사냥과 채집으로 생활하고 있던 구석기시대에도 의도하지는 않았으나 보관하고 있던 과일류에 천연효모가 번식하여 술

이 되는 일이 발생하였을 것이다. 정착 생활을 하고 농경문화의
발달에 따라 곡물 생산량이 늘어나자 인류는 곡물로 술을 빚
는 방법을 개발하게 되었다.

한반도에서는 삼국시대 이전부터 술을 마셨던 것으로 추정된
다. 중국 서진(西晉)의 진수(陳壽)가 편찬한 『삼국지(三國志)』 중
'위서(魏書)'의 '동이전(東夷傳)'에는 부족국가인 동예(東濊)에 대
한 기록에서 "常用十月祭天 晝夜飮酒歌舞 名之儛天(항상 10월에
는 하늘에 제사 지내고, 밤낮으로 술을 마시며 노래하고 춤추는데, 이
를 무천이라 한다)"라는 내용이 있다. 또한 『삼국유사』의 '가락국
기(駕洛國記)'에는 수로왕(首露王)에게 제사를 지내기 위해 술을
빚었다는 기록이 나온다.

그 당시 빚었던 술의 구체적인 종류와 제법은 알 수 없으나
오늘날의 막걸리와 비슷한 종류였을 것으로 추정된다. 막걸리
의 주재료는 쌀을 비롯한 보리, 밀, 귀리, 조 등의 곡물이며, 한
반도에서 농경의 시작과 함께 막걸리의 역사도 시작된 것으로
짐작된다. 전통적인 막걸리 제조법은 주로 쌀을 시루에 쪄서 누
룩과 섞은 후 물에 담가서 그늘지고 통풍이 잘 되며 온도가 일
정하게 유지되는 따뜻한 곳에서 5~10일간 발효시키는 것이다.

쌀이 술로 변하는 발효는 두 단계로 나누어 진행된다. 첫 번
째는 누룩에 들어 있는 누룩곰팡이가 쌀 중의 녹말을 분해하

여 포도당(glucose)으로 바꾸는 단계이다. 두 번째 단계는 효모가 작용하여 포도당을 에틸알코올(ethyl alcohol)로 분해하는 것이다. 막걸리와 제조 방법이 비슷하여 자주 혼동되는 술로 청주(淸酒), 동동주, 약주(藥酒) 등이 있다.

쌀을 쪄서 누룩과 물을 섞어 발효시키면 술이 익어감에 따라 밥알이 가라앉게 되는데, 밥알의 일부가 동동 떠있는 상태에서 밥알까지 그대로 퍼낸 술이 동동주이며, 경기도 지방에서 유래한 전통주이다. 발효가 완전히 끝나기 전에 맑은 윗부분만을 퍼낸 것으로 다른 술에 비해 술을 빚는 시간이 짧은 것이 특징이며, 막걸리보다는 청주에 가까운 술이고, 알코올 함량은 6~10% 정도이다.

발효가 완전히 끝난 후 체에 걸러 맑은 술만 받아낸 것이 청주이며, 알코올 함량은 13~18% 정도가 된다. 청주를 거를 때에는 용수라는 체를 사용하는데, 용수는 대나무를 가늘게 쪼갠 것이나 버들가지, 싸리, 칡넝쿨 등으로 엮은 둥글고 긴 통을 말한다. 잘 익은 술독에 용수를 박아두면 그 안으로 술이 배어들게 되며, 하루 정도 지난 뒤에 이렇게 거른 맑은 술을 퍼낸 것이 청주이다.

우리 속담에 "채반이 용수가 되도록 우긴다"라는 것이 있다. 이는 사리에 맞지 않는 의견을 끝까지 주장하는 경우를 비꼬아

이르는 말이다. 채반은 싸리나 대나무껍질로 둥글넓적하게 엮어서 만든 것으로 주로 전 같은 것을 부치고 나서 그 위에 놓아두거나 나물 등을 말릴 때 사용하는 것이다. 쟁반같이 납작한 채반을 속이 깊은 원통형의 용수라고 우기는 고집을 상상하면 속담의 의미가 와닿을 것이다.

일제는 세수 확대를 목적으로 1916년에 주세령을 공포하였으며, 당국의 허가를 받지 않고는 술을 제조하지 못하게 하였다. 이에 따라 종전까지는 집에서 직접 빚은 청주로 제사를 지내왔으나, 주세령 공포 이후에는 공장에서 제조한 술을 사다가 제사를 지낼 수밖에 없게 되었다.

일제강점기부터 1970년대까지 청주는 '정종(正宗)'이라고 불리기도 했다. 일본에서 '마사무네(正宗)'는 청주를 뜻하는 보통명사이며, '正宗'을 우리식으로 읽은 '정종'이 청주를 대신하는 단어가 되었던 것이다. 이런 역사적 배경이 알려지며 요즘에는 정종이라는 말은 거의 쓰이지 않게 되었다. 일제강점기에는 국정종(菊正宗), 대전정종(大典正宗), 앵정종(櫻正宗), 표정종(瓢正宗) 등의 제품이 판매되었었다.

일본에서 청주가 '正宗'으로 불리게 된 것은 1717년에 창업한 '아라마키야(荒牧屋)'라는 회사에서 비롯되었다. 이 회사에서는 원래 '신수이(薪水)'라는 이름의 술을 판매하였으나, 1840년 6대

점주가 '임제정종(臨濟正宗)'이라고 쓰인 불교 경전을 보고 '正宗'의 음독(音読)이 '세이슈(せいしゅう)'로서 청주의 음독인 '세이슈(せいしゅ)'와 유사한 것에 착안하여 '正宗'이란 이름을 사용하게 되었으며, 이 술이 인기가 있자 다른 회사에서도 '正宗'이란 이름을 사용하게 되었다.

그런데 '正宗'은 일본인의 이름이나 일본 지명에 널리 사용되던 한자이고, 그 경우에는 훈독(訓讀)으로 '마사무네(まさむね)'라고 읽게 된다. 따라서 처음에는 세이슈라고 읽었으나 마사무네라는 이름에 익숙한 탓에 마사무네로 정착되었다. 메이지시대(明治時代)에 상표제도가 도입되어 아라마키야에서 '正宗'을 상표등록 하려고 했을 때는 이미 보통명사처럼 되어 등록이 거절되었으며, 결국 일본의 국화(国花)인 벚꽃(櫻)을 앞에 붙여 '사쿠라마사무네(櫻正宗)'라고 등록하였으며, 그 후 회사 이름도 '사쿠라마사무네(櫻正宗)'로 변경하여 오늘에 이르게 되었다.

조선시대에는 가뭄 등으로 인해 곡물의 수확이 부족하면 곡물로 술을 빚지 못하게 하는 금주령(禁酒令)이 종종 시행되었다. 일부 계층에서 이런 규제를 피하기 위하여 청주를 환자 치료용의 약주라 칭하며 규제를 피하는 수단으로 삼았고, 차츰 청주를 약주로 지칭하게 되었다.

약주는 본래 약으로 쓰이는 약용주(藥用酒)를 뜻하는 것이나, "약주 하시겠습니까?"와 같이 술이란 말보다 예의를 갖춘 말로도 사용해왔다. 현재의 주세법 및 〈식품공전〉에서는 청주와 약주를 별도의 주류로 분류하고 있으며, 한약재와 같은 부재료의 사용 여부가 그 차이점이다.

청주를 걸러 내고 남은 건더기에 물을 붓고 체나 자루에 걸러낸 것이 막걸리이며, 알코올 함량은 4~7% 정도로 낮다. 때로는 청주를 걸러내지 않고 바로 체나 자루에 걸러내기도 하였으며, 청주에 비해 흐리고 탁하였기 때문에 탁주(濁酒)라고 하였다.

오늘날에는 막걸리를 만들 때에도 처음부터 막걸리용으로 제조하고 청주의 부산물에서 얻지 않기 때문에 탁주와 막걸리의 구분이 모호해졌으며, 농림수산식품부에서도 이를 반영하여 2010년의 〈전통식품규격집〉 개정판부터 막걸리와 탁주를 같은 용어로 정의하였다.

원래는 탁주의 한 종류였던 술이 막걸리였으나 이제는 탁주와 막걸리가 같은 의미로 사용되고 있으며, 탁주보다는 막걸리가 일반적으로 널리 사용되고 있다. 과거에는 주세법에 의해 알코올 함량이 6% 이하로 제한되었으나 현재는 제한이 없어졌으며, 보통 알코올 함량은 6~13% 정도로 낮은 편이다.

막걸리라는 이름은 '아무렇게나 함부로' 또는 '조잡하다'의 의미를 가지고 있는 '마구'의 준말인 '막'과 '거르다'는 뜻의 '걸리'가 합쳐진 말로 '아무렇게나 걸러낸 술'을 뜻한다고 보는 것이 일반적이다. 소수의견으로는 막걸리가 '지금 바로(막) 걸러낸 술'을 뜻한다는 의견이 있다. 막걸리라는 명칭이 정확히 언제부터 사용되었는지는 알 수 없으나, 일제강점기에 조선총독부가 1916년에 공포한 주세령(酒稅令)에 나오는 것으로 보아 그 이전부터 일반인들 사이에서 통용되었던 것으로 보인다.

막걸리는 옛날에는 여러 가지 명칭으로 불렸다. 곡식으로 빚은 술이라서 곡주(穀酒), 그 빛깔이 희다고 하여 백주(白酒), 찌꺼기가 남는 술이라서 재주(滓酒), 알코올 함량이 낮아 술맛이 연하고 술기운이 박하다 하여 박주(薄酒), 신맛을 중화시킨 술이란 뜻으로 회주(灰酒), 집집마다 담가먹는 술이라서 가주(家酒), 제사 때 제상에 올리는 술이라서 제주(祭酒), 농사지을 때에 먹는 술이라서 농주(農酒), 시골에서 마시는 술이라서 촌주(村酒), 백성이 즐겨 마시는 술이라서 향주(鄉酒), 나라를 대표하는 술이라서 국주(國酒) 등으로 불렸다.

막걸리의 원조라 할 만한 술을 마신 것은 한참 오래전의 일로 보이나 문헌에 등장하는 것은 고려 때부터이다. 송(宋)나라의 사신으로 고려에 왔던 서긍(徐兢)이 1123년에 쓴 『고려도경』이라는 책에 "서민들은 고급술을 얻기 어려워 맛이 묽고 색이 진하며 마셔도 잘 취하지 않는다는 술을 마신다"는 기록이 있으며, 이는 막걸리를 묘사한 것으로 보인다.

이외에도 고려 고종(高宗) 때인 1216년에서 1230년 사이에 당시의 여러 선비가 지은 노래를 모은 『한림별곡(翰林別曲)』, 1241년에 편집된 고려 후기의 문신인 이규보(李奎報)의 시를 모은 『동국이상국집(東國李相國集)』, 1406년에 편집된 고려 말 문인 이숭인(李崇仁)의 문집인 『도은집(陶隱集)』 등에도 막걸리와 관련된 내용이 나온다.

고려시대의 문헌에는 술의 제조법을 설명한 것이 없으나, 조선시대의 문헌에는 『음식디미방』, 『증보산림경제』, 『임원경제지』, 『주방문』, 『역주방문』 등 술의 제조법에 대한 기록이 많이 남아 있다. 조선시대에는 술을 못 담그게 하는 금주령이 자주 내려졌으나 집에서 술을 담그는 것을 완전히 막지는 못하였다. 일제강점기에는 주세법을 공포하여 허가 받지 않고 술을 빚는 것을 금지하였다.

1945년 해방 이후에도 우리 정부에서는 일제의 양조정책을 유지하였다. 가정의 술 제조는 여전히 금지하였지만 일제만큼 강력히 단속하지는 않았다. 맥주, 양주, 와인 등 서양의 술이 보급되기 시작하였으나 1960년대 말까지 우리나라 술 시장에서 막걸리는 80% 이상의 점유율을 유지하였다.

식량 부족을 해결하고자 공포된 1964년의 양곡관리법에 따라 1965년부터는 쌀을 술의 원료로 사용하지 못하게 되어 밀가루로 만든 막걸리가 나오게 되었다. 1977년 통일벼 재배로 풍년을 이루자 쌀로 만든 막걸리를 허용하였다가 2년 뒤 다시 금지하기도 하였으며, 쌀막걸리 제조가 다시 허용된 것은 1990년부터였다

　1960년대 말까지 80%의 시장점유율을 보이던 막걸리는 그 후 점차 수요가 감소하여 2000년대 초반에는 시장점유율이 4~5%로 떨어졌다. 밀이나 옥수수 등으로 막걸리를 제조하게 되면서 쌀로 만든 막걸리에 비해 맛이 떨어지고 누르스름한 빛깔을 띠는 등 품질이 낮아진 것도 그 원인 중 하나였다. 다른 이유는 전국에 난립된 영세한 막걸리 제조업자들이 생산량을 늘리기 위해 발효와 숙성이 덜 된 제품을 생산하는 등 품질관리를 제대로 하지 않아 막걸리가 '저급한 싸구려 술'이라는 이미지를 얻게 된 때문이었다.

　2000년대 들어 일본인들이 막걸리를 즐겨 마신다는 언론 보도가 있자 막걸리에 대한 관심이 높아졌고, 대형 양조장을 중심으로 재편되면서 저급한 술이라는 이미지도 개선되었다. 2012년에는 전국의 막걸리 양조장이 500여 곳으로 줄어들었다. 최근 건강에 대한 관심이 높아지면서 알코올 함량이 낮고

유산균과 단백질이 풍부한 막걸리의 소비가 증가하기 시작하여 술 시장에서 막걸리의 시장점유율은 10%를 넘어서게 되었다.

현재 시판되는 막걸리는 크게 생막걸리와 살균막걸리의 두 종류로 구분된다. 생막걸리는 효모와 유산균 등의 미생물이 그 대로 살아있으며, 맛이 신선하고 청량감이 좋은 등의 장점이 있으나, 냉장 보관하여도 유통기한이 열흘 이내로 짧다는 단점이 있다.

이에 비해 살균막걸리는 65℃에서 30분간 살균하여 막걸리에 남아있는 발효균을 모두 죽였기 때문에 유통기간이 6개월에서 1년 정도로 길다는 장점이 있는 반면 막걸리 본래의 맛과 향을 잃는다는 단점이 있다. 최근에는 생막걸리와 같은 청량감을 더하기 위해 탄산가스를 주입한 살균막걸리 제품들도 만들어 지고 있다. 전국적으로 유명한 막걸리로는 다음과 같은 것이 있다.

■ 포천막걸리: 술을 빚는 데 가장 중요한 요소 중의 하나는 물이며, 경기도 포천시는 예로부터 백운계곡(白雲溪谷)에서 흘러내리는 맑은 물이 좋기로 유명했다. 그 덕에 이 지역에서는 오래전부터 막걸리가 만들어졌으며, 현재 경기도의 20여 개 막걸리공장 중 9곳이 포천에 있을 정도이다. 포천의 막걸리 중에서도 포천시 이동면(二東面)의 지역 이름을 딴 '이동막걸리'가

가장 유명하며, 이곳에서 군 생활을 한 제대 군인에 의해 전국적으로 알려지게 되었다.

■ 금정산성막걸리: 금정산성막걸리의 유래는 알 수 없으나 조선 초기부터 이 지역에서 빚어왔으며, 왜구의 침략에 대비해 금정산성(金井山城)을 쌓을 때에 각 지역에서 징발된 인부들에 의해 전국적으로 알려지게 되었다. 금정산성막걸리는 일본식 배양균을 사용하는 대신 베 보자기에 싸서 발로 밟아 둥글고 납작하게 만든 전통적인 방식의 누룩을 발효제로 사용하고 있다. 우리나라 많은 막걸리 중에서 유일하게 향토민속주로 지정되어 있는 대한민국 민속주 1호 막걸리이다.

■ 강원도 강냉이엿술: 쌀이 귀한 강원도에서는 옥수수를 주식으로도 사용하였으며, 술도 옥수수로 빚어 마셨다. 싹 틔운 옥수수 엿기름을 당화시킨 엿물에 누룩을 넣어 발효시키는 방식으로 술을 빚는다. 당도가 높은 엿물을 원료로 사용하기 때문에 알코올 함량이 다른 막걸리에 비해 높은 편이다. 색깔은 진한 갈색을 나타내며, 옥수수의 고소한 맛과 향을 느낄 수 있다. 만드는 방법은 집안에 따라 조금씩 다르며, '옥수수술'이라고도 한다.

13.
소주

　우리나라 사람들은 술 하면 삼겹살에 곁들이는 소주 한 잔을 제일 먼저 떠올릴 만큼 가장 친숙한 술이 소주이며, 소주는 서민의 대표 주류이자 고단한 삶을 달래주는 친구 같은 존재이다. 소주는 세계적으로도 대한민국을 대표하는 술로 잘 알려져 있으며, 한국을 찾는 관광객들이 꼭 한 번 마셔보고 싶어 하는 술이 소주이다.

　그러나 소주는 우리 민족 고유의 전통주는 아니며, 다른 나라에서 유입된 술이기 때문에 소주를 가리키는 우리말 고유어도 없다. 우리의 전통주는 막걸리나 청주처럼 곡류를 발효시킨 술이며, 소주는 이를 증류시켜 알코올 함량을 높인 술이다. 현재 판매되고 있는 대부분의 소주는 증류를 반복하여 고농도의 알코올을 얻은 후 이를 물로 희석하여 알코올 도수를 맞춘 희석식 소주이며, 종래의 방법대로 만든 증류식 소주는 전통소주라고 불리고 있다.

소주는 한자로 '燒酒'라고 쓰기도 하고 '燒酎'라고 쓰기도 한다. 국립국어원에서 펴낸 『국어대사전』에는 '燒酒'라고 표기되어 있으나, 시판되는 소주에는 '燒酎'라고 표기되어 있다. 원래 우리나라는 중국에서 사용하던 '燒酒'라는 한자를 사용하였으며, 우리의 옛 문헌에는 '燒酎'라고 쓴 기록이 없다. 우리나라에서 '燒酎'라고 쓰기 시작한 것은 일제강점기에 일본의 영향을 받아서이다.

한자 소(燒)에는 '불사르다', '불태우다' 등의 뜻이 있으며, 주(酒)는 술을 뜻하므로 '燒酒'는 '불을 붙여 증류시켜 만든 술'이란 의미이다. 한자 주(酎)는 '물을 타지 않은 농도가 진한 술' 또는 '세 번 빚은 술' 등의 뜻이 있다. 세 번 빚은 술의 대표적인 것으로 청주의 일종인 삼해주(三亥酒)가 있다. 주(酎)는 희석(稀釋)하여 만드는 소주와는 맞지 않고 알코올 함량이 높은 증류(蒸溜)식 소주나 삼해주와 같은 술에 어울리는 한자라 하겠다.

일본에서 소주가 제조되기 시작된 것은 16세기경으로, 태국에서 오키나와(沖繩)를 경유하여 본토에 전해졌다고 한다. 일본에서 왜 '燒酎'라는 한자를 사용하게 되었는지에 대해서는 확실하게 밝혀진 것은 없으나, '酒'의 중국식 발음인 '쥬(jiŭ)'가 일본인에게는 '추(チュウ)'로 들렸으며, 소주는 '농도가 진한 술(酎)'이었으므로 발음과 뜻을 혼동하여 사용하게 된 것이라는 설이 있다. 처음에는 '쇼슈(燒酒, しょうしゅ)'와 '쇼추(燒酎, しょうちゅう)' 가 함께 사용되었으나, 18세기경에 '燒酎'로 정착되었다고 한다.

옛 문헌에 보면 소주는 '燒酒' 이외에도 여러 가지 이름으로 불렸다. 증류하여 이슬처럼 받아내는 술이라 하여 노주(露酒), 땀처럼 뚝뚝 떨어진다고 한주(汗酒), 불로 가열한 술이라고 화주(火酒), 색깔이 없다 하여 백주(白酒), 증기를 액화시킨 술이라고 하여 기주(氣酒) 등으로 불렀다. 또한 약용으로 사용되기도 하여 약소주(藥燒酒)라고도 불렀다.

발효주(醱酵酒)를 증류하여 알코올 함량이 높은 증류주(蒸溜酒)를 만드는 기술은 8~9세기경 중동지역에서 시작되었다고 하며, 몽골족이 유라시아 대륙을 지배하면서 아시아에도 전파되었다. 중국에서 증류주를 만들기 시작한 것이 언제인지는 확실하지 않고 여러 가지 설이 있다.

당(唐)나라 때의 유명한 시인인 백거이(白居易)의 시 중에 "荔枝新熟鷄冠色 燒酒初開琥珀香(여지라는 과일의 열매는 처음 익으면 닭 벼슬 색을 띠고, 소주를 처음 열면 호박 향기가 난다)"이라는 구절이 있어 이미 당나라 시절부터 소주가 있었다고도 한다. 그러나 시에 나오는 소주는 증류주가 아닐 수도 있다는 반론이 있다.

소주에 관한 가장 확실하고 구체적인 기록은 명(明)나라 때의 이시진(李時珍)이 엮은 약학서 『본초강목(本草綱目)』에 나온다. 여기에는 "소주는 옛 법으로 만든 것이 아니다. 원(元)나라 때에 처음 만들어졌다. 그 방법은 짙은 밑술과 원료 지게미를 시루에 넣어 찌면 증기가 위로 올라가는데 그릇으로 맺힌 방울을 받아내면 된다. 무릇 모든 발효주는 증류하여 소주로 받을 수 있다"는 내용이 있다. 그러나 원나라 때에 처음 시작되었다는 것을 뒷받침해줄 사료가 없다.

한편 원나라보다 앞선 국가인 송(宋)나라의 문헌에 백주(白酒), 소주(燒酒) 등의 명칭과 함께 증주(蒸酒)라는 술 이름도 나타나고, 증류기(蒸溜器)에 관한 기록도 있다는 점에서 송나라 시대에 소주가 시작되었다는 주장도 있다. 현재 다수의 의견은 송나라 말기에서 원나라 초기인 13세기에 소주가 처음 시작된 것으로 보고 있다.

우리나라에 소주가 전래된 시기와 관련하여 일부에서는 신라시대라는 주장을 한다. 신라의 왕릉에서 페르시아의 유리잔이 발견될 만큼 신라는 아랍과의 무역이 활발하였으며, 그들로부터 증류주의 제조법을 배웠다는 것이다. 또는 중국은 당나라 때부터 증류주를 마셔왔으며, 신라는 당과 밀접한 관계에 있었으므로 신라시대에 증류식 술을 만드는 기술이 전해졌다고 한다. 그러나 신라시대에 전래되었다는 명백한 증거가 없고, 대부분의 학자는 고려시대에 원나라로부터 전래된 것으로 보고 있다.

조선시대의 문헌에서도 1610년에 완성된 의학서인 허준(許浚)의 『동의보감』에 "소주는 예부터 내려온 것이 아니다. 원나라 때에 처음 빚는 법이 알려졌다"는 기록이 있으며, 1614년에 완성된 백과사전인 이수광(李睟光)의 『지봉유설(芝峯類說)』에서도 "소주는 몽골에서 왔는데 약으로나 쓸 뿐이지 함부로 마시면 감당하지 못한다"고 하였다.

중국을 제패한 원나라는 일본을 정벌하기 위해 고려 충렬왕(忠烈王) 때 개성, 안동, 제주도 등에 전진기지를 설치하고 군사를 주둔시키게 된다. 1274년과 1279년에 있었던 두 차례의 일본 원정은 실패로 돌아갔지만 원나라 군사들에 의해 증류주의 제조 방법이 우리나라에 전해지게 되었다. 개성에서는 소주를 '아락주'라고 하는데 이는 몽골어 '아라키(亞刺吉)'에서 나온 말이며, 그 어원은 아라비아어에서 증류주를 뜻하는 '아라크(arak)'에서 유래한다.

소주는 오래 보관할 수 없는 일반 양조주(釀造酒)의 결점을 없애기 위해 고안된 술로서 발효원액을 증류하여 얻는 증류주이다. 곡식을 원료로 해서 만들어지지만 원료에 비해 소량밖에 얻을 수가 없어서 매우 귀한 술이었고, 일반 서민은 접하기가 어려웠으며 약용으로 사용되는 정도였다.

고려 말에 전래된 소주는 조선시대를 거쳐 일제강점기 초반까지 제조법에 큰 변화 없이 가양주(家釀酒)의 형태로 이어졌으며, 그중의 대표적인 것이 안동소주이다. 안동은 고려시대 몽골군의 군대가 주둔하던 곳으로 일찍부터 소주가 발달하였으며 여러 문헌에 그 제조법이 기록되어 있다.

일제 초기 조선총독부는 세금 징수의 목적으로 주세령을 공포하였으며, 신고하지 않고 집에서 술을 담그는 것을 강력히 단속하였다. 이에 따라 우리의 전통주들은 대부분 명맥이 끊겼으며, 안동소주 역시 마찬가지였다. 해방이 된 이후에도 정부에서는 일제의 주세정책을 계승하였으며, 가양주는 인정하지 않았다.

1988년 서울올림픽을 계기로 전통술을 복원하려는 노력이 이루어졌으며, 현재 생산되고 있는 안동소주 역시 옛 문헌을 토대로 복원한 것이다. 그러나 전통을 이었다고 하면서 안동의 모든 제조사에서 '安東燒酒'가 아닌 '安東燒酎'라는 이름을 내걸고 있어 일본식의 한자를 사용하고 있는 점은 흠이라 하겠다.

안동소주가 전국적으로 이름이 알려지게 된 것은 고려시대나 조선시대가 아니라 일제강점기 때이다. 1920년 안동주조회사의 권태연(權台淵) 창업자는 안동의 명물인 제비원에서 이름을 딴 '제비원소주'를 생산하였으며, 이것이 대량생산되어 상품화된 최초의 안동소주였다. 그 후 안동주조회사의 주인이 바뀌고, 증류식 소주에서 희석식 소주로 생산 방식이 바뀌는 등 우여곡절을 겪다 1974년 금복주에 인수되어 오늘날에 이르게 되었으며, '제비원'이라는 상표는 아직도 유지되고 있다.

옛날에는 고급주로 일부 특권층이나 마시던 소주였으나, 일제강점기에는 대량생산되며 가격도 낮아졌기 때문에 일반인들도 마실 수 있게 되었다. 주세법의 시행에 따라 1916년 당시 전국적으로 28,416개나 되는 제조장이 생겼으며, 치열한 생존 경쟁에 따라 점차 자본이 있는 일본인들을 중심으로 거대 기업화되며 1933년경에는 제조장 수가 430개 정도로 줄었다고 한다. 경쟁에 따라 소주 가격도 내려갔으며, 가격이 내려간 배경에는 단식증류기에서 연속증류기로 생산설비가 개선된 것이 큰 역할을 하였다.

소주의 가격이 낮아졌다고는 하나 막걸리에 비해 여전히 매우 비싼 가격이었고, 알코올 함량이 높아 마시기에 부담스러웠기 때문에 1945년 해방 이후에도 한동안 우리나라 술 소비는 막걸리가 중심이었다. 그러던 것이 정부의 식량 정책에 따른 양곡관리법에 의해 1965년부터 쌀을 술의 원료로 사용하지 못하게 되면서 술 소비 시장에 큰 변화가 일어나게 되었다.

쌀 대신 밀이나 옥수수 등으로 만든 막걸리가 쌀로 만든 막걸리에 비해 맛이 떨어지고, 품질관리를 제대로 하지 않은 불량 막걸리까지 등장하여 소비자의 외면을 받기 시작하였다. 반면 소주의 경우는 쌀 대신에 값싼 당밀이나 타피오카 등의 수입 원료로 대체하고, 증류식(蒸溜式)에서 희석식(稀釋式)으로 제조 방법을 변경하고, 알코올 함량도 줄이면서 가격을 낮춰 본격적으로 대중화하였다. 그 결과 한때 술 소비 시장에서 막걸리를 제치고 1위 자리를 차지하기도 하였다.

희석식 소주란 순수 알코올에 가까운 주정(酒精)에 물을 타서 알코올 함량을 조정한 후 설탕, 포도당 등의 감미료를 첨가하여 제조한 것을 말한다. 주정이란 '술의 정수(精髓)'라는 뜻으로 순도 95% 이상의 에틸알코올(ethyl alcohol)을 말하며, 곡류나 서류, 당밀 등을 원료로 발효시킨 술덧을 연속 증류하여 얻게 된다.

1970년대에 소주는 또 한 번의 대변화를 맞이하게 된다. 저질 주류 생산 방지와 유통 질서 회복이라는 명분에서 정부 주도로 소주 제조업체 통폐합 작업이 추진되었다. 1976년에는 일부 업체의 시장 독점을 방지하고 지방 소주 업체를 육성한다는 명목으로 '자도주(自道酒) 의무 구매'라는 규정을 신설했다. 이는 시도별로 단 한 개의 소주 업체에게만 생산 권한을 준 뒤 각 시도에서는 자기 시도에서 생산된 소주를 최소 50% 이상 소비하도록 하는 규정이다.

이에 따라 1970년 전국 254곳이었던 소주 업체들은 줄줄이 퇴출당해 10년 후에는 10개로 줄었다. 이때 살아남은 10개의 소주 업체는 지역별로 수도권의 진로(眞露), 부산의 대선(大鮮), 경북의 금복주(金福珠), 경남의 무학(舞鶴), 전북의 보배(寶盃), 전남의 보해(寶海), 강원의 경월(鏡月), 충북의 백학(白鶴), 충남의 선양(鮮洋), 제주의 한일(韓壹) 등이다. 살아남은 10개 업체는 압도적인 지역시장 점유율을 바탕으로 급속도로 성장할 수 있었다.

자도주 의무 구매 규정은 1992년에 폐지됐다가 3년 뒤에 다시 부활했으나, 1996년 헌법재판소에서 자유경쟁 원칙에 위배된다는 위헌판결이 내려진 이후에 역사 속으로 사라졌다. 해당 규정이 사라지면서 그동안 지역을 등에 업고 안정적인 사업을 하던 소주 업체들은 새롭게 경쟁 체제로 들어갔으며, 이들 중 특히 진로의 위세는 단연 독보적이었다. 수도권을 기반으로 전국 확장에 성공한 진로에 비해 지방 업체들은 모두 수도권 진출에 실패했다. 아직까지도 진로는 소주 시장에서 점유율 약 50%를 유지하고 있다.

우리나라 소주의 대명사가 된 진로는 1924년 평남 용강군에서 진천양조상회(眞泉釀造商會)에 의해 처음으로 생산되었다. '진로(眞露)'라는 이름은 생산지와 생산방식의 글자를 따서 만들어졌다. '진(眞)'은 생산지인 지운면(池雲面) 진지리(眞池里)에서 따온 글자로 진지(眞池)는 원래 '참못'이라 불렸으며, 물 좋기로 이름난 용강의 상징이었다. '로(露)'는 소주를 증류할 때 술방울이 이슬처럼 맺히는 것에서 착안된 것이다.

진로소주 하면 두꺼비 상표를 떠올리게 되지만 창업초기의 상표로는 원숭이를 사용했으며, 이것은 당시 평안도 지방에는 원숭이가 살고 있었기 때문이었다. 6·25 전쟁 후 진로가 서울에 자리 잡으면서 남한에는 살지 않는 원숭이가 상표로 부적절하다고 판단하여 현재의 두꺼비로 바뀌었다.

조선시대 전통소주의 경우는 알코올 도수가 45도 정도였으나, 1924년에 처음 생산된 진로소주의 도수는 35도였다. 이후 진로소주의 도수는 1965년에 30도, 1973년에 25도로 낮춰졌다. 도수가 낮아진 것은 양곡을 원료로 한 증류식 소주에서 희석식 소주로 생산 방식이 변경된 것이 큰 이유였다.

이후 계속 유지되던 알코올 도수는 1998년 외환위기 이후 판매량이 줄어들자 '참이슬'이라는 신제품을 내면서 23도로 낮추게 되었다. 참이슬이라는 이름은 한자를 잘 모르는 젊은 층을 거냥하여 한자인 '眞露'를 우리말로 바꾼 것이다. 발매 초기에는 참이슬이 아니라 '참眞이슬露'였으나 후에 참이슬로 변경하였다.

'참眞이슬露'는 출시 한 달 만에 200억병 이상 팔릴 만큼 소비자의 반응이 좋았으며, 이에 자극 받은 경쟁업체에서도 잇달아 도수를 낮춘 제품을 출시하였다. 이후 업체들이 경쟁적으로 도수를 낮추기 시작하여 2006년에는 20도 이하의 소주가 나왔다. 이는 여성들의 사회 진출이 늘면서 낮은 도수를 선호하는 여성들의 취향에 맞춘 것이다. 2015년에는 '자몽에 이슬'이라는 13도짜리 과일맛 소주까지 출시되었으며, 요즘 유행하고 있는 과일맛 소주들은 대개 13도 안팎이다.

소주 시장에서 알코올 도수 내리기는 계속 이어져 2020년에는 대표 브랜드인 '참이슬 후레쉬'가 종전의 17도에서 16.9도로 낮춤으로써 국내 주요 소주 브랜드의 알코올 도수가 16.9도로 자리 잡게 되었다. 그러나 국내의 전반적인 술 소비 감소 경향과 함께 소주 역시 소비량이 줄어들고 있는 추세이다.

14.
맥주

　땀 흘리게 운동을 한 후에 마시는 시원한 맥주 한 잔은 모든 피로를 날리게 하는 청량제와 같은 역할을 한다. 맥주는 오늘날 세계적으로 가장 대중적인 알코올음료이다. 우리나라에 들어온 지는 100년 남짓하지만 전통주인 막걸리나 '국민의 술'이라는 소주를 제치고 우리나라 사람들이 가장 자주 마시는 술이 바로 맥주이다. 알코올 함량도 낮고, 어떤 음식과도 어울리며, 부담 없는 가격에 가볍게 마실 수 있는 장점 때문에 사람들은 맥주를 즐기게 된다.

　우리나라 사람들이 가장 즐겨 마시는 술은 1위가 맥주이고, 2위가 소주이지만 두 술이 주는 이미지는 매우 다르다. 소주는 주로 무거운 주제의 이야기를 할 때 마시며, 연상되는 단어는 쓸쓸함, 괴로움, 슬픔, 힘듦 등이다. 소주의 소비량이 가장 많았던 것도 1998년 외환위기 때였다.

이에 비하여 맥주는 가벼운 기분에 마시게 되며, 연상되는 단어는 흥겨움, 기쁨, 평온함 등이다. 맥주가 소비량 1위가 된 것이 1988년 서울올림픽 때이고, 가장 많이 마셨던 것은 2002년 한일월드컵 때였다는 기록이 말해주듯이 맥주는 스포츠 대회의 환희와 함께한 술이었다.

맥주를 뜻하는 영어 단어인 'beer'의 유래는 '마시다'라는 의미의 라틴어 '비베레(bibere)'에서 비롯되었다는 주장과 게르만족의 언어 중 '곡물'을 뜻하는 '베오레(bior)'에서 나왔다는 주장이 있으며, 이 중에서 베오레에서 유래되었다는 주장이 더 많은 지지를 받고 있다.

맥주는 기원전 4,000년경 티그리스강과 유프라테스강 사이에 위치한 메소포타미아의 수메르인들에 의해 처음 만들어졌다는 것이 현재 정설로 받아들여지고 있다. 이후 맥주는 그리스인과 로마인들에 의해 유럽으로 건너갔으며, 10세기경부터 쌉쌀한 맛을 내는 홉(hop)을 첨가하기 시작하였다. 19세기 산업혁명 시기에 증기기관이 발명되어 물의 이송, 맥아의 분쇄, 맥즙의 교반 등에 동력을 사용할 수 있게 되면서 맥주의 대량 생산이 가능하게 되었다.

맥주는 보리를 싹 틔워 만든 맥아(麥芽. malt)로 즙을 만들어 여과한 후, 홉을 첨가하고 효모로 발효시켜 만들게 된다. 보통의 맥주는 알코올 함량이 약 4% 정도인 황금색의 투명한 액체로 탄산가스를 함유하고 있으며, 백색 크림형의 거품을 특징으로 한다. 맥주의 주원료는 보리, 양조용수, 홉이며 때로는 쌀, 옥수수, 녹말, 당류 등을 부원료로 사용하기도 한다.

보리는 한자로 대맥(大麥)이라고 하며 인류가 재배한 가장 오래된 작물 중의 하나이다. 보리는 이삭에 보리알이 배열된 모양에 따라 크게 여섯줄보리와 두줄보리로 구분한다. 두줄보리는 주로 맥주의 원료로 이용되므로 '맥주보리'라고도 한다. 맥주용 보리는 알갱이가 고르고, 전분질이 많고 단백질이 적으며, 껍질이 얇고 발아력이 왕성한 것이 좋다.

양조용수는 맥주의 종류 및 품질을 좌우하는 직접적 요인이 된다. 보통 칼슘이온이나 마그네슘이온을 많이 포함하고 있는 경수(硬水)는 맥주의 색이 짙고 깊은 맛을 내는 스타우트, 에일 등을 만드는 데 적합하고, 연수(軟水)는 깨끗하고 부드러운 라거 등을 만드는 데 주로 이용된다.

홉은 뽕나무과에 속하는 덩굴성 식물로 암꽃과 수꽃이 있는데, 맥주에는 암꽃이 쓰인다. 홉은 맥주에 특유의 향기와 쓴맛을 부여하는 중요한 첨가물이며, 맥아즙의 단백질을 침전시켜 맥주를 맑게 하고 잡균의 번식을 방지하여 보존성을 높여주는 등의 효과도 있다.

맥주는 발효방식에 따라 상면발효(上面醱酵)맥주와 하면발효 (下面醱酵)맥주로 크게 나뉜다.

■ 상면발효맥주(Top Fermentation Beer): 발효 중 발효액의 표면에 뜨는 성질이 있는 사카로마이세스 세레비지에(Saccharomyces cerevisiae)라는 효모로 발효시킨 맥주를 말하며, 10℃에서 25℃ 사이의 상온에서 발효시키고, 색이 짙고 알코올 도수가 높은 편이다. 대표적인 상면발효맥주는 스타우트(Stout), 에일(Ale), 포터(Porter), 램빅(Lambic) 등이 있다.

■ 하면발효맥주(Bottom Fermentation Beer): 발효가 끝났을 때 가라앉는 성질이 있는 사카로마이세스 카를스베르겐시스(Saccharomyces carls-bergensis)라는 효모로 발효시킨 맥주를 말하며, 10℃ 정도의 저온에서 발효시키고, 부드러운 맛과 향이 특징이다. 대표적인 하면발효맥주는 전 세계 맥주의 약 70%를 차지하고 있는 라거(Lager)가 있다.

맥아즙에 맥주효모를 넣어 발효시키고 일정기간 저장·숙성한 후 여과하여 바로 제품화하면 생맥주가 되는데, 생맥주는 신선한 향미를 즐길 수 있으나 오래 보존할 수 없는 단점이 있다. 병이나 캔에 넣어 60℃에서 30분간 저온살균 하는 등의 처리를 하여 장기간 보존할 수 있도록 한 것이 일반 맥주이다. 맥주는 알코올 함량, 색깔(color), 단맛(sweetness), 쓴맛(bitter-ness), 담백한 정도(dryness) 등에 의해서 구분되기도 한다.

당분의 분해 능력이 강한 효모를 쓰거나 제조공정을 개선해 일반 맥주에 비해 남아있는 당분이 적도록 하여 마실 때 단맛이 덜하고, 깨끗한 느낌을 주도록 한 것을 '드라이 맥주(dry beer)'라고 하며, 일반 맥주에 비해 알코올 함량을 낮추거나 탄수화물 함량을 낮춘 것을 '라이트 맥주(light beer)'라고 한다. 저알코올 맥주의 경우 알코올 함량은 대개 3% 정도이고, 저탄수화물 맥주는 '다이어트 맥주(diet beer)'라고도 한다.

대기업이 아닌 개인이나 소규모 양조장이 자체 개발한 제조법에 따라 만든 맥주를 '크래프트 맥주(craft beer)'라고 하며, '수제(手製)맥주'로도 불린다. 수제맥주는 과일향이 나고, 홉의 쓴맛이 짙게 배어 나오는 등 수많은 맥주 제조자의 개성만큼이나 독특한 풍미를 갖고 있는 것이 특징이다. 생산량이 적어 전국적인 판매보다는 영업장에서 직접 맥주를 만들어 파는 형태가 일반적이다.

우리나라에 맥주가 전해진 것은 19세기 말 개화기 때의 일이다. 1871년 신미양요(辛未洋擾) 때 청나라 주재 미국공사 프레드릭 로우(Fredrick Low)가 군함을 거느리고 와서 통상을 요구하였으며, 이때 군함을 방문한 우리나라 사람이 빈 맥주병을 안고 있는 사진이 남아있다.

일본의 강요에 의해 1876년에 강화도조약이 체결되면서 서양의 문물이 우리나라에 전해지기 시작하였으며, 한일합방 이후에는 일부 상류층과 일본인 등을 중심으로 맥주가 소비되었다. 《동아일보》의 1920년 5월 3일자 '경성시민대운동회(京城市民大運動會)'라는 제목의 기사에는 "래빈석 좌우에는 홍백 장막을 둘너치고 기생 오륙인이 나서서 맥주를 권하얏다"라는 내용이 나온다.

맥주의 수요가 늘어나자 1933년에 일본의 대일본맥주(大日本麥酒)와 기린맥주(麒麟麥酒)가 각각 조선맥주(朝鮮麥酒)와 쇼와기린맥주(昭和麒麟麥酒)라는 자회사를 설립함으로써 한반도에서도 본격적으로 맥주가 생산되기 시작하였다. 그러나 일제강점기는 물론이고 해방 후 1970년대까지도 맥주는 고급술이었으며, 일반인들이 마시기에는 경제적으로 부담이 되었다. 1970년대 말까지도 국내 술 소비 시장에서 맥주의 비중은 높지 않아 10% 미만이었다.

1980년대부터 맥주의 소비는 급격하게 증가하게 된다. 1980년 11월 동양맥주에서 'OB베어'라는 브랜드로 생맥주 프랜차이즈 사업을 시작하여 크게 성공하자, 경쟁사인 조선맥주에서도 합세하였으며, 두 회사의 경쟁 속에 생맥주 소비가 크게 증가하였다.

동양맥주에서 1986년에 독일어로 '광장(廣場)'이라는 뜻의 '호프(hof)'를 인용하여 대형화된 생맥주 체인점인 '오비호프'를 개점하였다. 여기서 유래된 '호프집'이란 용어는 오늘날 생맥주 집을 의미하게 되었다. 맥주는 1988년의 서울올림픽을 계기로 급성장하여 현재는 우리나라에서 가장 많이 소비되는 술이 되었다.

조선맥주는 1993년에 종전의 '크라운(CROWN)'이라는 상표 대신 '하이트'라는 상표의 맥주를 출시하며 천연암반수로 만들었다는 것을 강조하여 1996년에는 시장점유율 1위를 차지하였고, 1998년에는 회사명칭도 하이트맥주주식회사로 변경하였다. 하이트라는 이름은 작명 회의를 하던 중 "암반수를 뽑아내려면 물을 높이 끌어올려야 한다"는 데서 '하이트(height)'라는 단어가 나왔고, 디자인 편의상 글자 수를 줄이며 발음이 같은 '하이트(HITE)'로 하게 되었다고 한다. 하이트맥주는 2011년에 소주회사인 진로를 합병하여 하이트진로가 되었다.

하이트의 약진에 위기감을 느낀 동양맥주는 1994년에 '카스(Cass)'를 출시하고, 1995년에는 사명을 오비맥주로 변경하는 등 변화를 시도하였으며, 1999년에는 진로쿠어스를 인수하여 반격에 나섰다. 이에 따라 하이트 출시 초기의 열세를 만회하고 2012년에는 맥주 시장 1위 자리를 탈환하였다. 오비맥주는

2014년에 세계 최대 맥주회사인 벨기에의 '앤호이저-부시 인베브(AB InBev)'에 인수되어 외국 기업이 되었다.

2000년대는 맥주 소비가 가장 활발하였던 시기였다. 특히 한일월드컵이 열렸던 2002년에는 국내 술 소비 시장에서 맥주의 점유율이 63.1%라는 최고의 기록을 보였다. 붉은 유니폼을 입고 호프집에 모여 앉아 닭튀김 안주에 맥주를 마셔가며 열광적인 응원을 펼친 덕에 '치맥'이라는 신조어가 생겨나기도 하였다. 치맥은 치킨(chicken)과 맥주의 합성어로서, 2014년에 방영된 SBS의 드라마 '별에서 온 그대' 덕택에 다시 주목을 받게 되었으며, 중국인들에게까지 큰 인기를 얻게 되었다.

2010년대에는 고령화가 진행되면서 전반적인 술 소비가 감소하는 중에서도 맥주의 소비는 여전히 증가하였다. 종전에는 비즈니스 차원에서 유흥업소에서 갖는 술자리가 많아 도수가 높고 가격이 비싼 위스키가 많이 소비되었으나, 회식문화가 쇠퇴하고 1인 가구가 늘면서 가볍게 술을 먹는 음주 경향이 늘었으며, 여성 음주인구가 확대되어 알코올 도수가 높은 위스키보다는 저알코올의 맥주가 선호되었다.

2010년대에 들어서 가장 큰 변화는 수입 맥주의 증가이다. 수입 맥주의 비중은 꾸준히 증가하여 맥주업계의 추정으로는 2017년에 전체 맥주 시장의 10%를 넘었다고 한다. 또 하나의 큰 변화는 수제맥주의 증가이며, 이에 따라 다양한 맛의 맥주를 즐길 수 있게 되었다.

2002년 주세법 개정으로 소규모 맥주 제조가 가능해져 자신의 영업장에서 직접 맥주를 만들어 파는 '브루펍(brew pub)'이 생기기 시작했으며, 2014년의 주세법 개정으로 소규모 양조장의 외부 유통이 허용되어 편의점에서도 판매되는 등 기존의 맥주와 경쟁하며 저변을 넓혀가고 있다. 수제맥주는 아직 맥주 전체 중에서 1% 미만의 시장점유율이지만 높은 성장률을 보이고 있으므로 장래가 기대되고 있다.

2019년에 출시된 하이트진로의 '테라(TERRA)'는 역대 가장 빠른 속도로 시장점유율을 늘려간 히트 상품이다. 이에 대응하여 오비맥주에서는 1994년 출시된 이후 유지하던 갈색 병에서 2021년 투명한 병으로 교체하면서 쇄신을 시도하고 있다. 우리나라 맥주의 역사는 오비맥주와 하이트진로의 역사라 할 만큼 두 회사는 약 90년 동안 국내 맥주시장을 주도해 왔다.

현재 국내 맥주 대기업은 오비맥주, 하이트진로와 2014년에 '클라우드(Kloud)'를 출시한 롯데주류 등 3개사가 있으며, 시장점유율은 오비맥주 약 50%, 하이트진로 약 40%, 롯데주류 약 10% 정도이다. 브랜드별로는 오비맥주의 카스가 1위이며, 하이트진로의 테라와 하이트가 2,3위를 차지하고 있다.

15.
포도주(와인)

우리나라에서 포도주는 파티나 특별한 날에만 마시는 고급스 럽고 비싼 이미지가 있으며, 행사나 축하할 일이 있는 설레고 기쁜 자리에서는 샴페인을 터트리는 것이 상식처럼 여겨지고 있다. 그러나 이제는 집에서 부담 없이 편안하게 즐길 수 있는 대중 주류로 자리 잡아가고 있다. 최근에 포도주의 소비가 급 격하게 늘어난 배경에는 수입 와인의 가격이 많이 낮아졌고, 대 형마트나 편의점에서도 쉽게 구할 수 있게 된 영향이 크다.

포도주(葡萄酒)는 영어로는 와인(wine), 프랑스어로는 뱅 (vin), 이탈리아어로는 비노(vino), 독일어로는 바인(wein)이라 고 하며, 모두 라틴어로 술을 의미하는 '비눔(vinum)'에서 유래 되었다. 포도는 과일 중에서도 당분이 많고 껍질이 쉽게 파괴되 기 때문에 그대로 두어도 껍질에 있는 천연 효모의 작용으로 발효가 진행되어 저절로 술이 될 수 있다. 이런 이유로 포도주는 인류가 마시기 시작한 최초의 술로 추정되며, 대체로 기원전 9,000년경 신석기시대부터 마셨을 것으로 보고 있다.

고대 문명의 발상지인 메소포타미아 지역과 이집트 지역에서 시작된 포도주 생산 기술은 그리스와 로마로 이어지게 된다. 지중해 연안의 온난한 기후는 포도의 경작에 적합하였으며, 그리스인들은 포도주를 생산하여 무역을 하였고, 술의 신인 디오니소스(Dionysos)에게 바치기도 하였다. 로마시대에는 포도주의 생산 기술이 더욱 발전하게 되며, 지배하에 있던 유럽의 여러 지역과 지중해 연안의 아프리카 북부에 포도 경작 및 포도주 제조법을 전수하였다.

로마제국이 멸망한 이후 중세시대에 이르기까지 포도주는 수도원을 중심으로 보급되었으며, 가톨릭교회에서는 미사주(missa酒)로 사용되었다. 15세기 말 신대륙 발견 이후 아메리카 대륙에도 포도와 포도주가 전파되었다. 18세기 말 프랑스혁명 이후 수도원과 영주가 소유하고 있던 포도밭의 소유권이 나누어지며 포도주의 생산이 일반화되기 시작하였다.

그중에서도 프랑스 남서부에 위치한 보르도(Bordeaux) 지역은 신흥금융자본에 의해 포도경작지가 대규모로 재통합되면서 세계최대의 포도주 생산지로 성장하였다. 현재 포도주의 주요 생산 국가는 프랑스를 비롯하여 이탈리아, 독일, 스페인, 포르투갈, 미국, 칠레, 아르헨티나, 호주, 뉴질랜드, 남아프리카공화국 등이다.

중국에 포도가 소개된 것은 기원전 2세기 실크로드를 개척한 한(漢)나라의 장건(張騫)에 의해서였으나, 포도주에 대한 기록은 한참 후인 당(唐)나라 이후의 문헌에 자주 나오게 된다. 그런데, 중국의 문헌에서 포도주는 쌀, 누룩, 포도즙을 섞어서 만드는 방법이 대부분이고, 서양에서와 같이 포도만으로 만드는 제조 방법은 보이지 않는다. 이는 당분이 풍부한 서양의 포도와는 달리 기후적 영향으로 당도가 충분하지 못한 포도밖에 생산되지 않은 것과도 연관이 있다. 포도에 부족한 당분을 보충하기 위해 쌀의 전분질을 누룩의 작용으로 당화시킨 것이었다.

우리나라 문헌에서 포도주가 처음 나오는 것은 고려 25대 왕인 충렬왕(忠烈王) 11년(1285년)에 "원나라의 황제가 고려의 왕에게 포도주를 보냈다"는 『고려사』의 기록이다. 1753년경에 저술된 것으로 추정되는 『양주방(釀酒方)』이란 책에는 누룩, 밥, 포도즙으로 술을 빚는 방법이 소개되고 있어 중국과 같은 포도주 제조 방법을 따르고 있다.

포도뿐만 아니라 여러 과일로도 과실주(果實酒)를 만들어 왔는데 제조법은 포도주의 경우와 같이 멥쌀이나 찹쌀과 누룩을 과일이나 과즙과 함께 넣어 발효시키는 방법이었다. 원료가 되는 과일은 포도, 사과, 자두, 배, 딸기, 감귤, 복숭아, 무화과 등 대부분의 과일을 사용하였다.

가정에서 손쉽게 소주 등의 술에 포도를 담가 포도의 향과 맛을 우려낸 것도 포도주라고 부르기도 하나, 이는 발효주인 와인(wine)과는 성격이 다르며, 리큐어(liquor)로 분류되는 술로서 담금술의 일종이다. 담금술은 여러 가지 재료를 소주에 넣어 알코올에 녹는 성분을 추출하는 방식의 술을 말하며, 담금술의 재료는 과일뿐만 아니라 한약재나 뱀에 이르기까지 한계가 없을 정도이다. 담금술은 1960년대 후반 값싼 희석식 소주가 생산되면서 유행하기 시작하였다.

발효주인 와인을 만드는 일반적인 방법은 포도를 수확한 후 기계에 걸어 포도열매를 으깨는 동시에 포도줄기 등 불필요한 부분을 걸러내고, 발효통에 옮겨 발효시키는 것이다. 이때 씨를 부수면 와인의 맛이 나빠지므로 씨까지 으깨지지 않도록 하여야 하며, 전통적인 방법에서는 발로 밟아 포도를 으깨었다. 예전에는 원래부터 포도껍질에 붙어있던 효모를 이용하여 자연발효 시켰으나, 요즘은 순수 배양한 효모를 첨가하는 것이 일반적이다.

발효 온도는 포도주에 따라 다르기는 하나 20℃ 이상이 좋으

며, 유럽 지중해 연안 포도 재배지의 가을 기온은 대체로 포도
주 발효에 적당한 온도를 유지한다. 발효에 걸리는 시간은 온도
나 사용된 효모의 종류에 따라 3일~3주 정도 소요된다. 발효
중 발생되는 거품을 제거하기 위해 가끔 휘저어주거나 통을 흔
들어준다.

만일 거품을 방치하면 초산발효가 진행되어 식초로 변한다.
거품이 더 이상 발생하지 않으면 발효가 끝난 것으로 판단한
다. 발효가 끝난 후 통의 마개를 빼어 자연히 흘러나오도록 하
여 얻은 것이 상등품이고, 통 속에 남은 찌꺼기를 압착하여 얻
은 것은 하등품이다.

발효 직후의 포도주는 풍미도 별로 좋지 않고, 맑지 않고 탁
하므로 오크통에 저장하여 숙성시킨다. 숙성기간 동안 여러 화
학적 변화를 겪으며 초기의 거칠었던 맛은 점점 부드러워지고,
오크통에서 우러나오는 바닐라향, 과일향 등과 유사한 향이 배
이게 되며, 적포도주의 경우에는 색상도 짙은 보라색에서 붉은
색을 거쳐 오렌지색으로 차츰 연해지게 된다.

포도 자체의 풍미를 살리고 싶을 경우에는 오크통 대신에 스
테인리스 용기를 사용하기도 한다. 숙성기간 동안 몇 차례 사이
펀(siphon)을 사용하여 다른 빈 통에 옮겨서 주석산칼륨, 타닌
등의 침전물을 제거한다. 사이펀이란 용기를 기울이지 않고 높

은 곳에 있는 액체를 낮은 곳으로 옮길 때 사용하는 호스처럼 생긴 도구이다.

　포도주에 적당한 신맛을 부여하는 유기산의 대부분을 차지하는 주석산은 다른 과일에는 없고 포도에만 있으며, 주석산의 함량은 포도주의 품질에 영향을 준다. 그런데, 이 주석산은 물에는 잘 녹지만 알코올에는 부분적으로만 녹기 때문에 발효가 진행되어 알코올이 생성되면 여분의 주석산이 주석산칼륨과 같은 결정체가 되어 바닥에 가라앉는다. 이 변화는 서서히 일어나며, 어느 정도 안정되기 전에 포도주를 병에 넣으면 병의 바닥에 침전물로 생성될 수 있기 때문에 미리 제거하게 된다.

　타닌은 포도의 껍질이나 그 밖의 부위에 함유되어 있으며, 숙성용의 오크통에서도 일부 추출되어 포도주에서 텁텁하고 떫은맛이 나게 하는 성분이다. 타닌은 천연방부제의 역할도 하므로 타닌 함량이 많으면 포도주의 장기보관에 유리하다. 숙성기간 동안 타닌분자들이 서로 결합하여 분자량이 커지게 되면 침전물을 형성하여 가라앉게 된다. 이때 안토시아닌계 색소도 흡착하여 같이 가라앉으므로 색도 옅어지고 떫은맛도 약해지게 된다.

　포도주는 그 종류가 많은 만큼 양조방식, 색, 맛, 저장기간, 용도 등 다양한 기준에 의해 분류하기도 한다.

♦ 양조방식에 의한 분류

■ 스파클링와인(sparkling wine): 탄산가스(CO_2)가 포함되어 있어 기포를 발생시키는 와인을 말하며, 1차 발효가 끝난 와인을 병에 넣을 때 당분과 효모를 첨가하여, 병 속에서 2차 발효가 진행되어 탄산가스가 발생하도록 제조한 와인이다. 요즘은 발효 후 탄산가스를 주입하는 방식으로 생산하기도 하며, 알코올 함량은 9~14% 정도이다. 대표적인 스파클링와인으로 샴페인(champagne)이 있다.

즐거운 자리에서 빠지지 않고, 병의 바닥부터 올라오는 거품이 특징인 샴페인은 프랑스 샹파뉴(Champagne) 지방에서 생산되는 스파클링와인으로서 AOP 등급의 포도주이다. 모든 스파클링와인을 샴페인이라고 하지는 않으며, 샹파뉴 지역에서 생산된 것만 샴페인이라고 한다. 샹파뉴 지역에서 생산된 것이라도 '샴페인 방식(méthode Champanois)'으로 제조하였을 때에만 샴페인이라고 이름을 붙일 수 있다. 원산지인 프랑스어로는 '샹파뉴'라고 발음하지만 우리나라에서는 영어식 발음인 '샴페인'이 표준어로 되어있다.

기념식 등에서 병을 흔든 후 마개를 따서 "펑!" 소리와 함께 거품이 솟

구치도록 하는 것은 흥을 돋우기 위한 것이며, 마시기 위한 목적으로 샴페인의 마개를 딸 때에는 흔들지 말고 병을 가볍게 돌려 거품이 흘러나오지 않도록 하여야 한다. 거품이 흘러넘치게 하는 것은 콜라와 같은 탄산음료에서 탄산가스를 빼고 마시는 것처럼 샴페인의 제맛을 느낄 수 없게 하는 것이다.

■ 스틸와인(still wine): 포도당이 분해되어 와인이 되는 과정에서 발생하는 탄산가스를 완전히 증발시킨 것으로 대부분의 와인이 이에 속하며, 일반와인 또는 비발포성(非發泡性) 와인이라고도 한다. 일반와인에 브랜디 등을 첨가한 강화와인과 대비되는 개념으로 이야기할 때에는 내추럴와인(natural wine)이라고도 한다. 알코올 함량은 10~15% 정도이다.

내추럴와인 중에 보트리티스 시네레아(*Botrytis cenerea*)라는 곰팡이균에 의해 부패되어 수분이 증발되고 당도가 높아진 포도만을 선별하여 제조한 고급와인으로 '귀부(貴腐)와인'이라고 부르는 것이 있다. 귀부와인은 보트리티스에 의해 만들어지므로 'botrytised wine'이라고도 한다.

당도가 높은 포도로 양조하였기 때문에 맛이 달콤하고, 곰팡이가 번식하며 여러 향기성분과 맛에 기여하는 성분들이 형성되므로 보통 와인에서는 느낄 수 없는 복합적인 풍미의 와인을 만들 수 있다. 귀부와인에서는 망고, 파인애플, 리치(litch) 등의 열대 과일향이 느껴지고, 꿀이나 버터의 맛이 느껴지기도 한다고 묘사된다.

세계적으로 유명한 귀부와인은 프랑스의 소테른(Sauternes)과 바르삭(Barsac) 지역에서 생산된 것과, 독일어로 '건포도의 선택'이란 의미가 있는 독일의 최고급 디저트와인인 트로켄베렌아우스레제(Trockenbeer-enauslese), 헝가리를 대표하는 디저트와인인 토카이(Tokaji) 등이 있다.

■ 포티파이드와인(fortified wine): 일반와인은 알코올 함량이 12% 정도로 낮기 때문에 숙성이나 보관 중에 잡균이 침투하여 부패할 수도 있다. 이 때문에 포도주를 생산할 때에는 방부제로 이산화황을 첨가하기도 한다. 이산화황을 첨가하는 대신 알코올이나 브랜디의 원액을 첨가하여 알코올 함량을 18~23% 정도로 높여 부패하지 않도록 한 와인을 포티파이드와인이라고 하며, '강화(强化)와인' 또는 '주정강화(酒酊强化)와인'이라고도 한다. 강화와인 중에는 포르투갈의 포트와인(port wine)과 스페인의 셰리와인(sherry wine)이 대표적인 제품이다.

■ 아로마타이즈드와인(aromatized wine): 와인을 제조할 때에 허브, 과일, 향료 등으로 향을 부여한 것으로 플레이버드와인(flavored wine), '가향(加香)와인'이라고도 한다. 일반와인보다는 강화와인 중에 가향와인이 많으며, 알코올 함량은 18% 정도이다. 혼성주(混成酒)의 일종으로 포도주가 아니라 리큐어로 분류되며, 대표적인 것으로는 베르무트(vermouth)가 있다. 옛날에는 이탈리아와 프랑스에서만 베르무트가 만들어졌으나, 지금은

세계 여러 나라에서 생산되고 있다.

◆ 색에 의한 분류

■ 레드와인(red wine): 보통 적포도주(赤葡萄酒)라고 하며 가장 일반적인 와인이다. 적포도를 사용하여 발효시킨 암적색에서 담적색까지의 포도주를 말하며, 껍질에 있는 붉은 색소뿐만 아니라 타닌 성분도 함께 추출되므로 떫은맛이 나고, 비교적 숙성기간도 길고 오래 저장할 수 있다.

　대표적인 적포도 품종으로는 카베르네소비뇽(cabernet sauvignon), 메를로(merlot), 피노누아(pinot noir), 산조베제(sangiovese), 시라(syrah), 쉬라즈(shiraz), 네비올로(nebbiolo), 프티 베르도(petit verdot), 진판델(zinfandel), 가메(gamay), 말벡(malbec) 등이 있다.

■ 화이트와인(white wine): 색깔은 연한 황금빛이며, 백포도주(白葡萄酒)라고도 한다. 주로 청포도를 사용하나 드물게는 적포도를 사용하기도 하며, 껍질을 제거한 후 압착하여 얻은 맑은 즙을 발효시켜 제조한다. 알코올 도수는 10~13% 정도로 적포도주에 비해 약간 낮은 편이다.

　적포도주에 비해 숙성기간이 짧고, 타닌의 함량도 적어 오래 보관하기에는 적합하지 않다. 떫은맛보다는 순하고 상큼한 맛이 나며, 5~10℃ 정도로 차게 해서 마시는 것이 좋다. 대표적인 청포도 품종으로는 샤르도네(chardonnay), 쇼비뇽블랑(sauvignon blanc), 리슬링(riesling) 등이 있다.

- 핑크와인(pink wine): 레드와인과 화이트와인의 중간인 연한 핑크색의 와인으로 로제와인(rose wine)이라고도 부른다. 적포도를 껍질째로 즙을 짜는 도중 원하는 색에 이르렀을 때 껍질을 제거한 과즙만을 가지고 발효시켜 만든다. 저급품 중에는 레드와인과 화이트와인을 혼합하여 만든 것도 있다. 오래 숙성하지 않고 마시게 되며, 맛과 향은 화이트와인에 가깝다.

◆ 맛에 의한 분류

- 드라이와인(dry wine): 포도가 발효과정을 거치면 포도당이 알코올로 변하게 되는데, 발효되지 못하고 남아있는 잔여 당 함량이 1% 미만이어서 단맛이 거의 나지 않는 와인을 말한다. 대부분의 레드와인이 드라이와인에 속하며, 화이트 와인의 일부도 여기에 속한다. 일반적으로 고급 와인일수록 드라이한 것으로 알려져 있다. 영어 단어 'dry'는 보통 '마른', '건조한' 등의 뜻으로 사용되지만, 맛을 표현할 때에는 '단맛이 없는'이라는 의

미가 된다.

■ 미디엄드라이와인(midium dry wine): 드라이와인과 스위트와인의 중간 정도의 와인을 말하며, 세미스위트와인(semi sweet wine)이라고 부르기도 한다. 잔여 당 함량은 1~2% 정도이다.

■ 스위트와인(sweet wine): 당 함량이 2% 이상이어서 단맛을 가지고 있는 와인으로 '감미포도주(甘味葡萄酒)'라고도 한다. 귀부와인은 대표적인 스위트와인이고, 강화와인도 대부분 스위트와인이다. 발효시킬 때 농축과즙이나 설탕을 첨가하여 당 함량을 높이거나, 브랜디를 첨가하여 발효를 정지시키는 방법 등으로 제조한다.

◆ 용도에 의한 분류

■ 애피타이저와인(appetizer wine): 입맛을 돋우기 위하여 식사 전에 마시는 와인이다. 화이트와인, 샴페인, 드라이세리(dry sherry), 베르무트(vermouth) 등이 좋다.

■ 테이블와인(table wine): 식사와 함께 곁들이는 포도주를 말하며, 보통 와

인이라고 하면 테이블와인을 말한다. 와인은 분위기를 좋게 하는 역할 외에도 입안을 헹구어서 다음에 나오는 음식의 맛을 잘 느낄 수 있도록 도와준다. 보통 메인 요리가 육류일 때에는 레드와인이 어울리고, 생선류일 경우에는 화이트와인이 어울린다고 하나 와인과 요리에 절대적인 원칙은 없으며, 음식을 즐기는 사람의 입맛과 선택이 중요하다.

■ 디저트와인(dessert wine): 식사 후에 케이크와 같은 달콤한 디저트와 함께 제공되는 와인으로 입안을 개운하게 하기 위해 마신다. 디저트와인은 달콤한 스위트와인을 주로 마시며, 알코올 도수가 약간 높은 것이 특징이다.

포도주는 증류를 하는 브랜디와는 다르게 효모가 살아있기 때문에 병에 넣은 후에도 숙성이 진행된다. 따라서 보통은 18~24개월 정도 오크통에서 숙성을 시킨 후에 병에 담게 된다. 지나치게 오크통에서 오래 숙성시키면 포도 본연의 풍미보다 오크통에서 오는 풍미가 강해지고, 부패가 일어나기 쉬우며, 공기와의 접촉에 의한 산화가 진행될 수도 있다.

병에 넣은 후에도 코르크로는 완전히 밀폐되지 않기 때문에 극미량의 공기와 접촉하면서 숙성이 계속된다. 일반적으로 숙성기간이 길수록 풍미가 좋아지나 너무 오래되면 오히려 부패하거나 풍미가 나빠져서 마실 수 없게 된다. 숙성기간은 온도, 습도, 빛 등 보관조건에 따라 변하게 된다.

온도는 높을수록 숙성이 가속되므로 아무리 높더라도 20℃를 넘기지 않는 것이 좋다. 이상적인 보관 온도는 적포도주는 16℃ 정도, 백포도주와 샴페인은 12℃ 정도가 적당하다. 습도가 낮은 곳에서는 코르크가 마르게 되며, 마른 코르크는 탄력이 떨어져서 밀폐성이 약해지므로 외부 공기가 병 내로 침투하여 와인이 산화되기 쉬워진다. 보관에 적당한 습도는 60~80% 정도이며, 포도주를 옆으로 눕혀서 코르크 마개가 젖어있도록 보관하는 것이 좋다.

직사광선은 와인 성분의 결합 구조를 무너뜨리며, 빠른 속도로 화학적 변화를 겪게 되므로 어두운 곳에 보관하는 것이 좋다. 가정용 냉장고와 같이 잡냄새가 심한 곳에 와인을 오래 두게 되면 그 냄새가 배어들고, 냉장고의 진동도 포도주에 좋지 않은 영향을 주므로 적합하지 않다.

각 포도주의 적절한 숙성기간은 여러 조건에 따라 변하지만 대체로 10~20년에 걸쳐 서서히 숙성하였을 때 가장 풍미가 좋다고 하며, 50년 이상 보관하였을 경우에는 오히려 품질이 나빠진다고 한다. 이것은 고급 포도주에나 해당하는 이야기이고, 대부분의 포도주는 1~2년 사이에 소비되는 것이 보통이다. 50

년 이상 묵은 와인이 비싼 값에 팔리는 경우가 있는데, 이는 맛보다는 골동품으로서의 가치가 더 크기 때문이라고 봐야 한다.

포도의 품질은 해마다 기후 조건이 달라지기 때문에 매년 차이가 생기게 마련이다. 포도는 봄에 서리의 피해가 없고, 포도가 자라는 기간 내내 햇볕을 많이 받고 비도 적어야 하며, 특히 수확기에는 일조량이 풍부하고 밤낮의 기온 차이가 클수록 좋은 품질이 된다. 기후 조건이 좋은 해에 수확한 포도로 만든 와인은 숙성함에 따라 풍미가 좋아지나, 기후 조건이 나빴던 해에 수확한 포도로 만든 와인은 숙성의 효과도 크게 향상되지 않으며, 오래 저장할 수도 없다.

위스키나 브랜디의 경우는 병에 넣은 후에는 숙성이 이루어지지 않기 때문에 라벨에 숙성기간을 표시하지만, 포도주는 병에 넣은 후에도 숙성이 지속되기 때문에 숙성기간 대신 포도의 수확연도를 의미하는 빈티지(vintage)를 표시한다. 나라마다 빈티지에 대한 규정이 달라서 다른 해에 생산된 포도가 약간 포함되는 것이 허용되기도 한다. 수확연도가 다른 포도를 섞어서 만들면 보통 빈티지를 표시하지 않으며, 그런 와인은 논빈티지(non vintage) 또는 줄여서 'NV'라고도 한다.

같은 회사의 동일 브랜드 제품이라도 수확한 해에 따라 포도주의 품질이 다르고, 보관할 수 있는 기간에 차이가 발생하게 된다. 보통 수확한 포도의 품질이 좋고 양이 많으면 그 해에 수확한 것만으로 제조하여 빈티지를 표시하게 된다. 빈티지가 표시된 와인은 빈티지와인(vintage wine)이라고 하여 가격이 높은 것이 일반적이다.

그중에서도 특히 기후 조건이 적당하여 좋은 품질의 포도가 수확된 해를 그레이트빈티지(great vintage)라고 하며, 그 해에 만든 와인은 매우 비싸게 팔린다. 그레이트빈티지를 기억할 때에는 생산지까지 함께 외우지 않으면 의미가 없다. 어느 한 지방이 그레이트빈티지였다고 다른 국가나 지방까지 그레이트빈티지였던 것은 아니기 때문이다.

포도주의 품질 등급은 나라마다 표시 기준이 다르고, 국가에서 정한 기준 외에 과거부터 전통적으로 분류하던 기준에 의해 표시하는 경우도 있어 매우 복잡하다. 사실 포도주의 맛에 대한 평가는 사람의 기호에 따라 다르며, 같은 포도주라도 함께 마시는 사람, 시간, 장소, 보관 상태 등에 따라 변하기 때문에 표시된 등급에 연연할 필요는 없다. 등급은 거래의 편의에 따라 생겨난 것이며, 등급 표시가 품질을 보장하는 것은 아니다. 대표적인 포도주 생산국인 프랑스의 예를 보면 다음과 같다.

- AOC: 원산지에 등록되고, 제조를 지방정부에서 통제하는 가장 좋은 품질

의 와인이다. AOC 표시는 포도 재배 지역의 명칭을 가운데 삽입하여, 예를 들어 보르도산이라면 'Appellation Bordeaux Contrôlée'라는 식으로 한다. 프랑스에서 생산되는 포도주의 약 35%는 AOC 표시가 있으며, 그 비율은 점점 확대되는 추세라고 한다. 일반적으로 가운데에 들어가는 지역의 단위가 좁을수록 더 개성 있는 고급의 와인으로 인정되고 있다.

그러나 AOC 등급이라고 모두 고급은 아니다. 우리나라에도 잘 알려진 '보졸레누보(Beaujolais Nouveau)'라는 와인도 AOC 등급이며, 프랑스 보졸레 지방에서 매년 9월 초에 수확한 포도를 4~6주 숙성시킨 뒤, 11월 셋째 주 목요일 전 세계적으로 동시에 출시하는 포도주의 상품명이다.

보통 6개월 이상 숙성시키는 일반 와인과 달리 신선한 맛을 강조하여 짧은 숙성 후 바로 판매하며, 출시된 지 2~3주 만에 매진된다고 한다. 마케팅에 성공하여 세계적으로 명성이 있는 와인이지만, 프랑스 현지에서는 우리나라의 소주처럼 대중적인 술이며 가격도 그리 비싼 편은 아니다.

■ VDQS: 'Vins Delimite de Qualite Superieure'의 약자로서 '우수한 품질의 와인'이라는 뜻이다. 특정지역, 품종, 최대 수확량, 최소 알코올, 재배법, 양조법 등에 대하여 규제를 받지만 AOC에 비해 덜 엄격하고, AOC로 승급하기 위한 대기단계로 볼 수 있다. 규정이 개정되어 2012년 이후에는 삭제된 등급이며, 삭제된 이후에는 대부분 AOC 등급으로 승격되었다.

■ Vin de Pays: '지방 와인'이란 의미이며, 1973년에 각 지방의 포도주를

장려하기 위해 만들어진 등급이다. 라벨에는 포도의 종류, 제조 방법, 생산 지방 등이 표시된다. 생산지명은 'Vin de Pays ○○○'와 같이 'Vin de Pays' 다음에 생산지를 적는다. VDQS보다 아래 등급이지만, 제조회사에 따라서는 AOC 등급의 와인보다 좋은 것도 있다. 프랑스 전체 와인 생산량의 25% 정도를 차지한다.

■ Vins de Table: '테이블 와인'라는 의미이다. 소비자의 취향에 따라 여러 종류의 와인을 브렌딩하여 만든다. 생산지역, 포도의 종류, 빈티지 등의 표시가 없으며, 제조사의 이름과 상품명, 알코올 함량 정도가 적혀있다. 프랑스 전체 생산량의 약 40%를 차지하며, 프랑스에서 일상적으로 소비되는 와인이다. 우리나라에서는 와인이 고급스럽고 비싼 이미지지만, 프랑스의 'Vins de Table' 중에는 생수보다 싼 것도 많이 있다.

1993년 유럽연합(EU)이 창립된 이후 EU 내에서의 단일시장 구축을 위한 노력이 지속되었으며, 그중의 한 결과로 2009년에 EU의 와인법이 개정되었다. 개정된 EU의 와인법에 따르면 각국의 등급제를 인정하되 카테고리는 엄격한 규정이 적용되는 고급와인(PDO), 규제가 덜 엄격한 지역표시와인(PGI), 원산지 표시가 없는 테이블와인의 3가지로 하였다.

이에 따라 프랑스의 와인 등급도 4등급에서 3등급으로 변경하면서 명칭도 변경하였다. EU 기준에 맞춘 프랑스 와인의 등급은 AOC와 VDQS를 합친 AOP(Appellation d'Origine Protégée, 원산지명칭보호), 'Vin de Pays'에서 변경된 IGP(Indication Géographique Protégée, 지역표기보호), 'Vins de Table'에서 변경된 'Vin de France(프랑스산 와인)' 등이다.

우리나라에서 현대적 의미의 포도주(와인)에 대한 최초의 기록은 인조(仁祖) 14년(1636년) 통신부사(通信副使)로 일본을 다녀온 김세렴(金世濂)이 작성한 『해사록(海笑錄)』에 "대마도주(對馬島主)와 서구산 적포도주를 마셨다"는 내용이 있으며, 효종(孝宗) 4년(1653년)에 제주도에 표류한 하멜(Hendrik Hamel)이 제주목사(濟州牧使)에게 적포도주를 상납했다는 내용도 있다. 그러나 본격적으로 서양의 포도주가 들어오기 시작한 것은 조선의 쇄국정책이 풀린 이후이다.

쇄국정책이 풀리면서 본격적으로 활동을 시작한 선교사들이 미사(missa)에 사용하기 위해 포도주를 들여왔으며, 포도나무를 재배하고 포도주를 직접 제조하기도 하였다. 이를 통하여 가톨릭신자들이 서양식 포도주를 경험하게 되었다. 1888년 일본인에 의해 제물포에 세워진 최초의 서양식 호텔인 대불호텔(大佛ホテル)을 비롯하여, 1902년 서울에 세워진 손탁호텔(Sontag Hotel) 등 현대적 호텔이 등장하면서 상류사회를 중심으로 포도주가 조금씩 소비되기도 하였다.

일제강점기는 물론 해방 이후에도 한동안 포도주는 극소수 상류층의 사치품이나 다름없었다. 국내에서 서양식 포도주가 생산되기 시작한 것은 1960년대 말이었다. 1968년 일본 산토리 (サントリ)사와 한국농수산식품유통공사의 전신인 농어촌개발공사의 합작회사인 한국산토리에서 '산리포트와인'을 생산하였다. 한국산토리는 1973년에 해태에 인수되어 해태주조가 되었다가 해태그룹 부도 이후 2010년 국순당이 인수하여 국순당 L&B로 변경되었다.

1970년대는 정부에서 대기업들에게 포도생산단지 조성과 포도주 생산을 장려하여 여러 포도주가 생산되기 시작하였다. 1974년 해태주조에서는 프랑스 보르도 타입의 정통 와인인 '노블와인(Noble Wine)'을 생산하였고, 1977년 동양맥주에서는 '마주앙(Majuang)'을 생산하였다. 그러나 1970년대만 하여도 와인은 호텔이나 최고급 레스토랑 같은 데에서만 일부 소비되었고, 일반 서민은 맛보기 힘든 고급술로 인식되었다.

1980년대에 들어서서 포도주의 소비는 서서히 증가하기 시작하였고, 1987년에는 대선주조에서 정통 스파클링와인인 '그랑주아(Grandjoie)'를 생산하기도 하였다. 88서울올림픽을 앞두고 1987년에 포도주 수입이 자유화되자 포도주 시장은 폭발적으로 성장하였다. 그러나 우리 풍토에 맞는 품종이 개발도 안 되고 양조기술도 확립하지 못한 상태에서 외국산 와인이 수입되면서 국산 와인은 설 자리를 잃고 겨우 명맥을 이어가는 수준으로 하락하였다.

1990년대 이후 2000년대 후반까지 와인은 이른바 웰빙식품으로 인식되면서 매년 수십 %씩 폭발적인 성장을 하였다. 특히 2004년 칠레와의 자유무역협정(FTA)이 발효되면서 저렴한 칠레산 와인이 수입되어 소비층을 더욱 확산시켰다. 그러나 2008년 하반기부터 세계금융위기의 영향으로 환율이 상승하여 수입 가격이 2배 정도 올랐으며, 경기 침체에 따른 소비 둔화 등으로 포도주의 성장세가 급격히 둔화되었다.

2009년 당시 국세청에 등록된 포도주 수입회사는 500개가 넘었으나, 수요가 축소되고 업체간 경쟁이 치열해지면서 경쟁력이 약한 중소 수입회사들은 문을 닫게 되었다. 2010년대에 들어서면서 포도주 시장은 서서히 증가하기 시작하였으며, 포도주에 대한 인식도 다른 주류와 마찬가지로 좋아하는 사람들이 찾아서 마시는 술로 변해가고 있다.

그러나 포도주는 여전히 비싼 술이라는 이미지가 많이 남아 있어 성장에 걸림돌이 되고 있다. 세계 시장에서는 5달러 미만의 포도주가 약 60%를 차지하지만, 수입업자들이 운송비 등의 문제로 고가품 위주로 수입하고 있으며, 고급스러운 이미지로 홍보한 영향도 있기 때문이다. 포도주 가격이 예전에 비해서 많이 낮아지기는 하였으나 여전히 다른 나라에 비하여 가격이 높은 것도 사실이며, 일반적으로 마시는 소주, 맥주, 막걸리 등의 술에 비해서도 비싼 편이다.

16.
전통주

    전통주(傳統酒)의 사전적 의미는 "한 나라나 지역 등에서 전통적으로 내려오는 양조법으로 만든 술"이며, 민속주(民俗酒)라는 단어도 전통주와 거의 같은 의미로 사용된다. 우리나라의 전통주는 대부분 쌀을 주원료로 누룩을 사용하여 옹기에서 발효시키는 청주, 약주, 막걸리 등이며, 그 외에 과실을 발효시킨 과실주와 고려말 원나라를 통하여 전래된 증류 기술을 사용한 소주가 있었다.

    우리나라는 예로부터 유교문화의 영향으로 제사가 중요시되면서 각 가정마다의 비법으로 만들어진 가양주(家釀酒)가 있었고, 각 지역마다 그 지방의 특산품이나 기후조건 등의 영향으로 독자적으로 전해지는 향토주(鄕土酒)가 있었다. 조선시대에는 술을 못 담그게 하는 금주령이 자주 내려졌으나 집에서 술을 담그는 것을 완전히 막지는 못하였다.

또한 양반 종가 가문에서는 조상 대대로 이어져 온 술 빚기 방법이 있어서 명가명주(名家銘酒)라 하여 "이름 있는 집안에 맛있는 술이 있다"는 말까지 생겨났다. 『임원경제지』를 비롯한 조선시대의 여러 문헌에는 600여 종의 전통주가 기록되어 있고, 기록으로 남아있지 않은 것까지 합하면 전국적으로 1,000종이 넘는 전통주가 있었을 것으로 추정된다.

그러나 우리의 전통주는 일제강점기에 맥이 끊기게 되었다. 1909년 일본의 압력에 의해 순종(純宗)이 주세법(酒稅法)을 공포하면서 허가받지 않고 술을 빚는 것이 금지되었다. 주세법 시행에 따라 신고된 당시의 양조장수는 무려 155,632개소나 되었다고 한다. 이때에도 신고하지 않고 몰래 집에서 담그는 밀주(密酒)는 계속되었으며, 이를 단속하기 위해 일제의 조선총독부에서는 1916년 한층 강화된 주세령(酒稅令)을 공포하였다.

1934년에는 가양주 제조면허가 아예 폐지되면서 거의 명맥이 끊어지게 되었다. 집안 대대로 제조비법을 간직하여 가양주를 빚을 때 사용하던 재래식 누룩은 사라지고 일본으로부터 들어온 입국(粒麴)을 사용하여 대량으로 술을 제조하는 양조장들이 생겨나기 시작했다. 일제는 양조장에 대해 강제 통합작업을 벌였으며, 1930년대 말에는 전국에 4,000여 개의 양조장만 남았다.

해방 후에도 식량이 매우 부족한 상태에 있었기 때문에 쌀로 술을 빚는 것은 억제되었으며, 한동안 전통주는 생산되지 못하였다. 그러던 중 1986년 아시안게임과 1988년 서울올림픽을 계기로 외국에 대한민국을 알릴 필요성이 제기되어 전통주 발굴과 복원을 위한 노력이 시작되었다. 2010년대 들어 막걸리 열풍이 불면서 막걸리를 포함한 우리 전통주에 대한 사회적 관심이 높아졌으며, 지금도 여러 지역에서 예전의 전통주를 부활시키려는 노력이 계속되고 있다.

완전히 단절된 전통주를 복원하는 작업은 조선시대의 문헌이나 가문에 기록으로 남아있는 내용을 근거로 이루어지게 된다. 그러나 문헌에 나오는 제조법이 상세한 것도 아니고, 어려운 한자로 되어있는 것이 대부분이어서 100% 옛날 그대로 복원하기는 힘든 것이 현실이며, 1980년대 이후 짧은 실험기간을 거쳐 복원한 술이 옛날 품질 그대로의 것이라고 보장할 수도 없다.

특히 전통주의 품질을 좌우하는 것은 사용하는 누룩에 번식하고 있는 미생물인데, 같은 미생물이 아니면 같은 발효주를 만들 수 없다. 따라서 과거 가양주의 경우 새 술을 담글 때마다 옛 술을 조금씩 첨가하였다. 발효 미생물의 계승이 단절된 채 제조되고 있는 오늘날의 전통주들은 과거의 전통주를 모방하여 현대적으로 재탄생시킨 새로운 술이라고 하는 것이 맞을 것이다.

현재 주로 판매되고 있는 막걸리, 청주 등의 대부분은 예전부터 사용하던 재래식 누룩 대신에 순수 배양한 일본식 입국을 사용하고 있어 전통주로 보기 어렵다. 소주 역시 전통적인 증류식이 아닌 희석식으로 제조되고 있어 전통주로 보기 어렵고, 대부분의 과실주 역시 전통주와는 거리가 멀다.

　우리나라의 전통적 과실주는 멥쌀이나 찹쌀과 누룩을 과일이나 과즙과 함께 넣어 발효시키는 방법이었다. 그러나 요즘 대부분의 과실주는 과실에 당분을 섞어 발효하거나, 발효시킨 술덧에 과실즙, 주류 등을 혼합한 후 여과하여 만들고 있어 전통주라고 하기 어렵다. 증류주에 당분, 식물성 원료 등을 첨가하여 제조한 것도 과실주라고 부르는 경우가 있는데, 이는 담금술로서 전통적인 과실주와는 차이가 있다.

　그나마 어느 정도 과거의 전통주와 비슷한 것은 약주라고 할 수 있다. 〈식품공전〉에서는 약주를 "전분질 원료(발아 곡류 제외)와 국(麴), 식물성 원료, 물 등을 원료로 하여 발효시킨 술덧을 맑게 여과하여 제성한 것 또는 발효•제성 과정에 주정 등을 첨가한 것을 말한다"고 정의하고 있다.

　여기서 제성(製成)이란 제품의 규격에 맞도록 알코올 함량, 산, 아미노산 등의 성분을 조정하는 것을 말한다. 현재 생산되고 있는 일부의 전통주는 증류식 소주와 비슷한 방법으로 제조하지만, 증류 시 또는 증류 후에 당분, 식물성 원료, 추출물 등을 첨가하여 제조하며, 이것은 〈식품공전〉에 따르면 약주가 아닌 일반증류주 또는 리큐어(liqueur)로 분류된다.

일반적으로 생각하는 전통주와 주세법(酒稅法)에서 정의하는 전통주에는 차이가 있다. 주세법에서 정한 전통주를 요약하면 주류부문 무형문화재 보유자가 제조하는 주류, 주류부문 식품명인이 제조하는 주류, 농・어업경영체 및 생산자단체에서 직접 생산한 주류, 시・도지사의 추천을 받아 제조하는 주류 등을 말한다.

주세법에서는 주로 보호・육성과 산업진흥의 대상이 되는 범위를 정한 것이다. 전통주로 지정되면 주세(酒稅)가 일반 주류의 50%로 감면받게 되는 등 여러 혜택이 있다. 정부의 지원에 힘입어 2016년 기준으로 전통주 제조업체수는 872개가 등록되어 있으며, 가장 많이 생산되고 있는 것은 막걸리이다.

최근에 전통주에 대한 관심이 높아지고 있으나, 아직도 우리나라 전체 주류시장에서 전통주가 차지하는 비중은 1% 미만에 불과하다. 어렵게 복원된 전통주가 경영난 등의 이유로 사라지는 경우도 적지 않다. 전통주 중에서는 증류식소주가 어느 정도 인기가 있을 뿐이고 다른 종류의 술은 침체에 빠져 있다. 전통주 시장이 침체에 빠진 데에는 몇 가지 원인이 거론되고 있다.

첫째, 주류 시장에서 맥주, 와인, 일본술을 비롯한 외국산 주류 수입이 해마다 늘면서 상대적으로 전통주의 판매가 위축되었다.

둘째, 최근 소주의 알코올도수가 20% 이하로 낮아지고, 과일향을 첨가한 과일소주가 유행하면서 알코올도수 13~18% 정도의 전통주와 경쟁하게 되었고, 상대적으로 가격이 비싼 전통주의 매출이 감소하였다.

셋째, 대부분의 전통주 제조업체가 영세하여 종업원수 4인이하가 약 80%이며, 매출액은 약 70%의 업체가 연간 2억 원이하라는 점이다. 그 결과 제대로 된 연구개발이나 홍보가 불가능한 형편이다.

넷째, 전통주의 자격을 유지하기 위해서는 원형 보존이 필요하며, 원료도 국산만을 사용하는 제약이 있는데 이는 시대에 따라 변하는 소비자 요구에 대응할 수 없으며, 가격경쟁에서도 불리할 수밖에 없다.

이 외에도 다른 원인들이 있을 수 있으나, 각 원인들은 각각 별도로 작용하는 것이 아니라 복합적으로 작용하고 있으며, 이를 극복하기 위한 노력도 다각도에서 펼쳐지고 있다. 2012년부터 외국인 관광객이 많이 찾는 전국의 특급호텔 및 식당과 토속상품 등을 취급하는 도매상에서도 전통주 판매를 허용하였고, 2013년부터 농림축산식품부와 한국농수산식품유통공사에서 공동으로 시행하고 있는 '찾아가는 양조장'은 전통주 체험 프로그램과 접목한 관광상품으로 전통주를 홍보하고 있다.

2017년부터 전통주에 한해 온라인 판매를 허용하였다. 2018년에는 주세법 시행령이 개선되어 소규모 주류 제조업자는 자신이 운영하는 영업장에서 술을 마시는 고객에게만 판매할 수 있었던 것을 대형마트, 슈퍼마켓, 편의점 등 일반 유통점에서도 판매할 수 있게 되어 전통주의 판매가 활성화될 것으로 기대된다.

그러나 과거의 전통주는 판매나 유통을 고려하지 않고 제조되었으며, 가내공업적인 소량생산일 수밖에 없는 한계를 지니고 있었다. 따라서 전통주를 원형 그대로 보존하면서 현재의 다양한 국내외 술들과 경쟁하는 것은 사실상 불가능하다. 경제적으로 경쟁력을 갖추기 위해서는 '원형 그대로'라는 제약에서 벗어나 변화하는 상황에 맞추어 적응하고, 개선하여야 할 것이다.

현재 생산되고 있는 대부분의 전통주들은 원래 복원하려고 하였던 전통주와 같은 술이라고 말하기 어렵다. 그냥 각 지방의 특산품(特産品) 정도로 이해하는 것이 좋을 것이다. 비교적 이름이 알려져 있는 각 지방의 전통주는 다음과 같은 것이 있다.

◆ 서울/경기도

■ 삼해주: 삼해주는 12지(十二支) 가운데 돼지날(亥日)에 처음 술을 빚기 시
작하여 12일 간격이나 36일 간격으로 돌아오는 두 번째와 세 번째 해일
마다 덧술을 하여 빚었기 때문에 삼해주(三亥酒)라는 이름이 붙었다. 최
소 1개월, 길게는 3개월 이상 10~15℃ 정도의 저온에서 발효시키는 술로
서, 기온이 낮은 겨울철에서 봄까지 1년 사용량을 모두 만들었다.

　삼해주는 조선시대의 문헌에 가장 자주 등장하는 술로서『음식디미방』
을 비롯하여 여러 문헌에 수록되어 있다. 현재는 김택상 명인이 운영하는
삼해소주가(三亥燒酒家)에서 명맥을 잇고 있다. 서울 종로구의 북촌 한옥
마을에 있는 삼해소주가에서는 삼해주를 시음하고 전통주에 대한 강의
도 들을 수 있다.

■ 문배주: 문배주라는 이름은 야생 배인 문배의 향이 난다고 하여 붙여진
이름이나, 원료로서 문배가 사용되지는 않는다. 수수와 조를 원료로 사용
하여 밀로 만든 누룩으로 발효시킨 후 증류하여 제조한 소주이다. 원래는

평안도 지방에서 전승되던 향토주였으나, 6·25 전쟁 후 남한에 전해졌으며, 현재는 경기도 김포시에 있는 문배주양조원에서 생산하고 있다. 문배주양조원의 제품명은 '문배술'로 되어있다.

문배주양조원의 문배술은 2000년, 2007년에 이어 2018년까지 남북정상회담이 열릴 때마다 만찬주로 채택되어 일반인에게도 잘 알려진 술이며, 대형마트에서도 비교적 쉽게 구할 수 있다. 처음에는 알코올도수 40% 제품만 출시하였으나, 젊은 층이나 여성을 대상으로 도수를 낮춰서 23% 및 25% 제품도 출시하고 있다. 문배술은 수수를 주원료로 하였기 때문에 중국의 고량주(高粱酒)와 비슷한 향과 맛이 난다.

■ 부의주: 조선 시대의 여러 문헌에 소개된 술로서 경기도 지방에서 유래한 전통주이다. 밥알이 떠있는 모습이 마치 개미가 물에 떠있는 모습과 비슷하여 '뜰 부(浮)', '개미 의(蟻)'를 써서 부의주(浮蟻酒)라고 부른다. 부의주는 다른 술에 비해 술을 빚는 시간이 짧은 것이 특징이며, 빠르면 3일 만에 제조가 끝난다. 알코올도수는 6~10% 정도로 낮으며, 청주와 탁주의 풍미를 동시에 느낄 수 있다. 부의주는 경기도의 무형문화재로 지정되어 있으나, 경기도뿐만 아니라 전국에서 제조되고 있으며, 부의주라는 원래 이름보다 동동주라는 이름으로 더 잘 알려져 있다.

■ 옥로주: 옥로주는 원래 1880년경부터 경상남도 하동(河東)의 유씨 가문

에서 대대로 전수해 온 가양주였다. 1947년에 후손인 유양기(柳瀁琪)가 알코올도수 30%의 판매용 소주를 생산하면서 '옥로주(玉露酒)'라는 상표를 붙였다. 옥로주가 경기도의 특산품으로 알려지게 된 것은 유양기가 기능보유자로 지정된 1994년 당시에는 군포시 당정동에서 술을 제조하고 있었으므로 '군포당정옥로주(軍浦堂井玉露酒)'라고 불렸기 때문이다. 현재는 경기도 안산시 대부도에 있는 예도주가(藝道酒家)에서 생산하고 있다.

옥로주는 쌀과 함께 율무를 원료로 사용하는 것이 특징이며, 누룩을 만들 때에도 밀에다 율무와 약쑥을 혼합하여 사용한다. 알코올 함량은 40~45% 정도이며 단맛, 신맛, 떫은맛, 구수한맛, 쓴맛 등 다섯 가지 맛이 조화롭게 어울려 부드럽고 향긋한 풍미를 느낄 수 있다. 옥로주는 2000년 남북정상회담에서 만찬주로 사용되어 널리 알려지게 되었다.

■ 감홍로: 감홍로(甘紅露)는 '맛이 달고(甘) 붉은 빛깔(紅)을 띠는 이슬(露)같은 술'이라는 뜻이며, 감홍주(甘紅酒)라고도 한다. 고려시대 원나라를 통해 증류기술이 전해진 뒤 평양을 중심으로 한 관서지방에서 주로 생산되었다. 6·25 전쟁 때 남으로 피난 온 사람들에 의해 전해졌으며, 현재는 이기숙(李基淑) 명인이 경기도 파주시에 있는 '(주)감홍로'에서 생산하고 있으며, 알코올도수는 40%이다.

감홍로는 『고사십이집』, 『임원경제지』, 『동국세시기』 등의 문헌에 수록되어 있고, 『별주부전』이나 『춘향전』과 같은 소설에도 등장할 만큼 조선시대부터 유명한 술이나, 현재 생산되고 있는 감홍로는 문헌에서 전하는 내용과 다소 차이가 있다.

감홍로의 특징이 되는 선홍색은 지초(芝草)라고 하는 자줏빛 약재에서 유래되는 것인데, 지초가 많으면 술맛도 떨어지고 보관 중 갈변(褐變)되기 때문에 지초의 양을 줄여 지금은 붉은색이 아닌 황금색에 가까운 술이 되었다. 예전의 감홍로에서는 벌꿀을 첨가하여 알코올 함량이 많음에도 불구하고 맛이 달고 부드러웠으나, 현재에는 벌꿀이 원료에서 빠져서 단맛이 약하고 깔끔한 신맛이 강하다. 독특한 향이 있어 호불호(好不好)가 갈리는 술이다.

♦ 강원도

강원도에도 옥수수로 빚은 홍천(洪川)의 옥선주(玉鮮酒)를 비롯하여 여러 종류의 전통주가 있었지만 지금은 거의 생산되지 않고 있다. 강원도 횡성군에 본사와 공장이 같이 있는 국순당에서 '백세주'를 비롯하여 여러 종류의 전통주를 생산하고 있으나, 국순당은 전국적인 회사이기 때문에 강원도의 특산품이라 하기에는 부적합하다.

■ 백세주: 백세주(百歲酒)는 고려시대부터 빚기 시작하였고, 조선시대에 널리 유행한 약주로서 술 빛깔이 '흰 노을'과 같다하여 '백하주(白霞酒)'라는 이름이 붙은 술을 연구하다가 생쌀발효법이라는 발효방법을 알게 되어 탄생한 술이다. 1991년에 처음 시판되었으니 약 30년 정도 된 젊은 술이며, 전통주라고 부르기도 민망하다.

　백세주라는 이름은 이수광(李睟光)의『지봉유설(芝峯類說)』에 전하는 " 구기백세주"의 설화에서 따온 것이다. 백세주는 설갱미(雪粳米)라는 품종의 쌀을 주원료로 하고 인삼, 구기자, 오미자, 황기 등의 12가지 재료를 넣어 발효시킨다. 알코올도수는 13%이며, 약간의 단맛이 있고, 한약재 특유의 향이 있기 때문에 기피하는 사람도 있다.

◆ 충청도

■ 두견주: 진달래꽃을 한자로는 두견화(杜鵑花)라고 하며, 진달래 꽃잎과 찹쌀로 담근 술이어서 두견주(杜鵑酒)라고 한다. 진달래꽃은 우리나라를 대표하는 흔한 꽃이고, 전국의 각 지방에서 진달래꽃을 이용하여 술을 빚어왔으며, 『규합총서』를 비롯한 여러 문헌에 두견주 빚는 방법이 기록되어 있다. 그중에서 충청남도 당진시 면천면의 면천두견주(沔川杜鵑酒)가 역

사도 길고, 가장 유명하다.

면천두견주를 빚는 방법은 청주를 빚는 방법과 거의 같으며, 찹쌀로 고두밥을 만들 때 말린 진달래 꽃잎을 혼합한다는 점에서 차이가 난다. 진달래꽃의 빛깔이 그대로 술에 녹아들어 진한 담황색을 띠며, 단맛이 강하고 은은한 진달래 향이 난다. 알코올도수는 18%로 발효주로서는 높은 편이며, 약간의 점성(粘性)이 있다. 2018년 4월의 남북정상회담에서 문배주와 함께 만찬주로 사용되어 인기를 끌게 되었다.

■ 소곡주: 충청남도 서천군 한산면에서 만들어지는 전통주이다. 소곡주(素麯酒)라는 이름의 어원에 대해서는 여러 가지 설이 있으며 명확하게 밝혀진 것은 없다. 한자로는 '小麯酒(소곡주)' 또는 '小麴酒(소국주)'라고도 쓰며, 한번 맛보면 자리에서 일어설 줄 모른다고 하여 '앉은뱅이 술'이라는 별명이 있다.

현재 서천군에만 40여 곳의 양조장이 면허를 받아 소곡주를 빚고 있는데, 제조 방법이나 맛에서 차이가 있다. 소곡주는 찹쌀과 누룩을 주원료로 하고 국화, 메주콩, 생강, 홍고추 등을 부원료로 하여 발효시킨 후 100일간 숙성을 하여 만든다. 진한 발효향이 있으며, 신맛이 적고 단맛이 강하여 알코올도수가 다소 높음에도 마시기에 편하다. 약주인 소곡주의 알코올도수는 18%이며, 이를 증류하여 제조하는 43%의 리큐어 제품도 있다.

■ 백일주: 양조 기간이 100일 걸린다고 하여 백일주(百日酒)라는 이름이 붙었으며, 그 맛이 뛰어나 신선들이 마신다고 하여 신선주(神仙酒)라고도 불린다. 연안이씨(延安李氏) 가문의 며느리들에 의해 이어져 오던 것을 복원한 계룡백일주(鷄龍百日酒)가 가장 유명하며, 충청남도 공주시에 있는 계룡백일주라는 회사에서 생산하고 있다.

계룡백일주는 찹쌀, 백미, 누룩, 솔잎, 오미자. 진달래꽃, 국화꽃 등을 원료로 저온 발효시킨 알코올도수 16%의 발효주와 이를 증류하고 벌꿀을 첨가한 30%, 40%의 제품이 있다. 계룡백일주는 1999년 전국민속주품평회에서 대상을 수상하였으며, 2007년의 남북정상회담에서는 만찬주로 사용되어 유명해지게 되었다.

■ 인삼주: 인삼을 넣어 빚은 인삼주(人蔘酒)는 예로부터 약용주로 즐겨 마셨다. 전국에서 다양한 인삼주가 제조되고 있으나 대부분 증류주에 인삼을 넣어 추출하는 담금술이어서 전통주와는 거리가 멀다. 조선시대의 문신인 김문기(金文起)의 가문에서 전해져 오던 인삼을 이용한 가양주를 김문기의 16대손인 김창수(金昌秀)가 복원하여 금산인삼주에서 생산하는 인삼주는 5년근 이상의 인삼을 분쇄하여 쌀, 누룩 등의 원료와 혼합하여 발효시키는 전통적 방법으로 제조되는 약주이다.

금산인삼주는 연한 황갈색으로 인삼향이 강하며, 단맛보다는 신맛이 많이 느껴지고, 뒷맛으로는 미세한 쓴맛이 있다. 알코올도수는 12.5%

로 일반 발효주에 비하여도 낮은 편이다. 이를 증류한 알코올도수 23%, 43% 제품도 생산되고 있다. 2000년 서울에서 개최된 아시아유럽정상회의(Asia Europe Meeting, ASEM)의 공식 건배주로 채택되어 널리 알려지게 되었다.

◆ 부산/경상도

■ 금정산성막걸리: 금정산성(金井山城)은 부산광역시 금정구에 있으며, 금정산성막걸리의 유래는 알 수 없으나 조선 초기부터 이 지역의 화전민(火田民)이 생계수단으로 누룩을 빚기 시작한 데서 비롯되었다. 가난한 화전민들의 주요 생계수단이었기 때문에 일제강점기의 어려움 속에서도 명맥이 끊어지지 않았으며, 해방 후에도 밀주(密酒) 단속을 피하며 막걸리를 빚어왔다.

　대통령이 되기 이전부터 금정산성막걸리를 즐겨 마셨던 박정희 대통령은 1979년 부산시 순시를 왔을 때 합법적으로 허가해줄 것을 건의받고 양성화할 것을 지시하였다. 그 결과 1980년 대통령령으로 전통민속주(傳統民俗酒) 제도가 생기면서 금정산성막걸리는 민속주 제1호로 지정되었다.

금정산성막걸리의 특징은 누룩에 있다. 다른 대부분의 막걸리에는 일본식 배양균이 사용되지만, 금정산성막걸리는 밀을 반죽하여 베보자기에 싸서 발로 밟아 둥그렇고 납작하게 만든 후 짚을 깔고 1주 정도 두어 자연적으로 균이 붙도록 하는 전통적인 방법으로 제조한 누룩을 사용한다. 술 빚기에 적합한 온도와 습도가 유지되는 해발 400m의 청정환경과 원료로 사용되는 250m의 암반수 역시 금정산성막걸리의 품질에 영향을 준다.

금정산성막걸리의 알코올도수는 8%이며, 특유의 새콤한 맛에 그윽한 누룩향이 있어 전통 막걸리의 맛을 제대로 느낄 수 있다. 한 가지의 균이 아니라 여러 종류의 균이 붙은 누룩을 사용하기 때문에 금정산성막걸리의 맛은 다양하고 오묘하다. 또한 누룩에 붙는 균의 종류가 계절마다 다르기 때문에 계절마다 미세한 맛의 차이가 있다. 살균을 하지 않기 때문에 유통기한은 제조일로부터 10일로 짧다.

■ 법주: 법주라는 이름이 처음 등장한 것은 6세기 초 중국의 가사협(賈思勰)이 작성한 『제민요술』의 기록이며, '일정한 방법에 따라 정해진 날에 빚는 술'이라는 뜻에서 법주(法酒)라는 이름이 붙었다. 현재 생산되고 있는 법주로는 경주법주(慶州法酒)와 교동법주(校洞法酒)가 유명하다.

경주법주는 대구광역시 달서구에 있는 금복주에서 생산되는 술이며, 전국적으로도 이름이 꽤 알려진 법주로서 주로 제례용으로 판매된다. 쌀을 원료로 발효시킨 청주이며, 알코올도수는 13%이다. 경주법주는 우리나라를 대표할 전통주를 개발하라는 박정희 대통령의 지시로 금복주와 국세청 기술연구소가 함께 개발하여 1972년에 탄생한 술이다.

1974년에 미국의 포드(Gerald Rudolph Ford, Jr.) 대통령이 방한하였을 때 환영 만찬회에서 사용되어 유명해졌으며, 당시에는 아직 전통주의 제조 및 판매가 허용되지 않았던 시절이었으므로 유일한 전통주로서 빠르게 성장하였다. 금복주의 경주법주는 이름만 경주법주이지 경주에서 생산되지도 않고, 전통성도 결여되어 전통주라고 하기엔 애매하다.

원래 경주에는 경주최씨(慶州崔氏) 문중에서 대대로 이어오던 가양주가 있었다. 이 가양주를 복원한 것이 교동법주이며, 금복주에서 이미 경주법주라는 이름을 사용하고 있어서 교동법주라고 하였다. 교동법주의 제조장은 경주시 교동(校洞)에 있다. 교동법주는 밀로 빚은 누룩과 찹쌀로 밑술을 만들고, 다시 찹쌀밥을 넣어 덧술을 빚는 방식으로 약 100일 동안 발효·숙성시켜 제조하게 된다.

알코올도수는 16~17% 정도이며, 살균을 하지 않은 그대로 팔기 때문에 유통기한이 짧아 냉장에서 30일 정도이다. 공장은 없고 고유의 방식으로 최씨 가족들만으로 조금씩 빚기 때문에 시중에서는 구할 수 없고, 직접 방문하거나 인터넷으로 구매하여야 한다.

■ 과하주: 과하주(過夏酒)는 한자로 '지날 과(過)', '여름 하(夏)', '술 주(酒)'를 사용하며, '여름을 나는 술'이란 뜻이다. 우리나라의 일반 전통주는 곡식, 누룩, 물을 기본원료로 하여 발효시키는 발효주이며, 알코올 함량은 20% 미만으로서 습기가 많고 온도가 높은 여름에는 부패되기 쉬운 단점을 지니고 있다. 과하주는 일반적인 발효주에 증류주인 소주를 넣고 다시 발효시켜 알코올 함량을 높임으로써 저장성을 좋게 한 술이다.

과하주는 전국적으로 빚어졌으나, 경상북도 김천의 과하주가 가장 유명하였다. 다른 지방의 과하주는 소주를 첨가하는 이양법(二釀法)으로 제조하나 김천의 과하주는 단양법(單釀法)으로 제조하며, 알코올 함량이 13~14% 정도에 불과하나 봄에 빚은 것을 가을까지 두고 마셨을 정도로 보존성이 좋았다. 그 이유는 술을 빚는데 사용한 물의 차이로 추정되며, 김천 과하주의 특징이다. 김천에는 금릉주천(金陵酒泉) 또는 과하천(過夏泉)이라고 불리는 유명한 우물이 있으며, 과하주는 이 우물의 물로 빚었다.

과하주는 대부분의 전통주가 명맥이 끊긴 일제강점기에도 일본인과 합자로 세운 김천주조주식회사에서 대량생산체계를 갖추고 1928년부터 생산을 하였다. 제2차 세계대전으로 생산이 중단되었다가 해방 후에는 가내양조 규모로 생산을 재개하였으나, 6·25 전쟁으로 다시 생산이 중단되었다.

88서울올림픽을 계기로 과하주가 경상북도 무형문화재로 지정되어 부활하게 되었다. 현재는 김천시 대항면에 있는 제조장에서 생산 및 판매를 하고 있다. 김천 과하주는 알코올도수 16%의 약주와 23%의 기타주 2종이 있으며, 23% 제품은 약주에 소주를 첨가한 일반적인 과하주 제조 방법과 같은 방법으로 제조하였다.

■ 안동소주: 우리나라에는 고려시대 원나라를 통하여 소주가 전래되었으며, 경상북도 안동시는 고려시대 원나라의 군대가 주둔하였던 곳으로 일찍부터 소주가 발달하였다. 다른 전통주와 마찬가지로 일제강점기에 명맥이 끊겼으며, 1988년 서울올림픽을 계기로 옛 문헌을 토대로 복원한 것이다.

현재 안동소주는 1987년 경상북도 무형문화재로 지정된 조옥화(趙玉花) 명인의 '민속주 안동소주', 1995년 농식품부 식품명인으로 지정된 박재서(朴栽緖)의 '명인 안동소주' 외에도 '일품 안동소주', '로열 안동소주', '양반 안동소주', 금복주의 '안동소주' 등 여러 곳에서 생산되고 있다. 안동소주는 알코올 함량이 45%로 매우 높지만 맛이 부드럽고 향이 은은한 것이 특징이다. 저알코올을 선호하는 현대인의 기호에 맞추어 기존 45% 제품 외에 35%, 22%, 19%의 제품도 판매되고 있다.

■ 솔송주: 송순주(松筍酒), 송엽주(松葉酒), 솔주, 송주(松酒) 등의 이름으로 전국의 여러 지방에서 만들고 있으나, 경상남도 함양군에 있는 명가원(名

家園)에서 생산하고 있는 솔송주가 가장 유명하다. 본래 이름은 송순주였으나, 1996년에 주조허가를 신청할 때에 솔송주라고 하였다. 송순주는 조선 전기 성리학의 대가였던 정여창(鄭汝昌)의 집안에 대대로 내려온 가양주이며, 솔잎을 넣어 빚은 약주이다.

명가원의 솔송주는 정여창 가문의 며느리이며, 2005년에 명인이 된 박흥선이 빚고 있으며, 알코올도수 13%의 약주와 40%의 증류주가 있다. 솔송주는 솔잎과 소나무의 새순인 송순(松筍)을 쪄서 고두밥과 함께 밑술에 섞어서 발효시키며, 은은한 솔 향과 부드러운 목넘김이 특징이다. 2007년 남북정상회담의 공식 만찬주로 사용되기도 하였다.

■ 초화주: 오래된 전통주로서 조선시대에는 여러 문중에서 빚었으나, 일제강점기를 거치면서 모두 명맥이 끊겼고, 예천임씨(醴泉林氏) 가문에서만 전해져 왔다. 쌀과 누룩 외에 부원료로 후추, 꿀을 비롯하여 당귀, 황기, 오가피 등의 각종 한약재를 넣어 빚은 전통주로 후추(椒)와 꽃(花) 속의 꿀이 들어간다 하여 초화주(椒花酒)라는 이름이 붙여졌다.

초화주는 예천임씨 시조 임춘(林椿)의 31대손인 임증호가 대표로 있는 경상북도 영양군의 영양장생주에서 생산하고 있다. 영양장생주의 초화주는 증류주로서 알코올도수 41%인 도자기병과 30%인 유리병 두 가지 제품이 있으며, '술 주(酒)' 대신에 '전국술 주(酎)'를 사용하여 '초화주(椒花酎)'라고 표기하고 있다. 2000년 서울에서 열린 아시아유럽정상회의(ASEM)에서 공식 만찬주로 사용되어 더욱 유명해졌다.

◆ 전라도

■ 송화백일주: 소나무 꽃가루인 송화(松花)를 넣어 빚은 뒤 100일 동안 숙성 시켜 만든다 하여 송화백일주(松花百日酒)라는 명칭이 붙었다. 전라북도 완주군 모악산(母岳山)에 있는 사찰인 수왕사(水王寺)에서 전해져 온 전통 주이다. 조선 중기의 승려 진묵대사(震默大師)가 수왕사에서 수도할 때 고 산병(高山病) 예방을 목적으로 빚기 시작하여 그 제조법이 수왕사의 주지 들에게 전승되었다고 한다. 12대 전수자이며 수왕사의 주지인 벽암(碧岩) 이 1994년에 민속주 명인 제1호로 지정되었다.

사찰 법주(法酒)인 송화백일주를 만드는 방법은 수왕사 절벽의 바위틈 에서 흘러내려 오는 약수(藥水)를 사용하여 주원료인 찹쌀, 멥쌀, 누룩, 송홧가루, 솔잎 등을 혼합하여 발효시키고, 이를 증류시켜 얻은 증류주 에 산수유, 오미자, 구기자, 국화, 당귀, 하수오, 감초 등을 혼합하여 100 일간 저온 숙성시켜 제조한다. 100일이면 송화백일주가 완성되나 3년간 장기 숙성시키면 맛과 향이 더욱 원숙해진다. 송화백일주의 알코올 함량 은 38%이다.

벽암은 송화백일주가 흔히 유통되는 술이 되는 것을 원치 않았으나, 1998년 민속주품평회에서 대통령상을 받는 등 유명해지면서 맛을 보고 싶어 하는 사람이 계속 찾아와서 산 밑에 따로 송화양조라는 양조장을 내 고 속가 아들인 조의주가 공장장으로 관리하고 있다. 송화양조는 상업화에 큰 관심이 없으며, 송화백일주는 1년에 두 번 빚어 약 2,000병 정도만 생산되고 있으므로 미리 예약하지 않으면 구하기 쉽지 않다.

■ 이강주: 전라북도 전주시의 특산물인 이강주는 배(梨)와 생강(薑)을 주재료로 하였기 때문에 이강주(梨薑酒)라는 이름이 붙었으며, 다른 이름으로는 이강고(梨薑膏)라고도 한다. 조선 중기부터 전라도와 황해도에서 제조되었던 명주(名酒)이며, 현재 조정형 명인의 전주이강주에서 생산하고 있는 이강주는 한양조씨(漢陽趙氏) 가문에서 빚어오던 가양주를 복원한 것이다.

이강주의 제조 방법은 쌀과 누룩으로 빚은 발효주를 증류하여 얻은 소주에 배즙을 비롯하여 생강, 계피, 울금(鬱金), 꿀 등을 첨가한 후 1개월 이상 숙성하여 만든다. 원료 중에 전주의 특산물인 울금이 들어가는 것이 특징이며, 계피의 향이 강하고, 생강에서 오는 매콤한 맛과 배의 시원한 맛을 느낄 수 있다. 전통적인 알코올도수 25%의 제품 외에 많은 사람들이 즐길 수 있도록 19% 및 38%의 제품도 생산하고 있다.

■ 죽력고: 대나무가 많은 호남지역의 향토주이며, 푸른 대나무를 구울 때 나오는 진액인 죽력(竹瀝)을 넣어 만들었기 때문에 죽력고(竹瀝膏)라는 이름이 붙었으며, 술 맛이 좋아 조선시대 상류사회에서 즐겨 마시던 고급주였다. '술 주(酒)'가 아닌 '기름 고(膏)'가 사용된 것은 한자 膏(고)에는 '기름'이

라는 일반적인 뜻 외에 '약재를 진하게 고아서 만든 약'이라는 뜻도 있으
며, 죽력고는 원래 한방약으로 사용되기도 하였기 때문이다.

현재 태인합동주조장에서 생산되고 있는 죽력고 역시 다른 전통주와
마찬가지로 제조 방법의 전수가 거의 단절되었으나, 2012년에 명인으로
지정된 송명섭이 옛 문헌을 참고하여 복원한 것이다. 죽력고는 일반적인
방법으로 빚은 술덧에 죽력, 솔잎, 계피, 생강, 댓잎, 석창포(石菖蒲) 등을
넣고 증류하여 제조하며, 알코올도수는 32%이다.

■ 홍주: 전라남도 진도군의 향토주이며, 증류할 때에 지초(芝草)를 통과하여
붉은 색이 나기 때문에 홍주(紅酒)라는 이름이 붙었으며, 지초주(芝草酒)
라고도 한다. 지초는 자초(紫草) 또는 자근(紫根)이라고도 하며, 우리나라
에 자생하는 식물로서 예로부터 민간요법의 약재로 사용되기도 하고, 뿌
리가 자줏빛을 띠어 천연염료로 사용되기도 하였다.

고려시대부터 제조된 진도의 홍주는 임금에게 진상되었던 명주로서 미
(味), 향(香), 색(色)을 고루 갖춘 최고의 술로 꼽혔다. 1994년에 전라남도
무형문화재 제26호로 지정된 후 진도의 여러 업체에서 제조하고 있다. 홍
주는 전통적인 증류식 소주를 만드는 방법으로 제조되어 알코올도수가
높은 편이며, 지초로 색과 맛을 내기 때문에 소주가 아닌 리큐어로 분류
된다. 마실 때는 향긋하면서 뒷맛은 달콤하며, 알코올도수는 높지만 자극
적이지 않고 목넘김이 깔끔하다.

■ 추성주: 추성주는 전라남도 담양군 지역에서 전승되던 향토주이다. 지금의 담양군 지역은 예전에는 추성군(秋成郡)이었기 때문에 추성주(秋成酒)라고 불리게 되었다. 원래는 고려 초기에 창건된 연동사(煙洞寺)라는 절의 스님들이 절 주변에서 자라는 여러 가지 약초를 넣고 빚은 술이 주변 민가에 전해진 것으로서, 처음에는 발효주로 알코올도수가 높지 않았을 것이나, 고려 말에 증류기술이 전해지면서 알코올도수가 높은 증류주로 변하였을 것으로 추정된다.

일제강점기를 거치면서 명맥이 끊어진 것을 양대수 명인이 복원하여 추성고을이라는 양조장을 운영하면서 생산하고 있다. 추성주는 오미자, 구기자, 상심자, 갈근, 두충, 산약, 연자육, 우슬, 육계, 의이인, 창출 등 10여 가지의 약재가 사용되는 약주이지만 법적으로는 일반증류주로 분류되는 술로서 알코올도수는 25%이다. 추성주는 황금색을 띠고 누룩의 향을 느낄 수 있으며, 약간의 단맛에 알싸한 맛이 있어 한약에 거부감이 없는 사람들이 좋아할 만한 술이다.

◆ 제주도

■ 오메기술: 오메기는 좁쌀의 제주도 방언이며, 오메기술은 좁쌀로 만들어

진 술이라는 뜻이다. 쌀이 귀했던 제주도에서는 예로부터 쌀 대신에 좁쌀로 술을 빚기 시작했고, 제주도의 전통주가 되었다. 오메기술을 제조하는 방법은 기본적으로 청주나 막걸리를 빚는 방법과 같으며, 다만 원료가 쌀 대신에 차조(찰기가 있는 조) 가루를 반죽하여 만든 오메기떡이라는 차이가 있을 뿐이다.

오메기술은 민가에서 기록도 없이 전해지던 술로서 일제강점기에도 밀주(密酒)로 제조되어 간신히 유지될 수 있었다. 전통주 복원 사업이 이루어지며 1990년에 제주도무형문화재로 지정되었으며, 현재는 서귀포시 표선면 성읍리 '성읍민속마을'에 있는 '술 다끄는 집'에서 오메기술을 빚고 있다.

'다끄다'는 '빚는다', '담근다'라는 뜻을 가진 제주도 방언이다. 이곳의 전통 오메기술은 좁쌀, 누룩, 물 이외는 사용하지 않으며 알코올도수는 12%이다. 시중에 판매되고 있는 오메기술에 비해 새콤하고 달콤한 맛이 강렬한 편이다. 강경순 명인의 오메기술은 '술 다끄는 집'에 가야만 체험할 수 있다.

일반 시중에서 판매되고 있는 오메기술은 김숙희(金淑嬉) 대표가 운영하는 제주시 애월읍에 있는 제주샘영농조합법인에서 생산한 것이다. 제주샘영농조합법인은 정식 이름보다 '제주샘酒'라는 브랜드명이 더 알려져 있다. 제주샘의 오메기술은 원료로 좁쌀 외에 쌀, 조릿대, 감초, 청호(靑蒿) 등을 사용하고, 누룩과 함께 일본식의 입국(粒麴)을 사용하는 등 전통주와 차이가 있다. 바닐라향이나 과일향과 유사한 독특한 향미가 있어 마시기에 부드러우며, 알코올도수는 13%이다.

■ 고소리술: 고소리는 소주를 내리는 기구인 소줏고리를 뜻하는 제주도 방언이며, 고소리술은 오메기술을 증류하여 얻는 증류주이다. 고소리술은 증류 후 최소 1년 이상의 숙성을 거쳐 완성된다. 고소리술은 1995년에 제주도무형문화재로 지정되었다.

성읍민속마을 내에 있는 '제주술익는집'을 방문하면 시음 및 견학이 가능하고 택배주문도 가능하다. 전통적인 방법으로 제조하기 때문에 대량 생산이 어려우며, 이곳의 고소리술은 알코올도수가 40%로 높음에도 불구하고 장기 숙성으로 인하여 목넘김이 부드럽고 달콤한 과일향이 입안에서 퍼지는 느낌이다.

일반 시중에서 판매되고 있는 고소리술은 김숙희 대표가 운영하는 제주샘영농조합법인에서 생산된 것이며, 알코올도수 29%와 40%의 두 종류가 있다. 같은 회사의 오메기술과 마찬가지로 전통주의 맥을 이었다기보다는 전통주를 현대적으로 응용한 제품이라 하겠다. 은은한 향이 입안에 오래 남고 목넘김이 부드럽다. 천연감미료인 스테비올배당체를 첨가하여 약간의 단맛을 느낄 수 있다.

17.
중국술

    중국술이라 하면 중국에서 생산되는 모든 술을 의미하지만 보통은 와인, 맥주 등 최근에 서양의 영향을 받아 생산되기 시작한 술은 제외하고 중국에서 전통적으로 생산해 오던 술을 의미한다. 예전에는 중국집에서 마시던 고량주 또는 배갈이라고 불리던 술이 거의 전부였으나, 요즘은 다양한 중국술을 접할 기회가 많아졌다. 아직은 위스키나 포도주와 같은 서양의 술에 비하여 그 비중이 적기는 하나, 1992년의 한중수교 이후 중국과의 교류가 급증하면서 중국술의 수입도 증가하였고, 여행객의 휴대품에서도 중국술이 늘어나고 있다.

    중국은 인류문명의 4대 발상지 중 하나인 만큼 술의 역사도 매우 오래되었다. 1983년 산시성(陝西省) 메이현(眉县) 양지아춘(杨家村)의 신석기시대 유물에서 술 전용 도기(陶器)가 출토되어 대략 기원전 4,000년경부터 술을 빚었다고 추정된다. 중국술에 대한 가장 오래된 기록은 전한(前漢)의 유향(劉向)이 지은 『전국책(戰國策)』에 나오는 "의적(儀狄)이 술을 맛있게 빚어 우왕(禹王)에게 올렸다"는 내용이다.

중국에서 술을 처음으로 만들었다고 숭배되는 인물은 두캉(杜康)이다. 지금도 그의 고향인 허난성(河南省) 루양현(汝阳县)에는 그의 업적을 기리는 기념관이 있고, 매년 술의 시조로 모시는 제사가 행해지고 있다. 그러나 그의 출생 및 사망 연도는 알려지지 않았으며, 황제(黃帝) 시절에 요리를 담당하던 주방장이었다고도 하고 하(夏)나라 때의 사람이었다고도 한다.

고대부터 빚어오던 중국의 술은 발효주였으며, 증류주의 제조기술이 전해진 것은 송(宋)나라 말기인 13세기 말로 여겨지고 있다. 맥주, 와인 등 서양식 발효주의 제조 방법이 전해진 것은 청(淸)나라 말기인 19세기 말이었다. 1903년에 산둥성(山东省) 칭따오(青岛)에서 독일인이 세운 맥주회사가 기원이 된 '칭타오맥주(Tsingtao beer)'는 세계적으로 유명하여 미국이나 유럽에서도 쉽게 발견할 수 있다.

중국의 전통주는 지방마다 한두 개 정도의 특산주가 있을 정도로 술의 종류가 매우 많으며, 크게 백주, 황주, 약주, 과실주 등으로 구분할 수 있다.

■ 백주(白酒): 백주는 증류식 주조법이 전해진 후 생산되기 시작하였으며, 증류주인 관계로 무색투명하여 백주(白酒)라는 이름이 붙었다. 중국식 발음으로는 '바이쥬(báijiǔ)'라고 하며 수수, 옥수수, 밀, 보리, 쌀 등의 곡류를 발효시켜 만든 양조주를 증류하여 제조한다. 곡류 중에서도 수수가 주로 사용되며, 중국어로 수수를 고량(高粱)이라고 하기 때문에 고량주(高粱酒)라고도 한다.

백주는 '샤오쥬(烧酒)' 또는 '빠이깐(白干)'이라고도 한다. 우리나라에서는 '배갈' 또는 '빼갈'이라고도 하는데, 이는 빠이깐의 중국 동북부 방언인 '빠이깔(白干儿)'이 산둥지방을 거쳐 우리나라에 전파되면서 변한 말이다. '白干儿'은 번체로는 '白乾兒'라고 쓰며, 따라서 우리나라에서는 백주를 '백건아'라고 지칭하는 경우도 있다.

백주는 증류주이기 때문에 알코올 함량이 30%를 넘는 것이 보통이며, 70% 이상인 것도 있다. 일반적으로는 50~60% 정도인 것이 많아 매우 독한 것이 특징이다. 요즘은 현대적 취향에 맞게 40% 정도의 제품도 많이 판매되고 있다. 알코올 도수가 높은 것에 비하여는 목넘김이 매우 부드럽고, 취하는 속도는 느리지만 어느 순간에 급격히 취하게 되는 특징이 있다. 백주는 전체 중국술의 약 80%를 차지하는 중국을 대표하는 술이다.

백주는 사용하는 누룩(曲)의 종류에 따라 크게 대곡주(大曲酒)와 소곡주(小曲酒)로 나뉜다. 따취(大曲, dàqū)는 밀, 보리, 완두 등을 원료로 우리나라의 메주와 같이 덩어리로 만들어 자연상태에서 발효시켜 만든 누룩을 말한다. 발효시킬 때에 고온이 발생하며, 중국의 북방이나 쓰촨성(四川省)처럼 비교적 기후가 서늘한 지방에서 주로 생산된다. 대곡주는 발효기간이 길고 투입되는 노동량에 비해 얻는 술의 양이 적다는 단점이 있으나, 다양한 미생물이 작용하여 술의 향미가 좋아지는 장점이 있다. 대부분의 명주(名酒)는 모두 대곡주이며, 가격도 비싸다.

샤오취(小曲, xiǎoqū)는 주로 쌀을 원료로 하여 동그란 환약보다 조금 큰 덩어리로 한 다음 누룩균을 접종하여 만든다. 중국 남쪽의 습하고 더운 지역에서 주로 생산된다. 소곡주는 발효기간이 짧고 대곡주에 비해 많은 양의 술을 만들 수 있으나, 대곡주에 비해 향과 맛이 다소 떨어지는 편이다.

백주는 사용한 누룩, 밑술을 빚는 방식, 증류하는 방식 등에 따라 술의 향이 달라지며, 향의 유형에 따라 농향형, 장향형, 청향형, 미향형, 혼합향형 등으로 구분하기도 한다.

농향형(濃香型/浓香型)은 꽃향, 과일향 등 깊고 풍부한 향이 특징이며 뒷맛이 오래 남는다. 쓰촨성(四川省)과 장쑤성(江苏省) 일대에서 주로 생산된다. 우량예(五粮液), 지엔난춘(剑南春), 양허다취(洋河大曲), 구징궁쥬(古井贡酒) 등의 술이 이에 해당한다.

장향형(醬香型/酱香型)은 간장에서 느낄 수 있는 것과 같은 효모에 의한 독특한 향이 특징이며, 개성 있는 향 때문에 호불호(好不好)가 갈리는 술이다. 마오타이쥬(茅台酒)가 대표적인 장향형 백주이기 때문에 모향형(

茅香型)이라고도 한다.

청향형(淸香型)은 순수한 알코올의 향에 가깝고, 혓바닥과 콧구멍을 자극하는 산뜻한 맛이 특징이다. 펀쥬(汾酒)가 대표적인 청향형 백주이기 때문에 분향형(汾香型)이라고도 한다.

미향형(米香型)은 쌀을 주재료로 만든 백주여서 뒷맛으로 단맛이 느껴지는 백주이며, 밀향형(蜜香型)이라고도 한다. 광시성(广西省)의 구이린산화쥬(桂林三花酒)가 이에 해당한다.

혼합향형(混合香型)은 위의 4개 유형의 향이 복합적으로 나며, 겸향형(兼香型)이라고도 한다. 시펑쥬(西凤酒), 둥쥬(董酒) 등이 이에 해당한다.

■ 황주(黃酒): 황주는 중국의 전통주인 양조주이며, 백주와 함께 중국을 대표하는 술이다. 기본적으로는 우리나라의 청주(淸酒)와 같은 방법으로 술을 빚은 후 거른 것이며, 술에 색이 있으므로 맑고 투명한 백주와 대비하여 황주라고 부른다. 황주의 색상은 맑은 미황색(微黃色)에서 탁한 적황색(赤黃色)까지 다양하고, 붉은색을 띤 것은 홍주(紅酒)라고 부르기도 한다. 홍주는 주로 중국 남방의 저장성(浙江省), 푸젠성(福建省) 및 타이완(台灣) 등에서 생산된다.

황주는 쌀이 많이 나는 양쯔강(扬子江) 이남에서 주로 생산된다. 남쪽 지방에서는 쌀을 원료로 사용하지만, 북쪽 지방에서는 주로 수수, 좁쌀, 기장 등 잡곡류를 원료로 사용한다. 발효주이기 때문에 알코올 함량은 많지 않아 20% 이하인 것이 대부분이며, 보통 15% 전후이다. 황주 중에서 대표적인 것으로는 사오싱쥬(紹興酒)가 있다.

■ 약주(藥酒/药酒): 약주는 백주 또는 황주에 한방약재, 꽃, 과일 등을 넣고 함께 증류시켜 독특한 맛과 향을 낸 술이며, 중국어 발음은 '야오쥬(yàojiǔ)'이다. 몸에 좋은 술이므로 보건주(保健酒)라고 부르기도 한다. 알코올 함량은 20~50% 정도이며, 대표적인 것으로는 주예칭쥬(竹叶青酒)와 우쟈피쥬(五加皮酒)가 있다.

■ 과실주(果實酒/果实酒): 중국어로는 '꿔시쥬(guǒshíjiǔ)'라고 하며, 과일을 원료로 제조된 술로서 포도주가 일반적이다. 전통적인 과실주는 과즙에 쌀과 누룩을 섞어서 만들었다. 쌀과 함께 누룩을 넣은 것은 과일에 부족한 당분을 보충하기 위해 쌀의 전분질을 누룩의 작용으로 당화시키기 위한 것이었다. 과즙만을 사용하는 서양식 과실주 제조법은 청나라 말에 서양의 압력으로 문호를 개방한 이후에 도입되었다. 과실주의 알코올 함량은 15~20% 정도이다.

중국에는 흔히 '8대명주', '10대명주' 등으로 불리는 술이 있다. 중국에 명주(名酒)라는 이름이 생겨난 것은 전국평주회(全國評酒會)라는 술 평가대회에서 비롯되었다. 전국평주회가 처음 실시된 것은 1952년이었으며, 그 후 1963년, 1979년, 1984년, 1989년 등 모두 5차례 실시되었다.

　제1회 전국평주회는 국가연초전매국(國家煙草專賣局) 주관으로 실시되었으며, 체계적인 절차와 기준이 없이 시장의 평판에 따라 마오타이쥬(茅台酒), 펀쥬(汾酒), 루저우따취(泸州大曲), 시평쥬(西凤酒) 등 4종의 백주를 명주로 선정하였다. 이때에 백주 4종 외에 황주와 포도주의 명주도 선정하였으나, 보통 '8대명주' 등을 말할 때에는 백주 중의 명주를 의미한다.

　1963년의 제2회 전국평주회는 국무부(國務部) 경공업부(輕工業部)가 주관하였고, 품평규칙을 정하여 지방에서 예선을 거쳐 올라온 196종 가운데 18종을 명주로 선정하였으며, 이 중 백주는 제1회의 4종에 새로 4종이 추가된 8종이었다. 새로 추가된 4종은 우량예(五粮液), 구징궁쥬(古井贡酒), 췐싱따취(全兴大曲), 둥쥬(董酒) 등이다. 이 당시 제1회 때의 명주인 루저우따취(泸州大曲)는 루저우라오쟈오(泸州老窖)로 명칭이 변경되어 있었다.

　1979년의 제3회 품평회에서는 제2회의 8대명주 중에서 시평쥬(西凤酒)와 췐싱따취(全兴大曲)가 빠지고, 새로 지엔난춘(剑南春)과 양허따취(洋河大曲)가 포함되었다. 1984년의 제4회 품평회에서는 제3회 때에 탈락하였던 2종이 복귀하고, 새로 3종이 추가되어 13종이 명주로 선정되었다.

1989년의 제5회 품평회에서는 다시 4종이 추가되어 모두 17종이 명주로 선정되었다. 이처럼 명주가 바뀌거나 숫자가 계속 늘어나게 된 이유는 한번 명주(名酒)라는 칭호를 얻게 되면 유효기간 없이 계속 사용할 수 있고, 매출에 절대적으로 유리하기 때문에 각 주류 회사에서 필사적인 노력을 하였기 때문이다.

　　1989년의 제5회 품평회는 전쟁에 가까운 치열한 경쟁과 로비가 넘쳐났다. 당시 심사위원 중 한 사람은 "각 방면을 통해 들어오는 압력 때문에 좌불안석이었다"고 말하기도 하였다. 이 품평회는 대회가 끝난 후에도 고소와 소송이 이어졌으며, 그 후유증으로 중국 국무원(國務院)에서 술 품평회 활동을 금지하게 되었다.

　　제5회 품평회 이후 전국 단위의 품평회는 사라졌지만 지금도 매년 '올해의 10대명주' 등이 발표되고 있다. 그러나 이것은 공신력이 없는 자료이며, 마케팅 차원에서 발표하고 있는 것일 뿐이다. 중국의 '8대명주'라고 하면 보통 제2회 품평회에서 발표된 8종을 말하지만, 수상 경험이 있는 모든 술이 서로 자기가 '8대명주'라고 주장하고 있다.

　　중국에는 전국적으로 5,000여종의 술이 있으며, 각 지방마다 자기 지방의 술이 최고라는 자부심을 가지고 있다. 명주에 대한 평가는 사람마다 의견이 다르고, 이름이 널리 알려진 유명한 술이 아니어도 좋은 술은 얼마든지 있다. 오히려 유명한 술의 경우에는 모조품인 가짜 술도 많이 있어 구입할 때 주의가 필요하다. 중국술 중에서 비교적 널리 알려져 있고, 좋다는 평판을 받는 술로는 다음과 같은 것들이 있다.

■ 마오타이쥬(茅台酒, máotáijiǔ): 우리나라에서 '마오타이주' 또는 '모태주'라고 부르는 이 술은 '국주(国酒)'라고 불릴 만큼 중국을 대표하는 술이다. 구이저우성(贵州省)의 마오타이전(茅台镇)에서 생산되기 때문에 마오타이(茅台)라는 이름이 붙은 백주이다. 마오타이전 이외의 곳에서 생산할 때에는 같은 원료로 동일 공정에서 만들어도 본래의 맛이 나지 않기 때문에 마오타이전에서만 생산되고 있다.

마오타이주는 수수를 원료로 9~10개월 동안 발효시키고, 7~9회 증류한 다음 3년 이상의 숙성과정을 거치며, 와인과 같이 수십 년 된 것도 있다. 다른 중국술과는 달리 정성스럽고 복잡한 제조공정을 거치기 때문에 맛과 향이 상당히 진하고, 대표적인 장향형 술로 여러 가지 성분의 향이 느껴지는 것이 특징이다. 품질에 따라 가격 차이가 심하여 저렴한 가격의 보급형도 있는 반면에 명품 위스키에 맞먹는 수억 원의 고급품도 있다. 원래는 알코올 함량이 60%가 넘는 술이었으나, 최근에는 40% 정도로 낮춘 것이 일반적이다.

■ 우량예(五粮液, wǔliángyè): 우량예는 마오타이주와 쌍벽을 이루는 유명한 술로서 '국가명주(国家名酒)'라는 별칭이 있으며, 마오타이주와 마찬가지로 중국의 국가지도자들이 외국의 손님이 왔을 때 만찬주로 자주 사용한다. 쓰촨성(四川省)의 이빈(宜宾)에서 생산된다. 쓰촨성은 수질이 좋고 풍부하여 예로부터 품질 좋은 전통주가 많이 만들어지던 곳이다.

이빈에 정착한 소수민족인 이족(彝族)이 다양한 곡물을 섞어서 빚었던 술이 우량예의 기원이라고 한다. 명(明)나라 초기에 진(陳)씨 가문에서 이빈의 특산물인 전통주를 기반으로 쌀, 찹쌀, 수수, 옥수수, 밀 등 5가지 곡식을 원료로 사용한 우수한 품질의 백주를 개발하고 '자리앙쥬(杂粮酒)'라고 이름을 붙였다. 청(清)나라 때 진씨 가문은 대가 끊어지게 되고, 자리앙쥬 제조 방법은 등지쥔(邓子均)이라는 사람에게 전해져서 더욱 개선되었으며, 20세기 초에 '오곡(五穀)의 정수(精髓)'란 뜻의 우량예(五粮液)로 이름이 변경되었다.

오량액(五糧液)은 짙은 과일향을 내는 대표적인 농향형의 백주이다. 깨끗하고 투명하며, 알코올 도수가 높은 술이지만 자극성이 없고 목넘김이 좋은 것으로 평가된다. 알코올 함량은 35%에서 68%에 이르기까지 다양한 제품이 있다. 여러 가지 맛이 조화를 이루고 향기가 오래 남아 중국 국내뿐만 아니라 해외의 품평회에서도 여러 번 입상한 명주이다.

■ 펀쥬(汾酒, fénjiǔ): 펀쥬는 대표적인 청향형 백주이며, 산시성(山西省)의 싱

화춘(杏花村)에서 생산되기 때문에 싱화춘쥬(杏花村酒)라고도 불린다. 펀쥬(汾酒)라는 이름은 산시성을 남북으로 흐르는 펀허(汾河)라는 강에서 따온 것이다. 펀쥬는 옛날부터 민간에 전래되던 수수를 원료로 하여 발효시킨 전통주를 기원으로 탄생된 술이다.

예로부터 싱화춘에서 생산된 술은 맛이 좋기로 유명하여 두보(杜甫), 이백(李白)과 같은 시인들의 사랑을 받으며 중국 전역에 이름을 떨쳐왔다. 유서 깊은 싱화춘의 전통주는 중국 각 지방의 술에도 영향을 주어 여러 명주의 시조(始祖)라고 여겨지기도 한다.

분주(汾酒)는 2번 증류하여 맑고 투명하며, 맛과 향이 매우 좋고 오래가서 '백주(白酒)의 정수(精髓)'라고도 한다. 알코올 도수는 50~60% 정도로 높은 편이나, 술맛이 깔끔하고 다음날 숙취도 적은 편이다. 장기간 숙성한 분주는 부드러운 단맛이 느껴진다. 중국의 고급술은 대부분 아주 디자인이 잘된 도자기를 술병으로 사용하는데, 분주의 술병도 마시고 난 후 장식용으로도 많이 사용된다.

■ 루저우라오쟈오(泸州老窖, lúzhōulǎojiào): 루저우라오쟈오는 쓰촨성(四川省)의 루저우(泸州)에서 생산되는 농향형 백주로서 원래는 루저우따취(泸州大曲)였는데 이름을 변경하였다. 원료로는 수수 외에 쌀과 밀을 사용하고, 알코올도수는 40% 전후이다. 달콤하고 깔끔한 맛과 함께 오랫동안 숙성시켜서 은은한 향이 특징이다. '국교(國窖) 1573', '노주노교특곡(泸州

老窖特曲)' 등의 브랜드가 있다.

　루저우 지방은 술의 고장이라 불릴 정도로 유명한 술도 많고, 생산량도 많아서 송(宋)나라 때에는 이 지역의 양조장에서 거둬들인 세금이 국가 수입의 10%를 차지했다고 한다. 현재의 노주노교(泸州老窖)는 1573년 한 양조장의 주인이 처음으로 땅굴(窖)을 파고 술을 저장하면서 시작되었다. 당시의 땅굴은 궈바오쟈오치(国宝窖池)라고 하여 대곡주(大曲酒)의 본산지로서 국보급의 대우를 받고 있다.

■ 시펑쥬(西凤酒, xīfèngjiǔ): 산시성(陕西省) 펑샹현(凤翔县)에서 생산되는 시펑쥬는 '봉황(鳳凰)의 술'이라는 별칭이 붙어있다. 서봉주(西鳳酒)는 농향형과 청향형의 특징이 섞여있는 혼합향형 백주로서 신맛, 단맛, 쓴맛, 매운맛, 향긋함이 조화롭게 어우러져 있다. 수수를 주원료로 제조되며, 3년 정도 숙성 기간을 거친 후 판매되고, 알코올도수는 33%에서 65%까지 다양하다.

■ 구징궁쥬(古井贡酒, gǔjǐnggòngjiǔ): 구징궁쥬는 안후이성(安徽省) 보저우(亳州)에서 생산되는 농향형 백주로서, 풍성한 맛과 향이 부귀영화의 상징인 모란(牧丹)과 닮았다는 의미에서 '술 중의 모란(酒中牡丹)'이라는 별명을 갖고 있다. 독특한 향 때문에 이 향을 싫어하는 사람은 잘 마시지 못하여 호불호가 뚜렷한 술이다.

보저우에는 남북조시대(南北朝時代)부터 이어져온 오래된 우물(古井)이 있으며, 이 우물의 물로 빚었기 때문에 처음에는 구징쥬(古井酒)로 불렸다. 명(明)나라 때 황실에 공물로 바쳐지게 되면서 '공(貢)'자가 붙어 구징궁쥬(古井贡酒)가 되었다. 고정공주(古井貢酒)는 수수, 밀, 보리, 완두 등을 원료로 제조하며, 알코올도수는 45~60% 정도이다.

- 둥쥬(董酒, dǒngjiǔ): 둥쥬는 마오타이주와 함께 구이저우성(貴州省)이 자랑하는 명주로서 쭌이시(遵义市)에서 생산되는 술이다. 혼합향형 백주로서 장향, 농향, 청향, 미향을 모두 가지고 있다. '다정주(多情酒)'라는 별칭이 있으며, 제조 방법이 과학기술보호법이 정한 기밀로 지정되어 있어서 상품명 앞에 '국밀(國密)'이라는 표시가 붙어있다.

동주(董酒)의 제조 방법은 누룩을 제조하는 방법에 특징이 있다. 밀에다 40여종의 약재를 첨가한 대곡(大曲)과 쌀에다 90여종의 약재를 첨가한 소곡(小曲)을 별도로 제조한 후 일정한 비율로 혼합하여 수수에 섞어 발효시킨다. 동주의 색은 맑고 투명하며, 단맛이 나면서도 담백하고, 마신 후에는 약간의 신맛과 함께 상쾌한 약초 향기가 깔끔한 뒷맛을 유도한다. 알코올도수는 60%이다.

- 지엔난춘(剑南春, jiànnánchūn): 지엔난춘은 쓰촨성의 몐주현(绵竹县)에서 생산되는 농향형 백주이다. 당나라 시절 궁중에서 사용하던 지엔난샤오

춘(劍南烧春)이란 술에서 기원한 것으로 수수, 쌀, 찹쌀, 옥수수, 밀을 원료로 하여 제조한다. 검남춘(劍南春)은 무색투명하며 진한 향기의 여운이 길게 남는 특징이 있다. 알코올도수는 60% 정도로 매우 높다.

■ 양허다취(洋河大曲, yánghédàqǔ): 양허다취는 쟝쑤성(江苏省)의 양허전(洋河镇)에서 생산되는 농향형 백주이다. 청나라 때에는 황실에 공물로 진상될 정도로 양허전 지역의 명주이다. 수수를 원료로 만들어지며, 술 색깔이 맑고 향기가 짙으며 마시기 부드러우면서 뒷맛이 깨끗하다.

양허전에는 수십 개의 양조장이 있으며, 이곳에서 생산되는 백주는 모두 양허(洋河)란 이름을 사용하고 있다. 양허 지역에서 대곡을 사용하여 빚은 술은 모두 양하대곡(洋河大曲)이라 할 수 있으니 그 종류가 매우 다양하며, 알코올도수는 40~50% 정도이다. 가격도 아주 고가품에서부터 보급형의 저가품까지 다양하다.

이 중에서 '양하남색경전(洋河蓝色经典, yánghélánsèjīngdiǎn)'이란 브랜드의 술이 유명하며, 우리나라에도 수입되고 있다. 이름 그대로 남색(藍色)의 술병에 넣어 고급스러운 이미지를 살렸으며, 경전(經典)은 '클래식(classic)'이란 의미이다. 이 브랜드는 시리즈로 여러 종류의 술이 나왔으며, 그중에서 '해지람(海之藍)', '천지람(天之藍)', '몽지람(夢之藍)' 등이 고급품이다.

■ 쿵푸쟈쥬(孔府家酒, Kǒngfǔjiājiǔ): 쿵푸쟈쥬는 공자(孔子)의 고향인 산둥성(山東省) 취푸(曲阜)에서 생산되는 농향형 백주이다. 공부(孔府)는 취푸에 위치한 공자의 후손들이 사는 저택을 말한다. 수수를 주원료로 하여 빚었으며, 달고 배향과 비슷한 향이 나고, 알코올 함량은 39% 정도이다. 이 술은 고급술도 아니고 그렇다고 아주 저급한 술도 아니며 평범한 증류주이나, 공부(孔府)를 전면에 내세우는 마케팅에 성공하여 유명해진 술로서, 백주 중에서 생산량이 많은 술 중의 하나이다.

공부가주(孔府家酒)는 공자 가문에서 대대로 빚어오던 가양주(家釀酒)에서 비롯되었다. 이 때문에 '공자의 술'이라고 하여 우리나라 사람들이 선호하는 중국술이 되었다. 그러나 현재의 공부가주는 발효주이던 공자 가문의 술이 아니라 증류주이며, 공부(孔府)에서 생산된 술도 아니다. 심지어 공자의 직계 후손인 공덕성(孔德成)은 "우리 가문에 이런 술은 없다"고 말하기도 하였다. 참고로, 공자의 직계 후손들은 중국이 공산화될 당시 대만으로 이주하여 대만에서 살고 있다.

■ 쥬꾸이(酒鬼, jiǔguǐ): 쥬꾸이는 후난성(湖南省) 지서우(吉首)에서 생산되며 농향, 청향, 장향이 섞여있는 혼합향형 백주이다. 중국어 쥬꾸이(酒鬼)에는 '술귀신', '술고래', '술꾼' 등의 뜻이 있다. 쥬꾸이는 입술에서 목구멍으로 넘어가기까지 7가지의 다른 맛을 보여주며, 그 맛을 모두 느낄 수 있어야 진정한 술꾼이라 할 수 있다고 한다.

1970년대 진시황릉(秦始皇陵) 발굴 당시 발견된 술을 현대적으로 복원하여 제조한 술로서 1985년에 처음 시판되었으며, 무덤 속에서 몇 천 년간 잠들어 있다가 다시 세상에 나왔다는 의미에서 '귀신 귀(鬼)'자를 붙였다고 한다. 주귀(酒鬼)는 수수, 밀, 찹쌀 등을 원료로 제조하며, 1997년 홍콩반환기념 공식 만찬주로 사용되어 세계에 널리 알려지게 되었다. 알코올도수는 38~55% 정도이다.

■ 췐싱따취(全兴大曲, quánxīngdàqǔ): 췐싱따취는 쓰촨성 청뚜(成都)에서 생산되는 농향형 백주이다. 2차, 4차, 5차 등 전국평주회에서 세 차례나 명주로 선정되었으나, 같은 회사에서 생산되는 수이징팡(水井坊)의 명성에 눌려 널리 알려지지 못한 술이다. 전흥대곡(全興大曲)의 알코올 함량은 40% 전후이다.

■ 수이징팡(水井坊, shuǐjǐngfáng): 쓰촨성의 청뚜는 예로부터 술을 많이 빚어오던 곳이었으며, 1998년 양조장 개량공사를 하다가 우연히 14세기 원(元)나라 때의 양조장 유적을 발견하였다. 당시 함께 발견된 효모와 수원(水源)을 복구하여 현대식 제조 방법으로 생산한 것이 수이징팡이다.

수이징팡은 농향형 백주이며, 2000년부터 출시하기 시작하였고, 크게 히트하자 회사 이름도 수이징팡(水井坊)으로 변경하였다. 알코올도수는 50~66% 정도이다. 수이징팡이란 이름은 양조장이 있던 청뚜시(成都市)

진장구(錦江区) 수이징지에(水井街)라는 거리에서 따왔다.

수정방(水井坊)은 고고학적 발굴 가치와 혁신적인 마케팅 기법을 바탕으로 단기간에 중국을 대표하는 명주로 자리 잡고 우리나라 사람들에게도 인기를 끌었다. 현대적 감각의 병 디자인과 고가전략으로 승승장구하였으나 시진핑(習近平)의 사치·부패 척결 정책의 영향으로 경영난을 겪게 되어 2011년에 조니워커(Johnnie Walker), J&B 등을 생산하는 영국의 주류회사인 디아지오(Diageo)에 인수되었다.

■ 얼궈터우쥬(二锅头酒, èrguōtóujiǔ): 얼궈터우쥬는 베이징(北京)에서 생산되는 청향형 백주이다. 수수, 밀, 옥수수 등을 원료로 제조되며, 우리나라의 소주처럼 중국의 서민들이 즐겨 마시는 맑고 깨끗한 대중적인 백주로서, 알코올 함량은 38%에서 75%까지 다양하며, 가격 역시 천차만별이다. 맛은 부드럽고 온화하며 짙고 상쾌한 향기가 오래 지속되어 지방 함량이 많은 중국요리에 잘 어울린다.

청나라 시기에 수도인 베이징(北京)에서 발효주를 증류하여 세 개의 냉각 솥을 거쳐 백주를 생산하는 제조 방법이 개발되었다. 증류할 때에 첫 번째 솥에서 추출되는 것을 주두(酒頭) 또는 과두(鍋頭)라 하고, 두 번째 솥에서 추출되는 것을 이과두(二鍋頭)라고 하며, 세 번째 솥에서 추출되는 것을 주미(酒尾)라고 하였다.

주두에는 다양한 물질의 성분이 함유되어 있어서 자극적인 냄새가 나고 순수하지 못하며, 주미는 알코올 함량이 낮다. 따라서 첫 번째와 세 번째 솥에서 추출된 것을 제외하고, 두 번째 솥에서 나온 이과두만을 모은 것이 바로 이과두주(二鍋頭酒)이며, 베이징을 대표하는 백주가 되었다.

베이징에는 이과두주를 생산하는 여러 업체가 있으며 그중에서 홍성 이과두주(紅星二鍋頭酒/红星二锅头酒)가 제일 유명하고, 생산량도 많다. 이과두주는 고유명사가 아니라 백주를 생산하는 제조 방법을 의미하는 것이기 때문에, 이과두주가 유명해지면서 베이징 이외의 지방에서도 이과두주가 생산되고 있다. 이 중에서 쓰촨성에서 생산되는 이과두주는 청항형이 아니라 농향형이기 때문에 선택할 때 주의하여야 한다.

■ 두캉쥬(杜康酒, dùkāngjiǔ): 두캉쥬는 중국에서 술을 처음으로 만들었다고 하는 두캉(杜康)의 이름에서 따온 술이다. 두캉쥬는 중국의 유명한 시(詩)에 가장 자주 등장할 만큼 역사가 깊고, 잘 알려진 술이다. 그러나 오랜 옛날부터 빚었던 전통주는 그 양조법이 전해지지 않았으며, 현재의 두캉쥬는 최근에 새로 개발된 농향형 백주이다.

오늘날의 두강주(杜康酒)는 두강과 연관이 있다고 주장하는 허난성(河南省) 루양현(汝阳县)과 산시성(陝西省) 바이수이현(白水县) 두 곳에서 생산되고 있다. 두 곳의 상표권 분쟁은 결론을 내리지 못하였으며, 법원에서도 둘 다 사용하라는 판결을 내렸다고 한다. 두강주는 종류가 여러 가지이며, 알코올도수도 38%에서 55%까지 다양하다.

■ 옌타이꾸냥쥬(烟台古酿酒, yāntáigǔniàngjiǔ): 옌타이꾸냥쥬는 산둥성(山東省) 옌타이시(烟台市)에서 생산되는 농향형 백주이다. 국내 판매량의 약 50%를 차지할 정도로 중국집이나 마트에서 흔히 볼 수 있는 백주이다. 우리나라에서는 보통 '연태고량주'라고 부르나, 이 술의 정확한 이름은 수수를 의미하는 고량(高粱)이 아닌 옛 기법으로 빚었다는 뜻인 고양(古釀)을 사용하여 '연태고양주(烟台古釀酒)'이다.

옌타이시는 일찍부터 개방된 항구도시이기 때문에 무역이 활발하였고, 외국인의 입맛에 맞추어 중국술 특유의 뒷맛을 없앤 술을 개발하게 되었다. 고양(古釀)이라는 이름을 사용하고 있으나, 역설적으로 현대적 양조기술을 도입한 술이다. 보통 중국술은 여러 종류의 미생물이 혼합된 누룩을 사용하여 발효시키지만, 연태고양주는 순수하게 배양된 효모를 이용하여 발효시킨다.

연태고양주는 특정 회사의 제품이 아니라 옌타이시에 있는 여러 술 제조공장에서 만드는 술이며, 순수 배양된 효모를 사용한다는 제조 방법에 공통성이 있다. 알코올도수는 30~40% 정도로 일반적인 백주에 비하여 낮은 편이고, 향긋하고 달콤하며 뒷맛이 깔끔하다.

■ 사오싱쥬(绍兴酒, shàoxīngjiǔ): 사오싱쥬는 대표적인 황주(黄酒)로서 저장성(浙江省) 사오싱시(绍兴市)의 특산주이다. 중국의 전통적인 양조주로서 황주 중에서도 역사가 오래 된 술 중의 하나이다. 알코올도수는 15~20%

정도로 백주에 비하여 낮은 편이다. 소흥(紹興/绍兴)의 옛이름은 월주(越州)로서, 춘추시대(春秋時代) 월(越)나라의 도읍지였다.

쌀을 주원료로 발효시킨 양조주이기 때문에 기본적으로 약간 단맛이 있으며, 옅은 과일향을 비롯하여 복합적인 향이 난다. 색상은 간장에 가까운 진한 갈색, 포도주와 비슷한 붉은색, 오렌지색, 맑은 호박색(琥珀色) 등 여러 가지가 있다. 사오싱쥬에는 여러 종류의 브랜드가 있으나 그중에서 '까오웨룽산(古越龙山/古越龍山)'이 가장 유명하며, 중국을 찾은 국빈 연회 때 사용되기도 한다.

소흥주(紹興酒)는 오래 숙성될수록 맛과 향이 좋아지고 술의 색이 맑아진다. 장기간 보관된 술은 라오쥬(老酒)라고 부르며, 라오쥬 중에서도 20년 이상 숙성시킨 고급술을 뉘얼훙(女儿红/女兒紅)이라고 한다. 여자 아이의 볼 색깔을 닮은 맑은 분홍색의 술이며, 딸을 낳으면 사오싱쥬을 빚어 땅에 묻었다가 딸이 시집갈 때 꺼내서 손님에게 대접하는 풍습이 있다고 한다. 여아홍(女兒紅)에는 '중국에서 가장 정감이 있는 술(中国情感第一酒)'이라는 별명이 있으며, 이는 오랜 역사 속에서 이 술을 마시면서 남녀가 정을 나누었기 때문이라고 한다.

■ 주예칭쥬(竹叶青酒, zhúyèqīngjiǔ): 주예칭쥬는 펀쥬(汾酒)를 생산하는 산시성(山西省) 싱화춘(杏花村)에서 생산되며, 펀쥬에 10여 가지 약재와 당분을 넣어 만든 약주(藥酒)이다. 증류한 후 밀봉 항아리에서 6개월 이상

숙성시켜 맛과 향을 부드럽게 한다. 색상은 녹색을 띤 황금색이고, 약재에서 유래된 한약과 비슷한 독특한 향이 있으며, 알코올도수는 40~50% 정도이다.

죽엽청주(竹葉靑酒)는 산시성에서 생산되는 것이 가장 유명하지만, 그 외에도 중국 내 여러 곳에서 생산되고 있으며, 타이완에서도 많이 생산되고 있다. 여러 가지 약재가 녹아있어 혈액을 맑게 하고, 간의 기능을 상승시키는 작용을 하며, 정력유지에 좋은 효능이 있다고 한다. 우리나라에도 오래전부터 소개되어 많은 한국인들이 즐겨 마시는 중국술이다.

■ 우쟈피쥬(五加皮酒, wǔjiāpíjiǔ): 한국어 발음으로는 '오가피주'이며, 죽엽청주와 함께 대표적인 약주이다. 백주에 20여 가지 약재를 침지시킨 후 다시 증류하고 숙성시켜 제조하며, 알코올 함량은 30~55% 정도이다. 색상은 무색투명한 것과 색소를 사용하여 노란색이나 붉은색을 띤 것이 있다. 약재의 향이 짙고, 맛은 순하며 뒷맛이 깔끔하다. 피로회복, 혈액순환, 신경통, 보양(補陽) 등에 효과가 있다고 한다. 중국 여러 곳에서 만들어지나 저쟝성(浙江省)에서 생산되는 오가피주가 가장 유명하다.

18.
일본술

일본술은 과거에는 중장년층이나 마시던 술이었으나 최근에는 젊은 사람들을 중심으로 소비가 증가하고 있다. 독한 소주를 기피하게 되면서 깔끔한 안주에 가볍게 한잔하기에 안성맞춤이라는 인식이 퍼지면서 일본술은 고급스럽고 세련된 이미지를 얻고 있다. 젊은 층이 모이는 홍대거리 등에서 폭발적으로 늘어난 일본식 술집인 이자카야(居酒屋)를 통하여 판매가 늘어나면서 최근 수입규모도 증가하고 있다.

일본에서 생산된 맥주, 위스키 등도 모두 일본술이라고 할 수 있으나, 보통 일본술이라고 할 때는 쌀을 발효시켜 만든 양조주인 일본의 전통주를 의미한다. 우리나라에서는 일본술, 일본주(日本酒), 사케 등으로 부르고 있으며, 세계적으로는 '사케(sake)'라는 명칭이 일반적이다. 일본 내에서는 보통 '니혼슈(日本酒)'라고 하며, 일본의 주세법으로는 청주에 속하기 때문에

'세이슈(淸酒)'라고도 하고, 그냥 '사케(さけ)'라고 부르기도 한다.

원래 일본어의 '사케(さけ)'는 '술(酒)'이란 의미로 모든 종류의 술을 지칭하는 단어이지만, 청주(淸酒)가 세계적으로 알려지며 'sake'로 불리게 되면서 일본 내에서도 청주를 사케라 부르게 된 것이다. 일본의 전통 발효주에는 청주 외에 '도부로쿠(どぶろ く)'라는 술도 있다. 이는 우리의 막걸리와 유사한 술로서 '다쿠 슈(濁酒)'라고도 하며, 발효 후 여과하지 않은 술이다. 일반적으로 사케라고 할 때에는 도부로쿠는 제외된다.

일본 청주의 시작이 언제부터인지는 정확히 알 수 없으나, 헤이안시대(平安時代; 794년~1192년) 이후 절에서 양조한 승방주(僧坊酒)가 발전한 것으로 보고 있다. 14세기 중반에 나라시(奈良市)에 있는 쇼랴쿠지(正曆寺)에서 경내를 흐르는 보다이산(菩提山)의 물로 제조한 보다이센(菩提泉)이라는 이름의 술이 최초의 청주로 여겨지고 있으며, 그 절에는 일본청주발상지(日本淸酒発祥之地)라는 기념비가 있다.

예전에 일본의 청주는 기본적으로 산지에서 소비되고 멀리 유통되지 않았다. 축제 등이 있으면 근처에서 만든 술을 나무로 만든 술통에 넣어 운반해 와서 자유롭게 퍼먹었으며, 술집에서도 술통에 들어있는 술을 되로 계량하여 팔았다. 메이지시대(明治時代; 1868년~1912년) 후기부터 차츰 병에 넣어 판매하기 시작하였으며, 1901년 '백학주조(白鶴酒造)'에서 한 되들이 병을 생산하면서 병에 넣은 청주의 보급이 시작되었다.

1890년대에서 1920년대에 걸쳐 양조기술이 급속히 현대화되었으며, 그 때문에 전통적인 제조기법이 사라지게 되었다. 예전에는 자연발효를 하였기 때문에 어쩌다 좋은 품질의 청주가 만들어져도 같은 것을 또 만들 수 있는 재현성이 없었으며, 부패균이 번식하여 실패하는 경우도 있었다. 그러나 근대적 누룩의 제조 방법이 확립되면서, 품질이 균일한 청주를 만드는 일이 가능해졌다.

일본주는 맥주나 포도주와 같은 발효주이나 제조 방법에서 차이가 있다. 포도주의 경우는 당분이 많은 원료를 사용하여 당화가 필요 없이 바로 발효가 시작된다는 점에서 당화가 필요한 일본주와 차이가 있다. 맥주의 경우는 전분을 포함한 원료를 당화시킨다는 점에서는 같지만, 당화가 끝난 후에 발효시킨다는 점에서 당화와 발효가 동시에 진행되는 일본주와 차이가 있다. 이런 제조 방법은 일본주의 특징이며, 다른 발효주에 비해 높은 알코올 농도를 얻을 수 있는 요인이다.

일본의 주세법에 의하면 청주는 다음의 요건 중 하나에 부합하는 술중에서 알코올 도수가 22도 미만의 것을 말한다. 청주를 제조하는 기술로 22도 이상의 술을 만들 수도 있으나, 이것은 청주가 아니라 리큐어로 분류된다.

- 쌀, 쌀누룩 및 물을 원료로 하여 발효시켜 거른 것
- 쌀, 쌀누룩, 물 및 청주 술지게미, 그 외 법령에서 정해진 물품을 원료로 하여 발효시켜 거른 것
- 청주에 청주 술지게미를 넣어 거른 것

청주 중에서 원료와 제조법이 일정 기준에 부합하는 것은 일본 국세청에서 정한 특정명칭을 용기나 포장에 표기할 수 있는데, 이것들을 특정명칭주(特定名稱酒)라고 한다. 특정명칭주에는 순미주(純米酒), 음양주(吟釀酒), 본양조주(本釀造酒) 등 8가지 종류가 있다. 특정명칭주 이외의 청주는 모두 보통주(普通酒)라고 한다. 유통되고 있는 대부분의 일본주는 보통주에 속하지만, 보통주라고 표시하는 일은 거의 없다.

특정명칭주란 원료나 제조 방법에 따라 청주를 분류한 것이며, 이 분류 자체가 제품명으로 되는 경우가 많아서 분류 방식을 이해하면 제품명만 보고도 어떤 술인지 대략 알 수가 있다. 특정명칭주는 다음과 같이 분류된다.

- 혼조조슈(本釀造酒): 한자 본(本)을 사용하여 정통적인 기법으로 제조하였

다는 점을 강조한 청주이다. 본양조주(本釀造酒)는 제2차 세계대전 당시 쌀이 부족해지자 술의 양을 늘릴 방법으로 양조알코올을 첨가하면서 탄생하였다. 첨가하는 양조알코올의 양은 사용되는 쌀 1톤에 대하여 120L(중량비로는 약 10%) 이하로 규정되어 있다. 정미율은 70% 이하이다.

■ 도쿠베쓰혼조조슈(特別本釀造酒): 혼조조슈와 마찬가지로 양조알코올을 첨가하지만, 정미율이 60% 이하인 청주이다. 특별한 제법으로 빚어냈을 경우는 "대음양주와 동일한 제법으로 빚었다", "음양주 계열의 효모를 사용하였다" 등과 같이 그 내용을 표시한다.

■ 준마이슈(純米酒): 다른 부원료나 양조알코올 등의 첨가 없이 쌀만을 원료로 빚었으며, 한자 순(純)의 의미가 주는 이미지 때문에 한국에서 가장 인기가 있는 청주이다. 2004년까지는 정미율 70% 이하의 쌀로 빚어야 순미주(純米酒)라는 명칭을 붙일 수 있었으나, 현재는 그 기준이 없어졌다.

■ 도쿠베쓰준마이슈(特別純米酒): 준마이슈 중에서 정미율 60% 이하의 쌀로 빚었거나, 특별한 제법으로 빚은 청주이다. 특별본양조주(特別本釀造酒)와 마찬가지로 특별한 제법으로 빚은 경우에는 그 내용을 표시한다.

■ 긴조슈(吟釀酒): 음양((吟釀)이란 '음미하며 양조한다'는 의미이며, 쌀 겉면을 많이 깎아내고 10~12℃의 저온에서 30일 이상 장기간 발효한 청주이다. 긴조슈는 20세기 초 청주품평회에 출품할 목적으로 양조기술을 경쟁하면서 탄생된 술이며, 최초로 상품화된 것은 1980년경으로 그 역사가 그리 길지 않다. 긴조슈 이전의 청주는 와인과 같은 오묘한 향과 맛이 없었으나, 긴조슈에서는 과일과 같은 화사한 향이 난다. 음양주(吟釀酒)는 고급 청주의 상징과도 같으며, 양조장의 실력을 가늠할 수 있는 술이기도 하다. 정미율은 60% 이하이다.

■ 준마이긴조슈(純米吟釀酒): 긴조슈 중에서 양조알코올을 첨가하지 않고 쌀만을 원료로 제조한 것으로, 긴조슈에 비해 고급품이다.

■ 다이긴조슈(大吟釀酒): 긴조슈 중에서 정미율이 50% 이하인 청주이다. 정미율 하한의 규정이 없으나 보통 35~40% 정도이다.

■ 준마이다이긴조슈(純米大吟釀酒): 다이긴조슈 중에서 양조알코올을 첨가하지 않고 제조한 것으로, 순미대음양주(純米大吟釀酒)는 청주 중에서 최고 등급의 술이다.

정미율(精米率)이란 현미에 대한 정백미의 비율을 말하며, 정미율이 낮을수록 많이 깎아낸 쌀이다. 현미에 포함된 단백질, 지질 등은 쌀의 외측에 많이 있으며 양조 과정에서 잡미(雜味)의 원인이 되기 때문에 깎아내는 것이다. 많이 깎아내면 맛은 순수해지지만, 쌀알이 부서지면 풍미에 영향을 주기 때문에 정미공정은 고도의 기술이 요구되는 신중한 작업이다.

주세법에 따른 특정명칭 이외에도 제조회사에서 자신들의 고급품에 임의로 사용하는 특선(特選), 상선(上撰), 가선(佳撰) 등의 명칭도 있다. 주세법에 따른 임의 표시사항으로 특정 품종의 쌀을 50% 이상 사용하였을 경우에는 품종명과 그 사용비율을 표시할 수 있으며, 단일 산지에서 제조된 경우에는 산지명을 표시할 수 있다. 또한 1년 이상 저장·숙성한 경우에는 저장년수를 표시할 수 있다. 저장년수의 용어에 관한 기준은 없으며, 제조사에 따라 고주(古酒), 고고주(古古酒), 대고주(大古酒), 숙성주(熟成酒), 비장주(秘蔵酒) 등의 명칭을 사용한다.

일본주에는 상미기간(賞味期限)의 표시가 없으며 제조년월(製造年月)만 표시되어 있는 것이 보통이다. 이것은 병에 넣은 달을 의미하며, 실제로는 저장기간이 있으므로 그 술을 담그기 시작한 것은 훨씬 이전이 된다. 일본주는 비교적 알코올 함량이 많기 때문에 개봉 전이라면 부패하는 일은 거의 없다.

그러나 살균을 하지 않은 나마자케(生酒)는 물론이고, 살균을 한 것이라도 가능한 한 출하 후 빨리 마시는 것이 좋다. 나마자케의 경우 6개월 지난 것까지도 마실 수는 있으나, 보통 여과 후 3주 이내가 신선한 맛을 즐길 수 있는 한계이며, 살균한 일본주는 출하 후 12개월 이내가 좋다고 한다.

일본주의 맛은 보관 환경의 영향도 많이 받으며, 특히 빛에 취약하다. 태양광에 30분 방치하는 것만으로도 색이 짙어지고 열화취(劣化臭)가 발생한다. 태양광보다는 덜하나 형광등이나 살균등에도 영향을 받는다. 온도에도 민감하여 온도가 높을수록 변질되기 쉬우며, 5~10℃ 정도의 저온에 보관하는 것이 좋다. 포도주와는 달리 코르크마개를 사용하지 않았기 때문에 병을 옆으로 눕혀 보관하거나 습도를 맞출 필요는 없다.

일본에는 전국적으로 1,500개 이상의 양조장이 있으며, 양조장마다 그 지방의 쌀, 물, 기후환경, 전통기술 등에 따라 독자적인 청주를 제조하고 있다. 기본적으로 각 양조장은 전국적인 유통보다는 그 지방에 사는 소비자들을 대상으로 제조하는 경우가 대부분이다.

따라서 진짜 맛있는(자신의 기호에 맞는) 청주를 마시려면 그 술이 나오는 지방을 찾아가야 할 경우도 있다. 전국 어디에서나 비교적 쉽게 접할 수 있는 청주는 매출 1위 업체인 백학주조(白鶴酒造)의 대표제품인 '하쿠쓰루(白鶴)'와 2위 업체인 월계관

(月桂冠)의 대표제품인 '겟케이칸(月桂冠)' 정도이다.

일본에는 "좋은 물이 있는 곳에 좋은 술이 있다"는 말이 있으며, 예로부터 일본주 3대 명산지(名産地)로 효고현(兵庫県)의 나다(灘), 교토부(京都府)의 후시미(伏見), 히로시마현(広島県)의 사이조(西条)를 꼽았다. 그러나 2016년에 실시된 주문화연구소(酒文化研究所)의 설문조사에 의하면 효고현, 교토부에 이어 세 번째로 일본주 생산량이 많은 니가타현(新潟県)을 압도적인 1위(61%)로 일본주의 명산지로 여기고 있다는 결과가 나왔다. 각 지역별로 유명한 청주로는 다음과 같은 것이 있다.

◆ 효고현

효고현은 교토부(京都府)와 오사카부(大阪府)의 서쪽에 접하여 있으며, 북쪽으로는 동해, 남쪽으로는 태평양에 면하고, 현청(県庁) 소재지는 고베시(神戸市)이다. '나다(灘)'는 '파도가 센 바다(여울)'란 의미이지만, '효고현의 나다'라고 하면 일본주의 대표적인 산지이며 바다에 접해있는 효고현의 다섯 곳을 의미한다.

효고현의 술로 유명한 다섯 곳을 총칭하여 '나다고고(灘五鄕)'라고 부른다. 나다고고란 현재는 고베시에 속해있는 니시고(西鄕), 미카게고(御影鄕), 우오사키고(魚崎鄕) 그리고 니시노미야시(西宮市)에 속해있는 니시노미야고(西宮鄕), 이마즈고(今津鄕) 등을 말한다.

나다고고에는 미야미즈(宮水)라 불리는 미네랄이 풍부한 지하수가 있고, 야마다니시키(山田錦)라는 청주 빚기에 적합한 쌀의 품종이 있으며, 제품의 해상운송에 편리한 항구가 있어서 에도시대(江戸時代; 1603년~1868년) 이후 '일본주의 성지(聖地)'라고 불릴 만큼 유명한 생산지였다. 이곳의 청주는 알코올 도수가 높고 쌉쌀한 맛이 있기 때문에 '나다(灘)의 남주(男酒)'라고 불린다. 이곳에는 매출 1위인 백학주조를 비롯하여 매출 10위 이내의 회사가 여럿 있으며, 이외에도 20여개의 양조장이 있다.

이곳을 대표하는 청주로는 '하쿠쓰루(白鶴)'를 비롯하여 4위인 대관(大関)의 '오제키(大関)', 5위인 일본성(日本盛)의 '니혼사카리(日本盛)', 7위인 국정종주조(菊正宗酒造)의 '기쿠마사무네(菊正宗)' 등이 있다. 일본이나 우리나라에서 청주와 같은 의미로 시용되는 정종(正宗)도 이곳의 앵정종(櫻正宗, 사꾸라마사무네)이라는 회사에서 처음 사용한 '세이슈(正宗)'라는 제품명에서 비롯되었다.

◆ 교토

교토(京都)는 교토부를 가리키기도 하고 부청 소재지인 교토시를 가리키기도 한다. 교토시는 세계유산으로 지정된 문화재만 하여도 17개가 있을 정도로 유명한 관광도시로서 우리나라의 경주를 연상시키는 도시이다. 오랜 역사도시인 만큼 일본에서 청주가 가장 먼저 만들어진 곳이라고 여겨지고 있다.

후시미(伏見)도 나다고고(灘五郷)와 마찬가지로 물의 혜택을 받은 곳으로, 후시미즈(伏水)라 불리는 지하수가 풍부하며, 물에 관한 전설도 많이 남아있다. 후시미의 청주는 부드럽고 단맛이 있기 때문에 '나다(灘)의 남주(男酒)'와 대비하여 '후시미(伏見)의 여주(女酒)'라고 불린다.

현재도 교토시 후시미구(伏見区)에는 20여 개의 양조장이 있으며, 매출 2위인 월계관(月桂冠)을 비롯하여 매출 10위 이내의 회사가 여럿 있다. 이곳을 대표하는 청주로는 월계관의 '겟케이칸(月桂冠)' 외에도 매출 3위 업체인 다카라홀딩스(宝 HOLD-INGS)의 '쇼치쿠바이(松竹梅)', 9위 업체인 황앵(黄桜)의 '기자쿠라(黄桜)' 등이 있다.

◆ 히로시마현

히로시마현(広島県) 히가시히로시마시(東広島市)의 사이조초 (西条町)는 나다(灘), 후시미(伏見)와 함께 일본주 3대 명산지로 꼽히기는 하지만 앞의 두 곳에 비하여는 명성이 낮다. 이곳 역시 류오잔(龍王山)에서 흘러내리는 질이 좋은 지하수가 있어 청주의 명산지로 유명해지게 되었다.

사이조(西条)가 유명해진 데에는 '음양주(吟醸酒)의 아버지 (父)'라 불리는 미우라 센자부로(三浦 仙三郎)라는 인물의 공헌이 컸다. 그는 류오산(龍王山)의 지하수가 효모의 영양이 되는 미네랄이 적은 연수(軟水)여서 경수(硬水)를 사용하는 양조법으로는 양조에 실패할 확률이 높다는 것을 알아내고, 1898년에 연수를 사용하는 개량양조법을 완성하였다.

개량양조법은 기존의 양조법에 비하여 두 가지 점에서 큰 특징이 있다. 첫째는, 누룩(麴)이 쌀의 내부까지 침투하도록 충분히 증식시킨다는 것이다. 둘째는, 저온에서 천천히 발효시킨다는 것이다. 그는 이 개량양조법을 문서로 정리하여 공개하였으며, 그의 이 기술은 음양주 탄생에 큰 영향을 주었다.

그 후 이 기술을 사용한 사이조의 음양주가 청주품평회에서 상위에 입상하면서 청주의 3대 명산지로 이름을 날리게 되었다. 사이조의 청주는 부드럽고 향기가 좋아 '여성의 술(女酒)'이라고 평가된다. 사이조의 청주 중에서 비교적 널리 알려진 것으로는 '기레이(龜齡)', '가모쓰루(加茂鶴)', '후쿠비진(福美人)' 등이 있다.

◆ 니가타현

니가타현(新潟県)은 일본 중부지방에서 동해에 접한 곳이며, 북쪽의 홋카이도(北海道)보다도 눈이 많이 내려 우리나라에도 잘 알려진 『설국(雪国)』이란 소설의 배경이 되기도 하였다. 풍부한 적설량과 넓은 평야가 있기 때문에 쌀이 유명하며, 특히 미나미우오누마시(南魚沼市)에서 생산되는 '고시히카리(越光)'는 일본 내에서 가장 고가에 팔리는 쌀이다.

니가타에는 90여 개의 양조장이 있고, 전체 출하량은 3위이지만 고급 일본주인 긴조슈(吟醸酒)의 출하량은 1위를 차지하고 있다. 일본에서 일본주 랭킹을 발표하는 여러 자료에는 항상 니가타에서 생산된 술들이 상위에 자리 잡고 있다. 그중에 대표적인 것으로는 조일주조(朝日酒造)의 '구보타(久保田)', 국수

주조(菊水酒造)의 '기쿠스이(菊水)', 팔해양조(八海釀造)의 '핫카이산(八海山)', 석본주조(石本酒造)의 '고시노칸바이(越乃寒梅)', 궁미주조(宮尾酒造)의 '시메하리쓰루(〆張鶴)' 등이 있다.

◆ 기타 지방

일본주의 명산지에서 생산된 것이 아니더라도 좋은 술은 많이 있으며, 일본주 랭킹 자료에 자주 거론되는 청주로는 다음과 같은 것이 있다.

- 야마가타현(山形県) 고목주조(高木酒造)의 '쥬욘다이(十四代)'
- 야마구치현(山口県) 욱주조(旭酒造)의 '닷사이(獺祭)'
- 미에현(三重県) 목옥정주조(木屋正酒造)의 '지콘(而今)'
- 후쿠이현(福井県) 흑룡주조(黒龍酒造)의 '고쿠류(黒龍)'
- 도치기현(栃木県) 소림주조(小林酒造)의 '호오비덴(鳳凰美田)'
- 아이치현(愛知県) 만승양조(萬乗醸造)의 '가모시비토쿠헤이지(醸し人九平次)'
- 나가노현(長野県) 강기주조(岡崎酒造)의 '신슈키레이(信州亀齢)'

- 사가현(佐賀県) 부구천대주조(富久千代酒造)의 '나베시마(鍋島)'

- 아오모리현(青森県) 서전주조(西田酒造)의 '덴슈(田酒)'

- 시즈오카현(静岡県) 기자만주조(磯自慢酒造)의 '이소지만(磯自慢)'

- 후쿠시마현(福島県) 광목주조(廣木酒造)의 '히로키(飛露喜)'

일본주의 랭킹 서열은 발표되는 자료마다 다르고, 추천되는 술의 브랜드 역시 차이가 있다. 그만큼 일본주의 종류가 다양하고, 맛에 개성이 있기 때문이다. 발표된 랭킹이나 추천들은 다만 참고로 하고, 자신의 기호에 맞는 일본주를 찾아서 마시는 것이 현명한 선택이다.

대개의 술은 차게 마시나, 일본주의 경우는 따뜻하게 데워서 마시기도 한다. 그러나 추운 겨울에 몸을 녹일 목적이 아니라면 일본주 역시 5℃ 정도로 차게 하여 마시는 것이 좋다. 고급 일본주일수록 향이 중요하며, 따뜻하게 데우게 되면 본연의 풍미를 잃게 된다.

19.
양주

모든 술은 양조방법에 따라서 크게 발효주(fermented beverage), 증류주(distilled beverage), 리큐어(liqueur) 등 세 가지로 분류할 수 있다. 발효주는 곡물이나 과일 등을 발효해 만드는 술로서 맥주, 와인, 막걸리, 청주 등이 이에 해당한다. 증류주는 발효주를 증류하여 알코올 함량을 높인 것으로서 위스키, 브랜디 등을 말하며 스피리츠(spirits)라고도 한다.

리큐어는 주로 증류하여 얻은 주정(酒精)에 과즙, 약초 등의 성분이나 색소, 감미료 등을 넣고 희석하여 알코올 함량을 조정한 것을 말하나, 발효주나 증류주에 여러 가지 향료나 감미료 등을 혼합하여 만든 혼성주(混成酒)도 리큐어의 범주에 넣기도 한다.

동서양을 막론하고 술에 대한 이야기는 신화와 전설에 나올 만큼 인류의 삶과 함께해 왔다고 할 수 있다. 이에 따라 각 나라나 지역마다 전통술이 전해져 오고 있으며 스코틀랜드의 위스키, 프랑스의 포도주, 독일의 맥주, 일본의 청주 등이 그 예이다. 양주(洋酒)란 특정한 술을 가리키는 것이 아니라 우리나라에서 동양의 술과 구분하여 서양에서 전해진 술을 통칭하여 부르는 말이다. 보통 양주라 하면 맥주나 포도주(와인)를 제외한 알코올 농도가 높은 증류주를 의미한다.

양주가 우리나라에 전래된 것은 그 연대가 확실하지 않으나 1876년의 강화도조약 이후로 추정된다. 당시에 양주는 한자로 위스키는 '유사길(惟斯吉)', 브랜디는 '발란덕(撥蘭德)', 럼은 '당주(糖酒)', 진은 '두송자주(杜松子酒)' 등으로 표기되었으며, 일부 상류층의 양반들이나 마실 수 있었다. 일제강점기인 1920년대 말부터 여성 종업원을 두고 남성 손님을 접대하는 일본식 카페가 등장하기 시작하면서 양주의 소비도 늘어났다.

우리나라의 양주 소비는 접대문화와 함께 주로 룸살롱 등 유흥업소에서 판매되었으며, 2016년부터 시행된 속칭 '김영란법'이라 불리는 '부정청탁금지법'의 영향으로 양주의 소비가 급격하게 줄어들게 되었다. 그러나 최근 대형마트를 중심으로 판매가 증가하고 있다. 과거처럼 2차, 3차로 이어지는 회식 대신에 집에서 술을 마시는 소위 '혼술족'이 늘어나면서 마트에서 구매해 집에서 마시는 소비 행태를 보이는 것이다.

우리나라에서 가장 많이 소비되는 양주는 위스키이며, 그 외에도 브랜디, 럼, 진, 보드카, 테킬라 등이 있다.

◆ 브랜디

브랜디(brandy)는 과실을 원료로 하여 발효•증류한 모든 술을 통틀어 이르는 말이며, 원료 과실에 따라 포도브랜디(grape brandy), 사과브랜디(apple brandy), 버찌브랜디(cherry brandy), 자두브랜디(plum brandy) 등으로 부른다. 그중에서도 포도브랜디가 가장 일반적이며, 보통 브랜디라고 하면 포도브랜디를 의미한다. 포도를 사용하여 빚은 포도주(wine)를 증류하여 만들고, 알코올 농도는 40~50% 정도가 된다.

증류한 와인을 오크통에서 숙성하면 포도의 풍미에 오크통에서 우러나오는 향이 더해져서 숙성 기간이 길수록 품질이 좋아진다. 숙성기간은 최소 2년에서 100년 이상 되는 것도 있으며, 일단 병에 넣은 후에는 숙성이 이루어지지 않으므로 숙성기간에 포함되지 않는다.

일반적으로 맥주보다 와인이 비싼 것처럼 위스키보다는 브랜디가 비싸며, 브랜디는 서양의 여러 가지 술 중에서 가장 고급으로 평가되어 '술의 제왕'이라 불린다. 원래 브랜디는 튤립형 글라스에 담아 손의 체온으로 덥혀 가며 충분히 향을 음미하면서 마시는 술로 알려져 있으나, 최근에는 깔끔하고 부드러운 술을 선호하는 젊은이들의 취향에 따라 '온더락(on the rock)'으로 마시는 경우도 많다.

브랜디의 품질은 생산지역과 숙성기간에 의해 주로 결정된다. 프랑스를 비롯하여 오스트리아, 이스라엘, 그리스, 이탈리아, 스페인, 러시아 등 세계적인 포도주 산지에서는 대부분 브랜디가 제조되며, 그중에서도 프랑스의 코냑 지방에서 생산된 것과 아르마냑 지방에서 생산된 것이 유명하다.

숙성기간에 따른 등급 표시는 나라에 따라 다르고, 같은 국가나 지역에서도 제조회사에 따라 약간의 차이가 있으므로 상표에 표시된 등급을 맹신하지 않는 것이 좋다. 예를 들어 6년 정도만 숙성되어도 'X.O'라고 표시하기 때문에 6년 숙성시킨 것이나 30년 숙성시킨 것이나 모두 'X.O'로 되어있다.

'코냑(cognac)'은 프랑스 서남부 코냑(Cognac) 지방의 지명에서 따온 이름이며, 브랜디는 프랑스의 어느 지역에서나 만들 수 있으나 코냑 지방에서 생산된 브랜디에만 코냑이란 이름을 붙이도록 법률로 규정하고 있다. 코냑의 숙성에 쓰이는 오크통은 코냑의 동쪽에 있는 리무쟁(Limousin) 숲에서 나온 참나무(oak)로 만든다.

이 오크통은 나뭇결 간격이 넓고 타닌(tannin) 함량이 많아서 다른 오크통보다 짧은 기간에 코냑을 숙성시켜 독특한 향과 맛을 내는 데 결정적인 역할을 한다. 코냑 중에서 유명한 브랜드로는 카뮈(CAMUS), 헤네시(Hennessy), 마르텔(MAR-TELL), 레미마르탱(REMY MARTIN), 쿠르부아지에(COUR-VOISIER) 등이 있다.

코냑 지방에서는 옛날부터 와인을 생산하여 왔으나, 이 와인은 다른 지방의 와인에 비해 신맛이 강하고 알코올 농도도 보통 13% 정도인 다른 와인에 비해 낮은 7~9% 정도여서 별로 좋은 품질의 것은 아니었으며, 영국이나 네덜란드의 상인들이 싼맛에 사가는 수준이었다. 그런데 1630년대 초 와인에 대한 세금 부과 방식이 술통 단위로 바뀌자 코냑 지방 사람들은 세금을 덜 내기 위해 와인을 증류하여 알코올 농도 70% 정도까지 농축하였으며, 상인들은 화물 부피가 줄고 변질이 되지 않아 환영하였다.

상인들은 처음에는 본국에 돌아가 이 농축와인을 물로 희석해 일반와인 농도로 만들어 팔았으나, 점점 독한 술 그 자체로 팔게 되었다. 네덜란드 사람들이 이 술을 '불에 태운 포도주

(burnt wine)'를 의미하는 네덜란드어 '브란데베인(bran'dewijn) '이라고 부른 것이 '브랜디(brandy)'란 이름의 유래가 되었다.

코냑을 만들 때는 물, 캐러멜, 설탕시럽을 첨가하는 것은 허용되며, 이에 따라 알코올 농도는 보통 40% 정도로 희석되고, 회사마다 적당하게 색상의 보정이나 단맛의 보강을 하여 제품화한다. 코냑이 숙성과정에서 오크통과 접촉하여 맛이 부드러워지고, 색깔이 변하며, 향이 좋아진다는 사실을 알게 된 것은 18세기 말엽이었다.

코냑의 숙성기간 표시 기준은 코냑사무국(Bureau National Interprofessionnel de Cognac, BNIC)에 의해 제정되었다. 코냑의 숙성연수는 콩트(compte)라는 단위로 표시하며, 매년 4월 1일을 기준으로 다음해 4월 1일이 되면 1콩트씩 증가한다. 코냑이란 이름을 붙이려면 최소 2년 이상 숙성되어야 하며, 각 등급의 표시 기준은 다음과 같다.

- V.O(Very Old): 콩트 2 이상
- ☆☆☆(Three star): 콩트 2 이상
- V.S.O.P(Very Superior Old Pale): 콩트 4 이상
- Reserve: 콩트 4 이상
- Napoleon: 콩트 6 이상

■ X.O(Extra Old): 콩트 10 이상

위의 표시 기준은 의무사항이 아니기 때문에 각 회사에서는 자신들이 정한 방식대로 표시하고 있으며, 같은 'Napoleon'이라도 회사가 다르면 숙성연도에 차이가 있다. 따라서 등급 표시는 같은 회사의 제품들끼리 비교하는 데는 의미가 있으나 다른 회사의 제품을 비교하는 척도가 될 수는 없다. 각 회사에서는 위에는 나와 있지 않은 V.S(Very Special), Extra, X.X.O 등의 표시도 하고 있다.

브랜디 제품에 나폴레옹(Napoleon)이란 표시가 사용된 것은 프랑스의 황제였던 나폴레옹 보나파르트(Napoléon Bonaparte)와 관련이 있다. 그는 1811년 바라고 바라던 아들을 얻었는데, 그해에 포도농사도 대풍년이었다. 브랜디 제조업자들은 황태자의 탄생과 대풍년을 기념하는 의미로 나폴레옹이라는 명칭을 상표로 표시하기 시작했으며, 현재도 각 회사에서는 자신 있는 품질의 제품에 나폴레옹이라는 표시를 사용하고 있다. 최고 품질의 코냑에 나폴레옹이라는 표시를 하는 것으로 알려져 있으나, 실은 중간 등급 정도의 제품이다.

'아르마냑(armagnac)'은 코냑과 함께 프랑스를 대표하는 브랜디로 아르마냑(Armagnac) 지방에서 생산된다. 아르마냑은 코냑에 비해 신맛이 약하고 알코올 도수가 높으며, 살구향에 가까운 고유의 향을 지니고 있는 것이 특징이다. 유명한 브랜드로는 샤보(Chabot), 사말란(Samalens) 등이 있다. 과거에는 코냑과 유사하게 V.S(Very Superior), V.O(Very Old) 등의 기준이 적용되었으나, 2010년부터는 표기를 보다 단순화하기 위해 숙성기간을 표시하는 것으로 변경하였다.

◆ 럼

럼(rum)은 17세기 초에 서인도제도에 이주한 영국인이 설탕을 만들 때 나오는 사탕수수즙이나 당밀(糖蜜)과 같은 부산물로 위스키를 만드는 방법과 똑같은 방법으로 만든 증류주이다. 제당산업이 번창한 카리브해의 서인도제도, 바하마제도에서 시작하여 현재는 쿠바, 멕시코를 비롯하여 세계 각지에서 생산되고 있다. 주산지인 카리브해 연안은 해적들이 많이 활동하던 곳이어서 '해적의 술'로도 알려져 있다.

제당산업의 부산물을 원료로 사용하므로 값이 싸서 저급의 증류주로 취급되었으며, 현재에도 싸구려 이미지가 남아있다.

달콤한 냄새와 특유의 맛이 있고, 알코올 농도는 44~45% 정도이다. 럼은 아직까지 명확한 구분 기준이 없으며, 맛이나 색상에 따라 구분하기도 한다. 맛을 기준으로는 헤비럼, 미디엄럼, 라이트럼으로 구분한다.

- 헤비럼(heavy rum): 당밀을 자연 발효시켜 단식증류기로 증류한 후 오크통에서 숙성시킨 것으로서 단맛이 강하고 향미가 풍부하다. 색이 짙으며 주로 자메이카에서 많이 생산한다.

- 미디엄럼(medium rum): 헤비럼과 라이트럼을 혼합하거나 헤비럼식으로 발효해서 연속식증류기를 사용하여 제조한 것이다. 헤비럼과 라이트럼의 중간 형태로 단맛이 강하지 않고 향기도 약하다. 카리브해에 있는 프랑스령 마르티니크(Martinique)섬이 주산지이다. 미국에서 생산되는 뉴잉글랜드럼(New England Rum)도 이 타입이다.

- 라이트럼(light rum): 순수하게 배양한 효모로 발효시키고, 연속식증류기를 사용하여 제조하며 맛이 부드럽고 색이 연하다. 스트레이트로 마시는 외에 칵테일의 바탕이 되는 술로서도 널리 이용된다. 쿠바, 푸에르토리코, 트리니다드토바고 등이 주산지이다.

럼의 색상은 캐러멜을 이용하여 조절할 수 있으므로, 색상으로 구분하는 것은 별 의미가 없지만 다음과 같이 분류하기도 한다.

- 다크럼(dark rum): 색이 짙고 갈색이 나는 것으로, 자마이카산이 이에 속한다.

- 골드럼(gold rum): 화이트럼을 오크통에서 숙성시켜 노랗게 된 럼을 의미하였으나, 요즘은 캐러멜 색소로 착색한 것이 보통이다. 앰버럼(amber rum)이라고도 한다.

- 화이트럼(white rum): 무색이거나 빛깔이 연한 것으로 실버럼(silver rum)이라고도 한다.

◆ 진

진(gin)은 향나무속의 식물인 노간주나무의 열매인 두송실(杜松實, juniper berry)로 향기를 낸 무색투명한 증류주이다.

진은 1660년 네덜란드 라이덴(Leiden) 대학의 실비우스(Sylvius de Bouve) 박사가 이뇨, 해열 등의 효과가 있는 주니퍼베리(juniper berry)를 증류주에 침전시킨 후 다시 증류하여 약용주(藥用酒)로 개발한 것이 기원이다.

처음에는 주니퍼베리의 프랑스어인 '주니에브르(genièvre)'라는 이름으로 약국에서 판매하였으며, 이후 이것은 약용주로서뿐만 아니라 일반 술로서 네덜란드 국민들 사이에 인기를 끌게 되었다. 영국으로 전해지면서 앞 글자만 따서 젠(gen)이라 불렸고, 점차 발음이 변하여 진(gin)이 되었다고 한다.

영국에서 진이 유행하게 된 시기는 1689년 윌리엄 3세(William III)가 외국산 주류에 세금을 높게 책정하여 프랑스의 와인이나 브랜디의 수입이 곤란하게 된 이후부터이다. 주니퍼베리의 향은 송진(松津)의 향과 비슷하며, 네덜란드의 진은 영국인들의 취향에 맞지 않았기 때문에 독자적으로 개량한 진이 탄생하게 되었다.

진은 위스키나 브랜디와는 달리 숙성이 필요 없고, 값싼 곡물을 원료로 하기 때문에 싼값에 대량으로 주조가 가능하여 급속하게 퍼져나갔다. 그 후 영국의 진 생산량은 본거지인 네덜란드의 생산량을 능가하게 되었으며, 영국식 진은 오늘날 가장 일반적인 진으로 여겨지게 되었다.

영국에서 미국으로 건너간 진은 칵테일 베이스로 쓰이게 되면서 전 세계로 퍼져 나갔다. 오늘날 칵테일의 대부분이 진을 베이스로 할 정도로 칵테일과 진은 밀접한 관계가 되었다. 이것은 맛없는 진을 좀 더 맛있게 만들어 보고자 노력한 결과이기도 하다.

과거 유럽에서는 싸구려 술의 대명사였지만 오늘날에는 칵테일 베이스용을 제외하고는 다양한 향신료를 넣은 고급 진이 주로 생산되고 있다. 이러한 고급 진은 위스키나 브랜디보다는 낮지만 꽤 높은 가격에 판매된다. 칵테일이 아니라 바로 마실 때에는 온더락으로 마시는 것이 보통이다.

일반적으로 진은 곡물을 발효시킨 후 증류하여 얻은 알코올 90~95% 정도의 주정을 60% 정도로 희석시킨 후 주니퍼베리, 코리앤더, 캐러웨이, 시나몬, 안젤리카(angelica), 오렌지 껍질, 레몬 껍질 등을 넣고 다시 증류하여 각 성분의 향이 녹아들게 한 다음 알코올 농도를 40% 정도로 조정하여 병에 넣게 된다. 무엇을 어느 정도 사용할 지는 각 메이커의 노하우이며, 원료 곡류는 옥수수, 보리, 호밀 등이 주로 사용된다. 진의 종류는 크게 네덜란드식과 영국식이 있으며, 다음과 같은 것들이 있다.

■ 네덜란드진(Holland gin): 네덜란드어로는 '예네이버(jene'ver)'라고 하며,

영어로는 '홀란드진(Holland gin)' 혹은 '게네베르(genever)'라고 한다. 홀란드는 네덜란드(Netherlands)의 옛 이름이다. 유럽의 여러 나라에서는 'jenever', 'junever', 'genievre', 'jeniever' 등의 다양한 이름으로 불리고 있다.

네덜란드진은 단식증류기를 사용해서 만들기 때문에 맥아에서 유래된 향이 강하고 영국식에 비해 단맛이 있다. 원래 약용주에서 시작된 것이므로 주니퍼베리 등의 향이 많이 남아있어 칵테일용으로는 별로 쓰이지 않는다. 네덜란드, 벨기에 등에서 주로 생산되고 있으며, 그 외에 프랑스의 북부 및 독일의 일부 지역에서도 생산되고 있으나 이들 외의 국가에서는 별로 생산되지 않는다. 네덜란드진 중에서는 네덜란드의 볼스(Bols)사에서 제조한 볼스쥬네버(Bols Genever)가 유명하다.

■ 런던드라이진(London dry gin): 영국식 진은 런던(London)을 중심으로 발달하였기 때문에 런던드라이진이라고 하며, 오늘날 진이라고 하면 보통 영국식 진을 의미한다. 런던이라는 지명이 붙지만 런던에서 만들어진 것만 아니라 세계 어느 곳에서 만들던지 영국식으로 만들면 모두 런던드라이진이라고 부른다.

원료는 네덜란드진과 거의 같으나 연속식증류기를 사용하기 때문에 원료에 의한 향이 네덜란드진에 비해 약하다. 단맛이 매우 적어 '드라이(dry)'라는 명칭을 사용한다. 직접 마시기도 하지만 주로 칵테일의 베이스로 사용된다. 탱커레이(Tanqueray), 비피터(Beefeater), 봄베이사파이어(Bombay Sapphire), 플리머스(Plymouth), 부들스(Boodles), 헨드릭스(Hendrick's), 보타니스트(The Botanist) 등이 유명하다.

- 콤파운드진(compound gin): 영국에서 미국으로 건너온 진이 더욱 순하고 부드럽게 개선되어 칵테일용으로 발전한 것이며, 아메리칸드라이진(American dry gin)이라고도 한다. 콤파운드진은 미리 향료성분을 추출하여 알코올과 섞는 간단한 방법으로 만든다. 콤파운드진 중에서 유명한 것은 미국의 고든스(Godon's)와 캐나다의 씨그램(Seagram's)이 있다.

◆ 보드카

보드카(vodka)란 말의 어원은 러시아어로 '물'을 뜻하는 '바다(вода)'에서 나온 '봇카(вóдка)'이며, 러시아에서는 14~15세기부터 마시던 증류주이다. 폴란드에서는 보드카가 자기 나라에서 기원했다고 주장하지만 세계적으로는 러시아를 대표하는 술로 알려져 있다. 과거에는 러시아와 폴란드를 비롯하여 주로 북유럽의 국가들에서 많이 생산하였으나, 오늘날에는 세계적으로 생산되고 있다.

보드카는 독한 술이라는 선입관이 있지만 그것은 예전에 알코올 함량 60% 이상의 것이 판매되었기 때문이며, 현재는 다른 양주와 마찬가지로 40% 정도의 것이 많다. 보드카는 그 자체를 직접 마시기도 하나, 무색투명하고 냄새도 없는 순수한 알코올에 가까운 맛을 지니고 있어서 칵테일 베이스로 많이 사용되고 있다.

보드카의 원료로는 수수, 옥수수, 호밀, 밀, 감자 등 전분이나 당분을 함유한 모든 작물이 될 수 있으며, 경우에 따라서는 포도, 쌀, 원당, 사탕무로 만들기도 한다. 과거에는 자작나무 숯을 채워 넣은 단식증류기를 이용하여 증류하였으나, 오늘날에는 주로 연속식증류기를 사용하여 증류한다. 제조방식이 우리나라의 희석식 소주와 크게 다를 바가 없다. 다만, 소주보다 알코올 함량이 높고, 소주에는 설탕 등의 감미료가 첨가되는데 비해 보드카에는 이런 첨가물이 전혀 없다는 차이가 있다.

◆ 테킬라

테킬라(tequila)는 멕시코에서 생산되는 증류주의 일종이다. 멕시코에는 13세기 아즈텍(Aztecan) 시대부터 선인장의 일종인 용설란(龍舌蘭, agave)의 수액을 발효시켜 만든 풀케(pulque)라는 토속주가 있었으며, 이것은 우리의 막걸리와 같이 서민들이 애용하던 술이었다.

16세기 초 스페인의 멕시코 정복과 함께 증류 기술이 도입되어 풀케를 증류한 메스칼(mescal)이라는 술이 만들어졌다. 이 메스칼 중에서 멕시코 중서부의 할리스코(Jalisco)주에 있는 테킬라(Tequila) 지방에서 생산되는 것에만 테킬라라는 이름을 붙이도록 법으로 정해져 있다. 메스칼의 원료가 되는 용설란은 100여 종이 있으며, 테킬라는 그중에서 테킬라 지방에서 주로 재배되는 청색용설란(blue agave)을 원료로 사용한다.

테킬라는 20세기 초까지만 하여도 원산지인 멕시코에서만 소비되는 술이었으나, 1949년 미국에서 열린 칵테일 콘테스트에 출품된 '마르가리타(Margarita)'란 테킬라를 베이스로 만든 칵테일을 계기로 외부로 알려지기 시작하였다. 그 후 미국에서 활동한 재즈그룹 챔스(The Champs)가 1958년에 발표한 '테킬라(Tequila)'란 곡이 크게 히트하면서 세계적으로 널리 알려지게 되었고, 1968년 멕시코올림픽을 계기로 전 세계로 퍼져나가게 되었다. 테킬라 중에서 가장 유명한 브랜드는 '호세쿠에르보(Jose Cuervo)'이다.

위스키나 브랜디의 경우에는 숙성이 품질 결정의 중요한 요소이지만, 테킬라의 경우는 너무 오래 숙성하면 용설란 특유의 풍미에 영향을 미치기 때문에 좋지 않을 수도 있다. 따라서 테킬라의 숙성기간은 대체로 5년 이하이며, 숙성기간보다는 청색용설란의 함량과 제조 방법을 품질 기준으로 삼는다. 청색용설란의 수액을 51% 이상 사용하면 테킬라라는 이름을 사용할 수 있으나, 고급 테킬라는 100% 청색용설란만 사용한다. 알코올 농도는 다른 양주와 마찬가지로 40% 정도이다.

테킬라는 원료가 다르기 때문에 유럽의 증류주와는 전혀 맛이 다르고, 소금과 라임주스와는 잘 어울린다고 정평이 나 있다. 전통적인 테킬라 마시는 법은 라임이나 레몬 조각을 한 번 씹고 손등에 얹어 놓은 소금을 핥은 다음 테킬라를 마시는 것이다. 이것은 원주민들이 마시는 방식이었으며, 증류가 제대로 안 되어 이취가 섞인 값싼 테킬라를 마실 때에는 이 방식을 따라도 좋으나 제대로 증류된 고급 테킬라는 차게 해서 그냥 마시는 것이 좋다. 테킬라는 숙성기간에 따라 다음과 같이 구분하기도 한다.

■ 블랑코(blanco): 증류 후 바로 병에 담은 무색투명한 테킬라이며, 테킬라 본연의 맛과 향을 느낄 수 있고 용설란의 향이 가장 잘 느껴진다. 그대로 마시기도 하지만 칵테일용으로 사용되는 경우가 많다. 블랑코(blanco)는 스페인어로 '흰색'을 의미하며, '실버 테킬라(silver tequila)'라고도 한다. 블랑코에 캐러멜색소를 첨가하여 숙성된 것과 비슷한 담황색의 테킬라는 '골드 테킬라(gold tequila)'라고도 한다.

■ 레포사도(reposado): 2개월 이상 1년 미만 숙성된 것으로 옅은 황금빛을 띠고 있다. 법적으로는 60일 이상으로 되어 있으나, 각 회사에 따라 숙성 기간은 차이가 있다. 호세쿠에르보는 레포사도에 속하는 테킬라이다.

■ 아네호(añejo): 아네호란 '숙성된(aged)'이란 의미이며, 1년 이상 숙성된 테킬라를 말한다. 숙성기간이 길기 때문에 레포사도에 비해 좀 더 색이 짙고, 향과 맛이 더 부드럽다.

20.
위스키

위스키의 어원은 라틴어로 '생명의 물'을 의미하는 '아쿠아 비테(aqua vitae)'에서 유래하였으며, 고대 켈트족(Celt族)의 언어인 게일어(Gaelic語)로 '우스게 바하(uisge beatha)'라고 하던 것이 '우스키(uisky)'로 변하였다가 위스키가 되었다고 한다. 위스키의 표기는 미국과 아일랜드에서는 'whiskey'라고 하고, 스코틀랜드(영국)와 일본에서는 'whisky'라고 한다. 우리나라에서는 미국식 표기에 따라 'whiskey'라고 하는 경우가 많다.

향수나 약재를 얻기 위한 방법으로 증류를 이용한 것은 기원전부터 있었던 기술이었으며, 알코올을 얻기 위한 방편으로 증류 기술을 사용한 것은 8~9세기경 중동지역에서 시작되었다고 한다. 이 기술이 십자군 원정을 통해 유럽으로 전파되었고, 12세기경 아일랜드에서 처음으로 위스키가 제조되었다.

아일랜드에서 비롯된 위스키는 15세기경에 스코틀랜드에 전파되었다. 초기의 위스키는 보리를 주원료로 하여 이것을 당화, 발효시킨 후 증류하여 물로 희석하지 않고 원액 자체를 마셨다. 같은 보리로 만든 술이지만 맥주와는 다르게 홉(hop)은 사용되지 않았으며, 소주와 같이 무색투명하고 알코올 도수가 높은 증류주였다. 스코틀랜드 지방의 토속주 형태이던 것이 18세기에 이르러 참나무(oak)통에서 숙성시키는 방법으로 발전하여 오늘날의 위스키와 같은 것이 되었으므로 스코틀랜드를 위스키의 원조로 보고 있다.

1707년 스코틀랜드가 잉글랜드에 합병되고 대영제국(大英帝國, British Empire)이 건설된 후 부족한 재정을 마련하기 위해 주세(酒稅)를 심하게 부과하자 스코틀랜드의 위스키 제조업자들은 산속으로 숨어들어 밀주(密酒)를 제조하기 시작하였다. 이들은 맥아를 건조시킬 연료로 토탄(土炭, peat)을 사용하게 되면서 훈연에 의해 특유의 향이 형성되는 것을 알게 되었으며, 술을 장기간 저장하기 위해 와인을 담갔던 빈 통을 이용하면서 투명한 호박색의 짙은 향취를 지닌 부드러운 맛의 위스키를 얻을 수 있었다.

이렇게 만든 위스키는 기존의 것보다 훨씬 품질이 좋았으며, 그 후 주세법이 완화되자 큰 인기를 얻고 널리 퍼져나가게 되었다. 한편, 주세의 일종인 맥아세(麥芽稅)를 덜 내기 위하여 맥아의 사용량을 줄이고, 다른 곡류를 혼합하기 시작하면서 호밀, 옥수수 등 다른 곡류를 원료로 한 위스키도 나타나게 되었다.

1826년에 로버트 스타인(Robert Stein)이 연속식증류기를 발명하였으며, 1831년에 이니아스 코페이(Aeneas Coffey)가 더욱 개량하여 특허(patent)를 획득하고 패턴트스틸(patent still)이라고 부르면서 종래의 재래식 증류기는 포트스틸(pot still)이라고 부르게 되었다.

포트스틸을 사용하면 증류가 불완전하기 때문에 높은 도수의 증류주를 얻을 수 없으나, 원료가 가지고 있는 알코올 이외의 성분이 함께 섞여 원료의 독특한 맛을 살린 술을 만들 수 있다. 패턴트스틸은 순수 알코올에 가까운 증류주를 얻을 수 있으나 어느 원료를 사용하여도 원료 특유의 맛은 거의 남아있지 않게 된다.

연속식증류기를 이용한 증류주 중에는 알코올 도수가 90% 이상인 것도 있으나, 일반적으로 증류주의 알코올 도수는 40~43% 정도이다. 이 정도가 몸에 가장 잘 흡수되며, 해(害)도 적고 최상의 술맛을 낸다고 하는 이유에서 물을 타서 도수를 조절하였기 때문이다.

위스키는 대체로 깔끔하고 뒤끝이 없는 편이지만 다소 독한 편이며, 따라서 얼음을 타서 마시는 온더락(on the rock)으로 마시는 경우가 많다. 그 이유는 얼음이 녹아서 물이 되면 상대적으로 술의 도수가 낮아지게 되기 때문이다. 연속식증류기가 나오면서 상대적으로 저렴한 옥수수를 주원료로 한 그레인위스키가 대량으로 생산되기 시작하였으며, 맛을 보강하기 위하여 몰트위스키와 혼합한 블렌디드위스키가 나오면서 시장이 대폭 확대되었다.

위스키의 제조공정 중에서 가장 중요한 것은 숙성이며, 나라마다 법에 따라 숙성 의무기간을 두고 있다. 숙성시키지 않은 위스키는 투명하며, 오크통에서 숙성시킴으로써 특유의 맛과 향이 부여되고 위스키 고유의 짙은 호박색으로 변하게 된다. 위스키 숙성에 사용되는 오크통은 통 속의 잔존 내용물이 위스키의 풍미에 영향을 미치기 때문에 새로 만든 것보다는 그 전에 사용하였던 것을 재활용하는 경우가 많다. 숙성 기간은 최소 2년에서 길게는 30년 이상이 되며, 일반적으로는 12년 이상 된 것을 프리미엄(premium)급으로 보고 있다.

위스키의 숙성 기간과 관련하여 '12년산', '18년산' 등으로 부르는 경우가 있는데 이는 올바른 표현이 아니다. '년산(年産)'이라는 말은 해당하는 연도에 만들어졌다는 뜻이며, '12년산'이라고 하면 2012년이나 1912년에 제조된 것에는 맞을 수 있으나, 12년 숙성한 위스키에는 적합하지 않다.

위스키의 숙성연수는 '12년' 또는 '12년 숙성' 등으로 부르는 것이 바람직하다. 블렌디드위스키의 라벨에 표시된 숙성연수는 혼합한 것 중에서 숙성연수가 가장 낮은 위스키를 기준으로 한다. 예를 들어 30년짜리 위스키와 12년짜리 위스키를 섞으면 그 위스키의 표시 연수는 12년이 된다.

일반적으로는 숙성 기간이 길수록 고급 위스키로 여겨지고 가격도 비싸지만, 장기간 숙성시킨다고 해서 반드시 좋은 것은 아니고 일정 기간이 지나면 오히려 맛이 나빠지는 경우도 있다. 이런 측면에서 흔히 알고 있는 것과는 다르게 위스키의 품질은 숙성 기간과 별 상관이 없으며, 개인의 기호에 따라서 선택하는 것이 올바른 소비행위이다.

고급 위스키인 경우에도 숙성연수를 표기하지 않은 경우가 있으며, 이는 숙성 기간과 상관없이 품질과 맛만을 고려해 블렌딩하였기 때문이다. 즉, 십여 종의 위스키를 혼합하였을 경우 나머지는 모두 20년 이상 된 위스키라도 그중 하나만 6년 된 것이 있으면 표시 연수는 6년으로 하여야 되기 때문에 차라리 표시하지 않게 되는 것이다. 보통 6~8년 된 원액을 사용하여 만드는 위스키는 숙성연수를 표기하지 않는다.

위스키는 생산지에 따라 원료, 증류방법, 숙성방법, 기후, 풍토 등의 차이로 각각 특색이 있는 맛을 자랑하며, 세계적으로 영국의 스코틀랜드, 아일랜드, 미국, 캐나다, 일본 등에서 생산한 위스키가 잘 알려져 있다.

■ 스카치위스키(Scotch whisky): 스코틀랜드에서 생산된 것으로서 세계적으로 가장 많이 소비되고 있다. 스카치위스키는 사용된 원료에 따라 몰트위스키, 그레인위스키, 블렌디드위스키로 구분할 수 있으며, 이 구분은 다른 나라의 위스키에는 적용되지 않을 수도 있다.

몰트(malt)위스키는 맥아만을 원료로 해서 만든 위스키를 말하며, 특히 한 곳의 양조장에서 같은 공정으로 만든 몰트위스키만 담은 것은 '싱글몰트(single malt)위스키'라고 한다. 그레인(grain)위스키는 보리를 제외한 다른 곡물로 만든 위스키이며, 일반적으로 몰트위스키보다 맛이 가볍고 단맛이 있다. 블렌디드(blended)위스키는 가장 일반적인 위스키이며, 두 가지 이상의 위스키를 일정한 비율로 혼합한 것이고, 몰트위스키와 그레인위스키를 섞는 것이 보통이다. 일반적으로 몰트위스키의 함량이 높을수록 가격이 비싸진다.

스카치위스키 중에서 세계적으로 유명한 것으로는 발렌타인(Bal-lantine's), 조니워커(Johnnie Walker), 시바스리갈(Chivas Regal), 로얄살루트(Royal Salute), 블랙앤화이트(Black & White), 앰배서더(Ambbassa-dor), J&B(Justin & Brooks), 패스포트(Passport), 올드파(Old Parr), 딤플(Dimple), 썸싱스페셜(Something Special), 글렌피딕(Glenfiddich), 커티삭

(Cutty Sark), 화이트호스(White Horse) 등이 있다.

발렌타인은 정통 스카치위스키로서 12년, 17년, 21년, 30년 등의 제품이 있다. 특히 우리나라에서 가장 인기 있는 위스키이며, 최근에는 한국을 제외한 다른 국가에서는 찾아볼 수 없는 한국만을 겨냥한 '마스터스(Masters)'라는 제품을 따로 내놓을 정도이다.

조니워커는 40여 종의 위스키를 블렌딩하여 제조하며, 전 세계 면세점에서 가장 많이 팔리는 위스키이고, 그중에서도 레드라벨(red label)이 가장 많이 팔리고 있다. 표시 연수 12년의 블랙라벨(black label)은 레드보다 피트(peat)향이 진한 특징이 있다. 이외에도 여러 종류의 조니워커가 있으나 가장 고급은 블루라벨(blue label)이며, 생산되는 모든 병에 고유번호가 부여되어 있다.

시바스리갈은 시바스브라더스(Chivas Brothers)사에서 제조한 위스키로서 '시바스 가문의 왕'이라는 뜻이며 12년, 18년, 25년 등 세 종류가 판매되고 있다. 우리나라에서는 박정희 전 대통령이 궁정동에서 생전 마지막으로 마셨던 술로 알려져서 유명하며, 한때 양주의 대명사가 될 정도로 인기가 있었다. 예전만큼은 아니나 지금도 많이 팔리고 있으며, 세계적으로도 사랑받고 있는 술이다.

로얄살루트는 시바스리갈을 생산하는 시바스브라더스사에서 영국 엘리자베스 2세가 즉위하던 1953년에 발매를 시작한 위스키로서 21년, 38년 두 종류가 있다. 국왕 주관의 공식 행사에서는 21발의 축포를 쏘는 데서 아이디어를 얻어 '왕의 예포'라는 뜻의 'Royal Salute'라는 이름을 붙였다.

21년 숙성시킨 제품을 도자기로 된 병에 넣고 다시 고급 벨벳(velvet) 주머니로 감싸 최고급 명품 위스키로서의 가치를 표현하였다. 2005년부터 출시된 38년 숙성 제품은 '운명의 돌(Stone of Destiny)'이라는 별명이 있으며, 세계적으로 한정적인 수량만 공급되는 고가의 위스키로 정평이 나있다.

■ 아이리쉬위스키(Irish whiskey): 아일랜드에서 생산된 위스키를 말한다. 본래 아이리시위스키의 제법은 단식증류기를 이용하여 3번 증류한 후 3년 이상 숙성시키는 것이었으며, 그레인위스키에 가까운 것이었다. 스카치위스키가 피트향이 술에 배는 반면 아이리시위스키는 원료인 곡류를 솥 안에 밀폐한 채 석탄으로 건조시키기 때문에 향이 배지 않아 깨끗하고 맛이 부드럽다. 그러나 지금은 스카치위스키의 영향을 받아 블렌딩한 위스키도 나오고 있다. 잘 알려진 브랜드로는 제임슨(Jameson), 부쉬밀(Bushmill), 존파워(John Power) 등이 있다.

■ 아메리칸위스키(American whiskey): 미국에서 생산되는 위스키로 1770년대 스코틀랜드나 아일랜드에서 종교적 박해와 가난에서 벗어나려고 미국으로 이주한 사람들에 의해 위스키가 제조되기 시작하였다. 미국의 위

스키는 연방법의 규제 하에서 제조되고 있으며, 2년 이상 숙성시킨 위스키의 경우 명칭 위에 '스트레이트(straight)'라는 말을 붙일 수 있다. 종류로는 버번위스키, 테네시위스키, 콘위스키, 라이위스키 등이 있다.

버번위스키(Bourbon whiskey)는 켄터키(Kentucky)주의 버번(Bourbon) 지방에서 제조되던 위스키였으나 이제는 미국의 어느 지역에서나 사용할 수 있는 이름이며, 원료 중에 옥수수를 51% 이상 사용하여야 한다. 옥수수가 주원료여서 달콤하고 코코넛이나 바닐라 향이 풍부하다. 주요 브랜드로는 짐빔(Jim Beam), 메이커스마크(Maker's Mark), 와일드터키(Wild Turkey), 우드포드리저브(Woodford Reserve), 레벨옐(Rebel Yell), 포어로제스(Four Roses), 헤븐힐(Heaven Hill) 등이 있다.

테네시위스키(Tennessee whiskey)는 버번위스키의 일종이며, 상거래 관습상 테네시(Tennessee)주에서 제조되는 것을 테네시위스키로 구분한다. 버번위스키와 같이 옥수수를 51% 이상 사용하여 제조한 다음 활성탄이나 숯으로 여과하기 때문에 버번위스키에 비해 향이 약하고 특유의 풍미가 있다. 주요 브랜드로는 잭다니엘스(Jack Daniel's), 벤자민프리차드(Benjamin Prichard's), 조지디켈(George Dickel) 등이 있다.

콘위스키(corn whiskey)는 옥수수를 80% 이상 함유하며, 오크통에 넣어 숙성시키지 않거나 숙성시킨다고 하더라도 내측을 태우지 않은 새 오크통이거나, 내측을 태운 오크통이라도 이미 사용된 헌 통을 사용한 것을 콘위스키라고 한다.

라이위스키(rye whiskey)는 원료의 51% 이상 호밀(rye)을 사용하며, 숙성할 때는 내부를 태운 새 오크통을 사용한다. 색상은 버번위스키와 아주 유사하나 옥수수 대신에 호밀을 주원료로 하였기 때문에 그 맛과 향이 다르다.

■ 캐나디안위스키(Canadian whiskey): 캐나다에서 생산되는 위스키로 거의 모든 종류가 블렌디드위스키이다. 캐나다에서 많이 생산되는 호밀과 옥수수를 주로 사용하며, 캐나다 법에 따른 최저 숙성 연수는 3년이지만 보통 그 이상 숙성시킨다. 다른 위스키에 비해 향이 약하고, 맛이 가볍고 부드러운 것이 특징이다. 주요 브랜드로는 크라운로얄(Crown Royal), 캐나디안클럽(Canadian Club), 블랙벨벳(Black Velvet) 등이 있다.

■ 일본위스키(Japaness whisky): 일본에서 위스키를 생산하는 회사는 산토리홀딩스(Suntory Holdings Ltd)와 닛카위스키(The Nikka Whisky Distilling Co. Ltd) 두 곳이 있다. 산토리의 주요 브랜드는 야마자키(山崎, Yamazaki), 하쿠슈(白州, Hakushu), 히비키(響, Hibiki), 가쿠빈(角瓶, Kaku-bin), 산토리로얄(Suntory Royal), 젠(膳, Zen) 등이 있고, 닛카의 주요 브랜드는 다케쓰루(竹鶴, Taketsuru), 미야기쿄(宮城峽, Miyagikyo), 슈퍼닛카(Super Nikka), 블랙닛카 (Black Nikka), 요이치(余市, Yoichi) 등이 있다.

위스키가 우리나라에 전래된 것은 1876년 강화도조약 이후로 추정되며, 일제강점기에는 일부 계층에서 소비하기도 하였다. 그러나 8·15 해방 이후까지도 위스키는 구하기도 어렵고 가격도 비싼 귀한 술이어서 아무나 마실 수 있는 것이 아니었다. 해방 이후 1960년대까지 국내에서 위스키라는 이름으로 유통된 술은 거의 대부분 증류식 소주에 여러 가지 재료를 섞어 위스키의 색과 맛을 낸 유사품이었다.

1950년대에는 미군부대에서 흘러나온 것과 일본산 밀수품이 일부 유통되기도 하였다. 이때의 일본 위스키 중에서 특히 산토리에서 만든 '토리스위스키(トリス ウイスキー)'가 인기였으며, 이에 영향 받아 김타관(金他官)이 운영하는 부산의 국제양조장에서 1956년에 '도리스위스키'라는 유사 위스키를 제조하여 판매하였다. '도리스'가 '토리스'의 상표를 도용하였다는 문제가 제기되자, 1960년 가수 최백호의 '낭만에 대하여'라는 노래에 나오는 '도라지위스키'로 이름을 변경하였다.

도라지위스키가 1960년대를 대표하는 인기를 누렸으나, 이름만 위스키이고 위스키 원액은 한 방울도 섞이지 않은 유사품이었을 뿐이다. 위스키 원액이 들어간 최초의 술은 1970년 청양산업에서 월남전 파병군인용으로 납품한 '그렌알바(Glen Alba)'였다. 이것 역시 소주에 위스키 원액을 20% 미만 혼합한 것으로 기타재제주(其他再製酒)로 분류되는 술이었다. 기타재제주는 수입 원액에 값싼 주정이나 소주 등을 혼합하여 만들었던 것으로서, 1990년 주세법 개정으로 현재는 생산되지 않는 술이다.

국내에 양주 수입이 일부 허용된 것은 1972년부터이나 수입된 양주는 주로 외국인들을 상대하는 한국관광공사에서만 판매될 정도로 제한적이었으며, 300%가 넘는 주세 탓에 일반 소비자들은 마셔볼 엄두조차 내지 못했다. 따라서 1970년대는 기타재제주라는 이름으로 양주와 비슷한 맛을 내는 술들이 유행하였다.

그중에서 유명한 것은 1973년 해태주조에서 출시한 '런던드라이진(London Dry Jin)', 1975년에 시판된 백화양조의 '죠지드레이크(George Drake)'와 1976년에 나온 진로의 'JR', 1976년 해태주조에서 출시한 브랜디 '나폴레온(Napoleon)'이 있었다. 죠지드레이크 등이 출시되면서 위스키 원액이 전혀 들어있지 않은 유사 위스키들은 급속히 사라지게 되었으며, 위스키를 마시고 싶어 하는 욕구와 경제 발전에 따라 20%, 25%, 30%로 위스키 원액 함량이 늘어갔다.

국제 기준에는 부합하지 않으나 당시의 국내 주세법에 따라 위스키로 분류되었던 최초의 술은 1977년 7월에 출시된 백화양조의 '베리나인(Valley-9)'이었으며, 그보다 조금 늦게 진로에서 '길벗(Gilbert)'을 출시하였고, 같은 해 8월에는 해태주조에서 '드 슈(De Siou)'를 내놓았다. 이들은 모두 원액 함량 25%에 알코올 43도의 술이었다. 1978년 7월에는 백화양조에서 원액 함량 30%의 '베리나인골드(Valley-9 Gold)'를 출시하며 위스키는 한 층 고급화되었다.

86아시안게임과 88서울올림픽을 계기로 1984년에는 위스키 원액 100%의 진짜 위스키들이 등장하게 되었다. 백화양조에서 위스키 전문 회사로 1982년에 설립한 베리나인에서 '베리나인골 드킹(Valley-9 Gold King)'을 출시하였고, 진로는 'VIP'를 출시하 였으며, OB맥주와 미국 씨그램(Seagram)사의 합작투자 회사 인 오비씨그램(OB-Seagram)은 '패스포트(Passport)'를 출시하 였다. 거의 같은 시기에 출시되었으나 시장은 패스포트가 장악 하였고, 베리나인은 1985년에 오비씨그램에 합병되었으며, 베리 나인에서 생산하던 베리나인골드킹은 '썸싱스페셜(Something Special)'로 브랜드 이름을 변경하였다.

현재 국산 위스키라고 하는 '윈저(Windsor)', '골든블루(Gold-en Blue)', '임페리얼(Imperial)', '킹덤(Kingdom)', '스카치블루 (Scotch Blue)' 등은 모두 외국의 원액을 수입하여 블렌딩과 병 입만 국내에서 하는 것이므로 엄밀히 말해 국산 위스키가 아니다. 1980년대에 위스키 원액을 국산화하려는 시도가 있었으나, 생산 비용이 수입 원액에 비해 경제성이 없었기 때문에 무산되었다.

위스키의 수입은 1972년부터 부분적으로 허용되다가 1990년부터는 완전 자유화가 이루어졌으며, 1989년부터 시행된 해외여행 자유화에 의해 개인적으로 위스키를 구매하여 입국하는 여행객도 많아지게 되었다. 2002년에는 일본을 제치고 위스키 수입액에서 세계 4위를 차지하였으며, 2011년에는 17년 이상 숙성시킨 고급 위스키를 세계에서 가장 많이 소비하는 나라가 되었다.

고급술의 대명사로 여겨지며 계속 증가하던 위스키 시장은 2008년의 외환위기를 계기로 위축되기 시작하였다. 우리나라에서 위스키는 룸살롱 등 유흥업소에서 소비되는 양이 전체 매출의 80~90%를 차지해왔는데, 경영이 어려워진 기업들이 접대비를 줄이면서 소비가 줄어들게 된 것이다.

2016년부터 시행된 부정청탁금지법의 영향으로 위스키의 소비는 더욱 줄어들게 되었다. 2017년부터 거세진 '혼술' 열풍과 2018년부터 시행된 '주 52시간 근무제'로 기업의 회식문화마저 위축되면서 위스키 시장은 급격히 축소되고 있다. 그러나 한편으로는 대형마트를 중심으로는 판매가 증가하고 있으며, 해외여행객이 많아지면서 면세점에서 구매하는 위스키의 양도 증가하고 있다.

21.
해장국

    우리나라는 세계적으로 술을 많이 소비하고 취할 때까지 마시는 것으로 유명하다. 해장국이란 과음한 이튿날 아침에 찾아오는 숙취를 해소시키기 위해 먹는 국이며, 국물 요리와 술을 좋아하는 우리의 음식문화가 만들어낸 산물이다. 우리와 식생활 문화가 유사한 일본이나 중국에도 해장국이 없으며, 세계적으로도 유사한 음식문화를 찾아보기 어렵다. 요즘은 숙취 해소를 위해서가 아니라 가벼운 한 끼 식사로도 해장국을 찾는다.

    숙취(宿醉)란 술을 마신 다음날 잠에서 깬 후에 느끼는 특이한 불쾌감이나 두통, 또는 심신의 작업능력 감퇴 등이 지속되는 현상을 말하며, 아직까지 숙취의 원인에 대해선 과학적으로 명확히 밝혀내지 못하였다. 숙취의 원인은 여러 가지가 있으며, 그중에서 알코올 분해 시에 발생하는 독성물질인 아세트알데하이드(acetaldehyde)라는 성분이 깊게 연관되어 있을 것으로 추정되고 있다.

해장국은 '술국'이라고도 하며, '풀 해(解)'와 '창자 장(腸)'에 '국'이 합쳐진 말로서 '술에 찌든 장을 풀어주는 국'이라는 의미이다. 예전에는 '숙취 정(醒)'을 써서 '해정탕(解醒湯)'이라 하였으며, '숙취를 푸는 국'이라는 의미였다. 때로는 '술 취할 정(酊)'이라는 한자를 사용하여 해정탕(解酊湯)이라고도 하였다.

그런데 '정(醒)' 또는 '정(酊)'이라는 한자가 일반적으로 잘 쓰이지 않는 어려운 한자여서 비슷한 발음이 나며 쉽게 이해할 수 있는 '장(腸)'을 써서 '해장탕(解腸湯)'으로 와전되어 쓰이게 된 것이다. 지금은 해장탕도 거의 사용되지 않고 해장국이라 하는 것이 일반적이다.

해장국에 대한 최초의 기록은 『노걸대(老乞大)』라는 책에 나오는 성주탕(醒酒湯)이다. 『노걸대』는 고려 말부터 조선 후기까지 사용되던 중국어 학습교본으로서 이 책에 "얇게 썬 고기와 국수를 끓여 산초가루와 파를 넣은 성주탕을 먹는다"라는 기록이 있다. '깰 성(醒)'과 '술 주(酒)'를 합친 성주탕(醒酒湯)은 '술을 깨는 국'이란 의미로 오늘날의 해장국과 유사한 음식이었으나, 『노걸대』 이외의 문헌에서는 발견되지 않았다.

문헌상 해정이란 단어가 처음 발견되는 것은 작자 미상의 『숙향전(淑香傳)』이란 고대소설이다. 『숙향전』은 18세기 초에 쓰인 것으로 추정되며 천상 월궁선녀의 현신인 숙향과 태을성의 현신인 이선이 인간 세상에 태어나 우여곡절을 겪은 후 마침내 사랑을 성취한다는 내용의 순한글 소설이다. 그 책에 "져젹 취흔 슐이 엇그졔야 씌엿시니 희졍코져 ᄒ더니 금일 공쥬를 만나니 다힝ᄒ여이다"라는 대목이 있으며, 여기서 '희졍'은 해정의 옛말이다.

1856년 정윤용(鄭允容)이 지은 자전(字典)인 『자류주석(字類註釋)』에도 '희정'이란 단어가 등장하고, 1880년 프랑스인 펠릭스 클레르 리델(Félix Clair Ridel) 주교가 편찬한 『한불자전(韓佛字典)』에 '희졍쥬(解酲酒)'란 단어가 나오며, 1897년 영국인 선교사 게일(James S. Gale)이 편찬한 『한영자전(韓英字典)』에도 '희졍쥬(解酲酒)'와 함께 '희졍ᄒ다'라는 단어가 나온다.

19세기 중후반의 문헌에는 '희정국' 또는 해정탕(解酲湯)이란 용어는 잘 보이지 않고 주로 해장술에 해당하는 해정주(解酲酒)가 나타나는 것으로 보아 당시에는 숙취 해소를 위해 국보다 주로 술을 마신 것 같다. 용어는 보이지 않으나 해정주를 마실 때에는 당연히 안주가 있었을 것이고, 그것이 해정탕으로 발전하였을 것이다.

조선 후기의 문신인 최영년(崔永年)이 지은 시를 모아 송순기

(宋淳夔) 등에 의해 1925년 편찬된『해동죽지(海東竹枝)』에는 해
장국의 일종인 효종갱(曉鐘羹)에 대한 기록이 보인다. 효종갱이
란 '새벽 효(曉)', '쇠북 종(鐘)', '국 갱(羹)'을 합한 단어로 '새벽종
이 울릴 때 배달되는 국'이란 뜻이다.

『해동죽지』에 의하면 "광주성(廣州城: 현재의 남한산성) 사람들
이 효종갱을 잘 끓인다"고 하였으며, "밤에 국항아리를 솜에 싸
서 서울로 보내면 새벽녘에 사대문 안의 대갓집으로 배달된다.
그때까지 국항아리가 식지 않아 해장에 더없이 좋다"고 기록되
어 있다. 그러나 효종갱에는 해삼, 전복, 송이버섯, 표고버섯, 소
갈비 등 비싼 재료가 사용되고 있어 양반들이나 먹을 수 있는
귀한 음식이었으며, 오늘날 일반 서민의 음식인 해장국과는 거
리가 먼 음식이었다.

해장국이란 명칭이 8·15 해방 이후에 나왔다는 인터넷 글도
있으나 이는 사실과 다르다.《동아일보》의 1926년 9월 12일 사
회면의 '휴지통'이라는 기사에 "문서과 자동차는 룡산서로 달려
가서 해장국도 못어더먹고 느러진 그 자를 태워가지고 도라갓
다"는 내용이 있으며, 1933년 9월 3일 사회면의 '횡성수설'에는
"農林局(농림국)에선 농촌 피폐를 계통적 조사키로 결정. 조사
쯤이야 朝飯前(조반전) 解腸(해장)이지, 단 구제의 실효적 명안이
문제"라는 글이 있어서 일제강점기에도 해장국이란 용어가 사

용되고 있었음을 알 수 있다.

한편 《동아일보》의 1931년 4월 8일 생활·문화면 기사에 "口渴(구갈) 날 때에 解酲(해정)하는 게 약 먹고 낫는 것보다 낫게 생각을 일터인데 어찌 이 일을 그치라하는요 하얏다"라는 내용이 있고, 1938년 3월 12일 사회면 기사에 "작취미성한 사람이 해정(解酲)술을 먹기 시작하면 시간가는 줄도 모르고"라는 내용이 있으며, 1956년 9월 29일 정치면 '壇上壇下(단상단하)'라는 제목의 기사에 "술 좋아하는 朴君(박군)은 解酲(해정)에 각각 주의하여"라는 내용이 나온다.

또한 《경향신문》 1955년 12월 7일 과학면의 '알코올중독의 증상'이라는 제목의 기사에 '解酲(해정)술'이란 용어가 사용되고 있어서 解腸(해장), 解醒(해정) 및 解酲(해정)이 한동안 함께 사용되었으며, 6·25 전쟁 직후까지도 해정이란 용어가 사용되었음을 알 수 있다. 해장국이란 단어가 보편적으로 쓰인 것은 1950년대 말 이후이며, 지역에 따라 특색 있게 발전하였다.

서울을 비롯한 중부지방의 해장국은 소뼈를 곤 국물에 된장을 풀고 우거지를 넣고 끓인 우거짓국이 일반적이며, 토장국 또는 된장국이라고도 하였다. 경우에 따라서는 배추우거지 대신에 무청시래기가 사용되기도 하며, 콩나물이나 무, 감자 등이 추가되기도 한다. 갓 잡은 소의 싱싱한 선지를 끓는 물에 삶아서

국에 넣기도 하며, 선지를 넣은 해장국은 선짓국이라고 한다.

우거지해장국과 유사하나 소뼈 대신 돼지등뼈를 곤 국물을 사용하는 것이 뼈다귀해장국이다. 뼈다귀해장국은 감자탕과 비슷하지만 감자가 들어가지 않는다는 점에서 구별된다. 언제 어느 지방에서 시작되었는지는 알 수 없으나 예로부터 전해지고 있다. 돼지등뼈우거지탕, 뼈다귀국, 뼈다귀탕 등으로도 불리지만 해장국이란 이름이 유행하면서 뼈다귀해장국으로 부르는 것이 일반화되었다. 건더기가 풍부하고 숙취를 위한 국이라기보단 한 끼 식사에 더 가깝다.

서울 해장국의 대표이며, 현재까지 영업을 계속하고 있는 국내에서 가장 오래된 해장국집은 종로구 청진동에 있는 '청진옥(淸進屋)'이다. 청진옥은 1937년 이간난·최동선(崔東善) 부부가 청진동에 '평화관'이란 국밥집을 열면서 시작되었다. 1945년 상호를 청진옥으로 변경하였으며, 현재는 손자인 최준용이 대표로 있다.

창업 당시 종로구청 주변에는 땔감용 나무시장이 형성되어 있었으며, 새벽녘 나뭇짐 나르느라 지친 나무꾼들을 대상으로 장사를 하게 되었다. 처음에는 소뼈 국물에 우거지, 콩나물, 감자를 넣고 된장을 푼 구수한 국물과 밥을 팔았으며, 6·25 전쟁 이후에 선지와 양 같은 내장을 넣은 해장국으로 발전하면서 인기를 얻게 되었다. 청진옥이 유명해지자 주변에 해장국집들이 생겨나게 되었으며, 청진동 일대에는 해장국 골목이 형성되었다. 선지를 기본으로 한 청진동의 해장국은 전국으로 퍼져나갔으며 선짓국 또는 선지해장국으로 불리고 있다.

해장국 중에서 유일하게 지역명이 붙어 있으며, 전국적으로 가장 잘 알려진 것이 양평해장국이다. 경기도 양평군은 남한강과 북한강이 만나는 지역으로 예로부터 물길을 이용한 교통의 중심지였으며, 5일장이 있어 소의 거래가 활발한 곳이었다. 소의 부산물인 뼈, 선지, 내장 등을 쉽게 구할 수 있었으며 상인들이 붐비던 시장이 있어 해장국이 발달하기에 적격인 조건이었다. 조선시대부터 시작된 양평해장국은 서울의 선지해장국과 재료가 비슷하나, 양과 천엽 등을 듬뿍 넣고 매운 고추기름으로 얼큰하게 만든 빨간 국물이 특징이다.

콩나물해장국은 전라도 지방에서 유래된 음식으로 콩나물국밥으로도 불리며, 특히 전주의 콩나물국밥이 유명하다. 전주 콩나물국밥은 멸치, 다시마, 무, 파 등을 넣고 우려낸 국물로 끓인 콩나물국에 밥을 담아 제공되고 펄펄 끓는 국이 식기 전에 날계란을 풀어 넣고 새우젓으로 간을 맞춘 후 먹는다. 콩나물에는 아스파라긴산(asparaginic acid)이라는 아미노산이 함유되어 있어 아세트알데하이드의 분해를 촉진시키는 것으로 알려져 있다.

강원도 지방에서는 북엇국 또는 황태해장국이 유명하다. 북엇국 또는 황태해장국은 북어나 황태를 찢어서 넣고 조개, 버섯, 콩나물, 두부, 무 등과 함께 끓인 것으로 맑은 육수의 시원한 맛이 특징이다. 북어와 황태는 건조되면서 아미노산의 함량이 증가하게 되며, 아스파라긴산과 함께 메티오닌(methionine) 등의 아미노산이 많이 들어있어 아세트알데하이드의 분해를 촉진시키는 것으로 알려져 있다.

충청도 지방에서는 올갱이해장국이 유명하다. 올갱이 또는 올뱅이는 충청도와 강원도에서 사용하는 방언이며, 표준어로는 다슬기라 한다. 올갱이해장국은 다슬기와 아욱, 양파, 애호박, 부추, 대파, 고추, 마늘 등의 채소를 넣고 끓인 시원한 해장국이며, 소금으로 간을 한 맑은 탕과 소금 대신 된장을 사용한 토장탕의 두 종류로 나뉜다. 맑은 탕의 경우 다슬기 알맹이를 삶아 우러나온 파르스름한 국물이 인상적이다.

부산을 비롯한 경상도 지방에서는 재첩국이 해장국으로 이용되며, 특히 섬진강을 끼고 있는 경상남도 하동군의 재첩국이 유명하다. 재첩은 껍질의 직경이 2.5~3cm 정도밖에 안 되는 민물조개로서 모래가 많은 진흙 바닥에 서식하며, 그 국물 맛은 어떤 조개와도 비교할 수 없어 해장국으로 적격이다. 재첩은 해감을 한 후 껍질째 넣으며, 부추나 실파, 다진 마늘과 함께 끓인 후 소금으로 간을 한다. 투명에 가까운 파란색이 감도는 맑은 해장국이다.

위에서 열거한 해장국 외에도 각 지방의 특산물에 따라 다양한 음식이 해장국으로 이용되고 있으며, 해장국으로서 이용되려면 몇 가지 조건을 충족하여야 한다. 숙취가 있으면 머리가 아프고 속도 메스꺼워서 음식을 섭취하기가 어려우므로, 해장국은 우선 맛이 있고 국물이 많아야 한다. 또한 해장국은 알코올로 자극 받은 위장을 안정시키기 위해 먹는 음식이므로 자극적이지 않아야 한다. 또한 해장국은 몸속에 남은 알코올을 분해하는 데 보탬이 되고 소화도 잘 돼야 한다.

시중에서 판매되는 대부분의 숙취해소 제품은 아세트알데하이드의 신속한 분해를 돕는 작용을 한다고 선전하고 있으나 실제 숙취해소 효능에 관한 임상실험 결과는 기대에 못 미치며, 대부분은 심리적인 효과에 의한 영향이 더 크다. 해장술을 마시면 일시적으로 술을 깬 것 같지만, 혈중 알코올 농도가 높아져서 뇌의 중추신경을 마비시켜 잠시 숙취의 고통을 덜 느끼게 할 뿐 근본적으로 숙취를 해소시켜 주는 것은 아니다. 숙취해소를 위해서는 수면 등을 통해 충분한 휴식을 취해주는 것이 가장 좋다.

22.
보신탕

날씨가 더워지고 복날이 다가오면 생각나는 것이 보신탕이다. 보신탕을 예전만큼 즐겨 먹지는 않으나 여전히 돼지고기, 닭고기, 소고기에 이어 한국인이 네 번째로 많이 먹는 육류가 개고기이다. 그러나 개고기는 좋아하는 사람과 싫어하는 사람이 분명하게 나뉘며, 식용으로 하는 것 자체를 반대하는 사람도 많은 것이 현실이다.

보신탕(補身湯)이란 '허약한 몸에 영양을 보충해 주는 국'이라는 뜻으로 여러 가지 음식이 있을 수 있으나, 오래전부터 이런 목적으로 주로 개고기를 먹어왔으므로 '개고기를 넣고 끓인 탕'을 의미하는 말로 굳어졌다. 보신탕을 다른 말로는 '개장' 또는 '개장국'이라 한다. 개고기를 북한에서는 '단고기'라고 부르며, 중국에서는 '샹러우(香肉, xiāngròu)'라고 한다.

보신탕의 일반적인 조리법은 개 뼈를 푹 곤 육수에 배추시래기와 토란대 등을 들깨가루, 쌀가루, 고춧가루, 간장, 된장 등으로 양념하여 끓이다가 부추, 파, 마늘, 생강 등을 넣고 더 끓이며, 여기에 별도로 푹 삶은 개고기를 첨가하는 것이다. 보신탕을 먹을 때에는 보통 수육을 곁들이며, 먹기 전에 깻잎, 다진 고추, 들깨가루를 넣기도 한다.

우리나라에서 보신탕을 언제부터 먹기 시작하였는지는 정확하지 않으나 아주 오랜 옛날로 추정된다. 복날에 개고기를 먹는 풍습은 원래 중국 진(秦)나라에서 시작되었다고 하며, 중국 전한(前漢)의 인물인 사마천(司馬遷)이 저술한 『사기(史記)』라는 역사서에 기록이 남아있다.

『사기』에 의하면 진나라 덕공(德公) 2년(BC 676년)부터 삼복(三伏) 제사를 지냈는데 이때 성(城) 안 사대문에서 개를 잡아 해충의 피해를 막았다고 한다. 그 고기는 신하들의 몸보신 차원에서 나누어주었고, 백성들도 식욕이 떨어지는 것을 보충하기 위하여 이날만큼은 육식을 하였다고 한다. 여기에서 유래한 것이 오늘날 복날 풍습으로 이어져온 것이라고 한다.

주로 채식을 하였던 우리 민족은 더운 여름에 기력이 떨어지기 쉬웠으며, 열량과 단백질을 보충하기 위해서 가장 구하기 쉬웠던 개고기를 자연스럽게 먹게 되었을 것이다. 개는 인류가 가장 처음 길들인 가축으로 알려져 있으며, 우리나라에서도 선사시대부터 길러왔던 것으로 추정된다.

경상남도 김해시 봉황동의 신석기시대 유물인 김해회현리패총(金海會峴里貝塚)에서 개의 뼈가 출토되어 이때에 이미 개를 식용으로 하였음을 짐작할 수 있다. 황해도 안악군에 있는 4세기에 축조된 고구려 무덤인 안악3호분(安岳3號墳)의 벽화에 도살된 개의 모습이 그려져 있어 고구려에서도 개를 식용으로 하였음을 알 수 있다.

통일신라시대와 고려시대에는 불교의 영향으로 상류층은 육식을 삼갔으나 일반 백성들은 여전히 개고기를 먹었으며, 조선시대에는 상류층과 일반 백성을 가리지 않고 개고기를 먹게 되어 문헌상 개를 식용으로 하였다는 기록이나 조리법이『조선왕조실록』을 비롯하여『동의보감』,『음식디미방』,『규합총서』,『동국세시기』등 너무 많아 일일이 열거하기 힘들 정도이다.

조선시대까지 널리 유행되던 개고기는 일제강점기에 줄어들게 되었다. 일본사람은 개고기를 안 먹어서 개고기 먹는 것을 무시하고, 비하하였기 때문이다. 해방 후에는 미국의 영향을 받았으며, 미국인들은 개고기를 먹는 것은 야만적이라고 생각하였기 때문에 개고기 수요는 더욱 줄었다.

1988년 서울올림픽을 계기로 정부에서는 해외 여론을 의식해 보신탕을 혐오식품(嫌惡食品)으로 분류하고, 1983년부터 도심(都心)에서의 보신탕 영업을 금지하고, 보신탕이라는 말조차 사용하지 못하게 하였다. 이에 따라 '사철탕(四철湯)' 또는 '영양탕(營養湯)'이라는 이름이 생겨나게 되었다. 그 후 단속이 허술해지자 도시 외곽으로 빠져 나갔던 보신탕집이 다시 시내로 들어오기 시작하였으며, 보신탕이란 명칭도 사용하고 있다.

서울올림픽 이후로도 주요 국제 행사를 앞두고 보신탕에 대한 해외의 항의는 이어져왔다. 2002년 한일월드컵 당시 국제축구연맹(FIFA)은 개고기 문제를 거론하며 비난한 바 있으며, 2018년 평창 동계올림픽을 앞두고 영국에서는 '한국 개고기 거래 금지 촉구' 청원에 10만 명 이상이 서명하였다고 한다.

평창 동계올림픽의 마스코트를 진돗개로 하려고 하였으나, 국제올림픽위원회(IOC)가 한국의 개고기 식용 문화를 문제 삼아 무산되기도 했다. 해외의 여론뿐만 아니라 국내에서도 개를 반려동물로 여기는 애견가들이 증가하면서 개고기 식용 문제는 사회적으로 큰 이슈가 되었으며, 현재에도 찬반 의견이 팽팽하게 맞서고 있는 형편이다.

반대하는 입장에서 가장 자주 거론하는 것은 "세계 대부분의 나라 또는 사람들이 혐오하는 음식이므로 먹어서는 안 된다"는 것이다. 이에 대해 개고기를 옹호하는 입장에서는 "세계 대부분의 나라라고 하지만 사실은 미국과 유럽의 일부 나라들만 반대하고 있을 뿐"이라고 반박하고 있다.

대부분의 나라는 개고기를 식용으로 하는 것에 대해 그다지 큰 거부감이 없고, 스스로는 먹지 않는다고 해도 남이 먹는 것에 반대까지는 하지 않는다고 한다. 그리고 이제는 많은 외국 인들도 한국의 식용 개는 특별한 종자만 따로 선택되어 사육되고 있으며, 애완동물로 기르는 개를 식용으로 하지는 않는다는 것을 알게 되어 반감도 크지 않다고 한다.

다음으로 거론되는 것은 개고기를 식용으로 하는 것은 야만 적이라거나 후진국에서나 있는 일이라고 반대하기도 한다. 이에 대해 반세기 전까지만 해도 서구인들은 날생선을 먹는 일본 인들을 미개인이니 야만인이니 하며 흉을 보았으나 요즘은 서양인들도 생선회를 즐기고 있으며, 이는 식문화의 차이일 뿐이 라고 반박한다. 개를 주로 애완용으로 기르고 식용으로 하지 않는 서양의 문화적 입장을 우리나라에 강요할 수는 없다는 것이다.

반대하는 입장에서는 도축 과정의 잔인성을 거론하며 동물 학대 행위라고 한다. 이에 대해서 종전에는 목을 매고 몽둥이로 때려서 개를 잡았으나, 요즘은 대부분 전기충격기를 사용한 다고 반박한다. 전기충격 방법은 축산물위생관리법 시행규칙에 도 나와 있는 방법으로 돼지 등 다른 가축을 도축할 때에도 사용된다.

개는 반려동물이므로, 사랑스러우므로 또는 충직한 동물이므로 먹어서는 안 된다는 의견도 있다. 육류를 섭취할 다른 동물도 있는데 굳이 개고기를 먹을 필요는 없다고도 한다. 이에 대해 개고기 식용에 찬성하는 입장에서는 개고기 반대자들의 논리는 자기들이 개를 애완동물로 기르니 남들도 똑같은 감정을 갖기 원하는 억지 주장이라고 반박한다.

요즘은 애완동물도 다양해져 소나 돼지를 애완용으로 기르는 사람도 있다고 하며, "사랑스럽고 충직한 동물이 개뿐인가?"라는 반문도 한다. 소고기, 돼지고기, 닭고기의 맛이 각각 다르고 취향이 있듯이 개고기는 이들과 또 다른 맛이 있는 육류이므로 다른 육류로는 대체할 수 없다고 한다. 개고기를 먹든 안 먹든 그것은 개인의 자유이며 다른 사람이 강요해서는 안 된다고 주장한다.

개의 도축과정이나 유통과정에서의 비위생성을 강조하며 개고기를 먹어서는 안 된다고도 한다. 이에 대해서는 법을 마련하면 해결될 수 있는데 법은 만들지 못하게 하면서 위생을 거론한다고 반박한다. 실제로 1999년에 김홍신 의원 등이 개고기를 축산물에 포함시키는 축산물가공처리법 개정안을 발의하였으나 반대에 부닥쳐 무산된 일이 있다. 현재 개고기는 축산물로 분류되지 않기 때문에 법의 테두리 밖에 있어서 단속할 방법이 없다.

우리나라의 축산물에 대한 관리는 도축 및 유통 단계는 축산물가공처리법에 따라 농림축산식품부에서 담당하며, 축산물을 포함한 식품은 식품위생법에 따라 식품의약품안전처에서 담당하고 있다. 축산물가공처리법에서는 소, 돼지 등 식용을 목적으로 하는 가축을 대통령령으로 정하게 되어 있으며, 여기에 개는 포함되지 않아 식용으로 보지 않고 있다.

그러나 식품위생법에서는 의약품을 제외한 모든 음식물을 식품으로 규정하고 있어 개고기도 식품으로 보고 있다. 현재 보신탕집은 모두 식품위생법에 의한 '일반음식점'으로 허가를 받아 영업하고 있으며, 모든 음식점에 공통적으로 적용되는 위생기준을 지키기만 하면 된다.

이런 법의 모순성 때문에 개고기는 식용이면서도 식용이 아닌 모호한 상태에 있으며, 법이 없기 때문에 도축·유통과정이 법적으로 관리되고 있지 않고 파악하기도 어렵다. 법을 통하여 해결하는 방법은 "개의 식용 금지를 명문화하자"는 주장과 "개를 식용가축에 포함시켜 관리하자"는 의견이 충돌하고 있어 진척을 이루지 못하고 있다. 아직까지는 사회적 합의가 이루어지지 않아 풀 수 없는 문제로 남아있는 상황이다.

개고기를 좋아하는 사람들은 개고기가 훌륭한 영양식품이 며, 개고기의 단백질은 인간과 구조가 비슷하여 흡수율도 높고 몸에 좋다고 한다. 과거 단백질을 보충하기 쉽지 않았던 시절에 개고기는 우리 민족의 영양을 보충해 주던 좋은 음식이었으나, 영양의 과잉흡수가 문제로 되고 있는 현재에는 평가가 달라져야 한다. 개고기의 단백질이 인간과 비슷하다거나 흡수율이 높다는 것도 과거로부터 내려오던 속설에 불과하며 과학적인 근거가 불충분하다.

개고기의 효능에 대해 『동의보감』에 "오장을 편안하게 하고 혈맥을 조절하고 장과 위를 튼튼하게 하는 등 기력을 증진시킨다"고 나와 있다고 주장하기도 한다. 그러나 『동의보감』은 지금으로부터 400여 년 전인 1610년에 쓰인 의학서로서, 당시 사람들의 식습관을 비롯한 삶의 조건과 당시 동원할 수 있는 의료 자원과 지식을 바탕으로 작성된 것이다. 지금은 그 당시와 비교할 수 없을 정도로 먹을 수 있는 식품이 많아졌고, 몸의 영양 상태도 변하여 『동의보감』에 나오는 대로 적용하려고 하는 것은 무리일 수밖에 없다.

현재까지는 여전히 보신탕에 대한 찬반 의견이 존재하고 있으며, 어느 한쪽이 옳다고 단정할 수는 없다. 오히려 다양한 의견이 존재함을 인정하고, 서로가 다른 의견을 존중해 주는 자세가 필요하다고 하겠다. 단기적으로는 어렵겠지만 장기적으로 는 어느 한 쪽으로 의견이 좁혀질 것이다.

각자의 의견과는 별도로 현재 나타나고 있는 현상은 보신탕 의 수요가 감소하고 있으며, 개고기를 즐겨 먹는 사람이 줄어들 고 있다. 2018년 12월 전국 최대 개 시장으로 꼽혔던 성남시 모 란시장에 마지막까지 남아 있던 개 도축업체가 문을 닫아 이런 경향은 가속화할 것으로 보인다. 이제 보신탕은 일상적인 음식 이나 복날의 보양식이 아니라 기호식품 정도로 여겨지는 경향 이다.

23.
육개장

육개장은 별다른 반찬이 필요하지 않기 때문에 간편하게 한 끼를 해결할 수 있어 바쁜 현대인에게도 잘 어울리는 식품이다. 최남선의 『조선상식문답(朝鮮常識問答)』에 의하면 육개장은 "개고기가 맞지 않는 사람을 위해 쇠고기로 개장국 비슷하게 끓인 국"이라고 했다.

개장국이란 '개고기를 끓인 국'이란 의미로 오늘날의 보신탕과 같은 것이며, 구장(狗醬) 또는 개장(개醬)으로도 불렸다. 예전에는 어느 짐승의 고기보다 손쉽게 구할 수 있었던 것이 개고기였으므로 개장은 여름철 보양식의 대명사가 되었으며, 개고기라는 본래 의미를 떠나서 고기류를 넣고 끓인 보양식의 일반명사처럼 사용되었다.

따라서 쇠고기를 끓인 국은 쇠장국(소장국) 또는 육장(肉醬)이 아닌 육개장이 되었다. 육개장이란 단어는 '육(肉)'과 '개장'이 합쳐진 말이다. 육(肉)은 넓게는 모든 짐승의 고기를 의미하지만 일반적으로는 쇠고기를 지칭한다. 마찬가지로 닭고기를 사용한 것은 닭개장이라고 부르게 된 것이다. 일부 식당의 메뉴판을 보면 육계장, 육계장, 닭계장 등의 표기도 보이는데 이는 모두 잘못된 것이다.

육개장이 문헌에 처음 등장하는 것은 19세기 말에 쓰인『시의전서』, 1896년에 작성된『규곤요람』등이다.『규곤요람』의 육개장 조리법은 "고기를 썰어서 장(醬)을 풀어 물을 많이 붓고 끓이되 썰어 넣은 고깃점이 푹 익어 풀리도록 끓인다. 잎을 썰지 않은 파를 그대로 넣고 기름 치고 후춧가루를 넣는다"고 하여 고춧가루를 넣은 빨간 육개장은 아니었다. 조선시대에는 일반 서민이 쇠고기를 먹기는 어려웠으며 육개장은 양반가의 전유물 같은 음식이었다.

오늘날과 같은 빨간 국물의 육개장은 일제강점기인 1920년대 대구에서 시작되었다.『별건곤(別乾坤)』이란 월간 잡지의 1929년 12월호에 '대구탕반(大邱湯飯)'이라는 대구식 육개장을 소개하며 고춧가루를 써서 시뻘건 장국이라고 하였고, 대구의 향토음식으로 서울까지 진출하여 큰 인기를 얻었다는 내용이 나온다. 대구식 육개장은 대구탕(大邱湯)이라고 불리기도 한다. 일부에서는 '개고기 대신'이라는 의미인 '대구(代拘)'로 해석하여 대구탕(代拘湯)이라고도 하며, '쇠고기탕국' 또는 '쇠고기매운탕'이라고 부르기도 한다.

따로국밥 역시 대구에서 시작되었다. 육개장은 원래 국물에 밥을 미리 말아서 나오는 국밥의 형태였으며, 따로국밥은 밥과 국이 따로 나온다고 하여 붙여진 이름이다. 원래는 대구에서도 국과 밥이 한꺼번에 나오는 국밥이 일반적이었으나, 1946년에 문을 연 '국일'이라는 식당에서 손님들의 요구에 맞추어 육개장과 밥을 따로 제공한 것이 인기를 끌게 되어 널리 퍼지게 되었다고 한다. 오늘날에는 오히려 육개장 하면 밥을 뺀 국(湯)만을 의미하는 것이 일반적이다. 따로국밥이 전국적으로 전파되면서 육개장이 아닌 갈비탕, 해장국, 설렁탕 등의 국밥도 밥이 따로 나오는 것이 보편적이다.

일반적인 육개장의 요리법은 개장국과 유사하며, 개고기 대신에 쇠고기를 사용한다는 점에서 차이가 있을 뿐이다. 보통 쇠고기국은 고춧가루를 사용하지 않거나 적게 사용하여 맑게 끓이는데 비하여 육개장은 개장국과 마찬가지로 고춧가루나 고추기름을 많이 사용하여 얼큰하게 끓이는 것이 맛의 포인트이다.

대구식 육개장의 다른 이름인 쇠고기매운탕도 이 때문에 붙여진 명칭이다. 육개장 하면 붉은 색의 국물이 먼저 떠오르는데, 우리 조상들은 붉은 색이 액운을 막고 귀신의 침범을 막는

색이라고 믿었다. 육개장이 장례식장의 단골메뉴로 자리 잡게 된 것은 간편하고, 오래 끓여서 상할 우려가 없다는 장점 외에도 문상객들을 주변 잡귀로부터 보호하려는 의도도 있었다고 한다.

육개장에 사용하는 쇠고기는 주로 결대로 잘 찢어지는 양지머리나 사태를 이용한다. 일반적으로는 살코기를 푹 삶은 후 가늘게 찢어서 넣게 되지만, 대구식 육개장에서는 고기를 찢지 않고 깍두기 크기로 자른 쇠고기를 푹 고아서 흐물흐물하게 풀리도록 끓여내는 것이 특징이다.

쇠고기 외에는 숙주나물, 콩나물, 토란, 고사리, 대파, 느타리버섯 등의 부재료와 간장, 참기름, 고추, 마늘, 후춧가루 등의 양념류가 사용되며, 때로는 계란을 풀어 넣기도 한다. 궁중식 육개장의 경우에는 숙주나물이나 토란, 고사리 등은 사용하지 않고 쇠고기와 대파 외에 약간의 양념만을 사용하여 국물이 맑고 개운한 맛을 내는 것이 특징이다.

육개장은 원래 보양식으로 시작된 것이지만 오늘날에는 보양식이란 인식은 많이 퇴색하고 평소의 식사에 제공되는 전통음식 중의 하나로 여겨지고 있다. 또한 육개장은 조리에 걸리는 시간이나 들어가는 재료에 비하여 저렴한 메뉴로 인식되어 일반적인 한식당에서는 구색을 갖추는 메뉴 정도로 취급되고 있으며, 전문점의 숫자도 매우 적다.

　육개장을 만드는 방법은 그리 어렵지 않지만 고기를 푹 우려 국물을 내는 데 걸리는 시간이 최소한 2시간 이상 소요되기 때문에 일반 가정에서 조리하기에는 다소 번거로운 면이 있다. 최근에는 냉동 또는 레토르트살균으로 가공되어 나온 육개장도 많이 판매되고 있다. 초창기에는 대부분 영세한 중소기업에서 생산한 제품이어서 맛이나 품질 면에서 부족한 점이 많았으나, 요즘은 맛과 품질에서 많은 향상을 이루어 육개장을 사서 먹는 가정이 늘고 있다.

24.
삼계탕

삼계탕은 어린 닭의 내장을 빼고 인삼, 대추, 찹쌀 등을 넣어서 푹 고아 만드는 음식으로 예전에는 무더운 여름을 나기 위해 먹던 보양식이었으나, 요즘에는 사시사철 즐겨 먹는 별미 음식이 되었다. 2016년 취업포털 '잡코리아'에서 초복을 맞아 직장인 1,894명에게 '선호 보양식'을 물었더니 76.6%가 삼계탕을 꼽았다고 한다.

최근에는 외국인에게도 인기가 있는 대표적인 한식 메뉴로 떠오르고 있으며, 일본인이나 중국인들이 한국에 관광 왔을 때 가장 먼저 찾는 음식 중 하나가 되었다. 서양인들도 삼계탕의 맛에는 좋은 평가를 하나 젓가락을 사용할 줄 모르면 먹기 불편한 음식이기 때문에 애로를 느낀다고 한다.

삼계탕을 처음 먹기 시작한 시기는 정확히 밝혀지지 않았지만 비교적 최근의 일로 추정되고 있다. 우리나라에서 닭을 기른 역사는 아주 오래되었으며, 닭을 삶는 요리법은 특별하다 할 수 없으므로 인삼이 삼계탕이 등장하게 된 핵심 변수였을 것이다. 고려시대까지도 인삼은 거의 재배되지 않았으며, 인삼이라 하면 자연산 산삼(山蔘)을 의미하였다. 따라서 귀한 산삼을 닭과 함께 삶는 조리법이 정착됐을 가능성은 별로 없다.

인삼이 본격적으로 재배되기 시작된 것은 16세기 중반 풍기(豊基) 지역이라고 전해지고 있다. 조선 중종(中宗) 37년(1542년)에 풍기군수였던 주세붕(周世鵬)은 인삼의 재배방법을 연구하여 백성에게 이를 권하고 그 재배법을 보급한 업적을 남겼다. 현재 경상북도 영주시 풍기읍에는 최초로 인삼이 재배되기 시작한 것을 기리기 위한 인삼박물관이 있다. 그러나 인삼은 여전히 생산량이 적고 나라에서 관리하던 귀한 진상품이자 수출품이었기 때문에 인삼을 넣어 끓인 탕을 여름마다 보양식으로 먹기는 어려웠다.

삼계탕의 원조격인 닭백숙은 오래전부터 존재했으며, 고기가 귀했던 시절 일반 백성이 그나마 자주 해먹었던 고기 요리 중 하나였다고 한다. 백숙은 한자로 '흰 백(白)'에 '익힐 숙(熟)'으로 '고기나 생선 따위를 양념을 하지 않고 맹물에 푹 삶아 익힘, 또는 그렇게 만든 음식'이라는 뜻이다.

따라서 소, 돼지, 잉어, 도미 등이 모두 백숙으로 될 수 있으나, 닭을 가장 많이 이용하였으므로 백숙 하면 일반적으로 닭백숙을 의미하게 되었다. 닭백숙의 경우 처음에는 아무것도 첨가하지 않고 닭만을 맹물에 푹 고았으나 점차 찹쌀, 마늘 등 다른 식재료도 사용하게 되었다.

1598년에 작성된 『음식디미방』이란 요리서에 닭고기를 부드럽게 쪄낸 연계증(軟鷄蒸)에 대한 설명이 나온다. 연계증에는 된장, 차조기, 파, 부추, 생강, 후추 등의 양념을 사용하지만 인삼을 사용하지는 않았다. 이 책에는 연계백숙(軟鷄白熟) 또는 수증계(水蒸鷄)라고도 하는 요리도 나온다. 연계백숙은 '연한 닭을 고명 없이 물에 삶았다'는 뜻이고 수증계는 '물로 찐 닭'이라는 뜻으로 닭백숙을 말한다.

연계백숙의 연계(軟鷄)는 '병아리보다 조금 크고 살이 아직 무른 중간 크기 정도의 어린 닭'을 의미하며, 약으로 쓰인다고 하여 약계(藥鷄) 또는 약병아리라고도 한다. 연계는 오늘날 영계로 발음이 변하여 영계가 표준어로 되었다. 일부에서는 영계를 '어린아이 영(嬰)'자를 써서 '嬰鷄(영계)'라고 주장하기도 하고, 'young+계(鷄)'로 생각하는 사람도 많은데 모두 잘못된 것이다.

삼계탕에는 일반적으로 1개월 전후(25~35일) 사육한 영계가 사용된다. 닭은 중량에 따른 규격을 호수로 구분하고 있으며, 삼계탕용으로는 6~8호 정도 크기가 적당하고, 일반적으로

600g 전후인 6호를 많이 사용한다. 참고로, 백숙용 닭은 영계보다 크기가 큰 8~11호 정도의 닭이 많이 이용된다.

문헌상 삼계탕과 유사한 요리가 등장하는 것은 방신영(方信榮)이 1917년에 쓴 조리서『조선요리제법』에 나오는 '닭국'이 처음이다. 여기에 소개된 닭국은 "닭의 뱃속에 찹쌀 세 숟가락과 인삼가루 한 숟가락을 넣고 내용물이 쏟아지지 않게 잡아맨 후에 물을 열 보시기쯤 붓고 끓인다"라고 되어 있으며, 인삼가루를 사용한 외에는 백숙에 가까운 요리이다. 오늘날과 같은 형태의 삼계탕이 등장하게 된 것은 양계산업이 발전하고, 인삼 재배가 확대되면서 인삼의 생산량이 증가한 이후의 일이다.

『조선요리제법』에 나오는 닭국이 1924년에 이용기가 지은『조선무쌍신식요리제법』에서는 한자로 '鷄湯(계탕)'이란 이름으로 소개되고 있다. 백숙에 인삼가루와 찹쌀을 넣은 형태의 요리인 닭국(鷄湯)은 일제강점기 부잣집에서 즐겨 먹었으며, 인삼이 들어있음을 강조한 계삼탕(鷄蔘湯)이란 명칭도 사용되었다.

1921년 9월 11일자《매일신보》에 실린 조선요리점 '해동관(海東舘)'의 개점 광고 말미에 "계삼탕(鷄蔘湯)-보원제로 극상품"이란 문구가 나오는 것으로 보아 이 시기에 계삼탕이란 명칭이 사용되었음을 알 수 있다. 그러나 계삼탕은 아직 오늘날의 삼계탕과 비교하면 사용되는 재료가 빈약한 편이었다.

문헌상 삼계탕이란 단어는 1923년 일본인이 작성한 『중추원 조사자료(衆樞院調査資料)』에 처음 등장한다. 이 자료에는 "여름 3개월간 매일 삼계탕(蔘鷄湯), 즉 암탉 배에 인삼을 넣어 우려낸 액을 정력(精力)약으로 마시는데, 중류 이상에서 마시는 사람이 많다"고 적고 있다. 이 기록에 나오는 삼계탕은 닭고기를 먹는 게 아닌, 국물을 우려서 먹는 보약의 일종이었다.

인삼가루 대신에 인삼을 넣고 대추, 마늘, 황기 등을 사용한 삼계탕은 6·25 전쟁 이후 등장하기 시작하였다. 1956년 12월 28일자 《동아일보》 기사에 "삼복더위에는 계삼탕을 먹으면 원기가 있고 또 연중에 질병에 걸리지 않는다 하여 사람들은 많이들 먹는다. 계삼탕이란 닭을 잡아 털을 뽑고 배를 따서 창자를 낸 뒤 그 속에 인삼과 찹쌀 한 홉, 대추 4, 5개를 넣어서 푹 고아서 그 국물을 먹는 것이다"라는 글이 나오고 있어 지금 먹는 삼계탕과 거의 흡사한 계삼탕 조리법이 등장한다.

1960년대부터는 양계산업도 본격화되었고 삼계탕의 원료가 되는 인삼도 비교적 쉽게 구할 수 있게 됨에 따라 삼계탕 식당이 생겨나기 시작하였다. 삼계탕에 사용하는 인삼은 수삼이며, 6년근은 비싸기 때문에 보통 4년근이 사용된다. 저렴한 가격에 삼계탕을 판매하는 식당에서는 2~3년근 수삼이 사용되기도 한다.

인삼은 가공 방법에 따라 크게 수삼(水蔘), 백삼(白蔘), 홍삼 (紅蔘)으로 나눈다. 수삼은 가공하지 않은 인삼으로 생삼(生蔘) 이라고도 한다. 백삼은 4년근 이상의 수삼을 껍질을 벗기고 건조한 것이다. 홍삼은 보통 6년근 수삼을 수증기로 찐 후 건조한 것으로 색깔이 붉으므로 홍삼이라고 부른다

계삼탕 또는 삼계탕이라 불리던 요리가 삼계탕이라는 명칭으로 굳어진 데에는 최초의 삼계탕 전문점인 '고려삼계탕(高麗蔘鷄湯)'의 역할이 크다. 고려삼계탕은 1960년 서울 명동 입구에서 개점한 후 사업이 번창하자 현재의 위치인 서소문동으로 이전하였으며, 이 식당의 삼계탕이 인기를 끌자 여기저기서 삼계탕이란 상호나 메뉴를 사용하는 식당이 늘어났다. 전국적으로 고려삼계탕이란 상호를 사용하는 식당은 많이 있으나 원조 고려삼계탕과는 아무 관련이 없는 곳이 대부분이다.

삼계탕은 오랫동안 고아야 하기 때문에 가정에서 요리하기 쉽지 않은 음식이었으나, 압력솥을 이용하면 조리 시간을 단축할 수 있으며, 삼계탕의 재료인 찹쌀, 대추, 인삼 등을 하나로 묶어 포장한 제품도 나와 있고, 레토르트식품으로 생산된 제품도 판매되고 있어서 오늘날에는 가정에서도 어렵지 않게 먹을 수 있는 음식이 되었다.

삼계탕에 들어가는 원료는 주원료인 닭, 인삼, 찹쌀 외에 대

추, 마늘, 황기, 소금, 후추 등이 사용되며 경우에 따라서는 밤, 은행, 파, 양파 등이 추가되기도 한다. 요즘에는 일반적인 삼계탕 외에 해산물을 넣거나 여러 한약재를 사용하는 등 다양한 삼계탕도 등장하였다.

25.
추어탕

　가을의 별미 추어탕(鰍魚湯)은 예로부터 삼계탕에 못지않게 서민들이 아끼던 보양식이다. 사시사철 언제나 먹는 음식이지만 여름에서 가을에 이르는 계절이면 미꾸라지가 겨울을 나기 위해 영양분을 축적하는 시기라서 가장 맛있게 된다. 예전에는 주로 벼농사가 끝나고 물을 빼는 과정에서 잡히는 미꾸라지를 끓여 먹었으나, 요즘은 양식된 미꾸라지도 있고 중국산 수입 미꾸라지도 있어 계절을 가리지 않게 되었다. 우리나라 사람은 누구나 즐겨 먹지만 외국인이 먹기에는 꺼려지는 음식 중의 하나이다.

　미꾸라지는 한자로 '鰍(추)' 또는 '鰌(추)'라고 한다. '鰍'라는 글자가 '물고기 어(魚)'에 '가을 추(秋)'가 합쳐진 모양이므로, 이로써 미꾸라지가 가을에 가장 맛있는 이유를 설명하기도 하나 이는 잘못된 것이다. 한자는 뜻을 나타내는 글자와 발음을 나타내는 글자가 합쳐져 이루어지는 경우가 많다. '鰍'의 경우에도 '魚'는 물고기라는 의미를 나타낼 뿐 발음과는 관계없으며, '秋'는 발음을 나타낼 뿐 가을이라는 의미는 없다. '우두머리 추(酋)'와 결합된 '鰌'의 경우에도 우두머리라는 의미는 없이 발음이 '추'일 뿐이다.

미꾸라지와 비슷한 물고기로 미꾸리가 있다. 흔히 경기, 강원 등 중부지방에서는 미꾸리와 미꾸라지를 구분하지 못하고 미꾸리를 미꾸라지의 사투리로 여기는 사람도 많으나 미꾸리 역시 표준어이며, 미꾸라지와는 다른 물고기이다. 둘 모두 잉어목 미꾸리과 미꾸리속의 민물고기이며, 미꾸라지의 학명은 'Misgurnus mizolepis'이고 미꾸리의 학명은 'Misgurnus anguillicaudatus'로서 종(種)에서 구분된다.

미꾸리는 미꾸라지보다 몸이 전체적으로 둥그스름한 편이어서 '둥글이'라는 별명이 있으며, 몸의 길이는 미꾸라지보다 작아 10~17cm 정도이고, 입 주변의 수염도 미꾸라지에 비해 짧다. 몸 옆면에는 작고 까만 점이 흩어져 있고, 등과 꼬리지느러미에도 작은 반점이 나타난다. 미꾸라지는 미꾸리에 비해 세로로 납작한 편이며 '납작이'라는 별명이 있다. 미꾸리보다 크게 자라 20cm가 넘는 것도 종종 발견된다. 몸은 황갈색을 띠며 갈색의 작은 반점들이 빽빽이 있고, 배 쪽은 색이 엷다.

미꾸리와 미꾸라지는 주로 늪, 논, 개울, 연못 등 물의 흐름이 느리거나 고여 있는 곳에서 산다. 잡식성으로 부착 조류(藻類)나 유기물 조각, 실지렁이 등을 흔히 먹는다. 3급수 정도의 깨끗하지 않은 물에도 서식하며, 겨울에는 바닥의 진흙 속에서 동면하고, 물속의 용존 산소가 부족해지면 수면에서 공기를 들이마시는 장호흡(腸呼吸)을 하기도 한다.

옛 문헌에는 미꾸리와 미꾸라지를 구분하지 않고 사용하였다. 최초의 기록은 1123년 송(宋)나라의 사신으로 고려를 방문하였던 서긍(徐兢)이 쓴 『고려도경』이란 책에 고려의 백성들이 먹는 것들을 열거하는 중에 '鰌(추)'가 나온다. 그 후 1530년의 『신증동국여지승람(新增東國輿地勝覽)』에는 추어(鰍魚)로, 1610년의 『동의보감』에서는 한자 추어(鰍魚)와 함께 한글로 '믜꾸리'로 썼으며, 1820년경에 편찬된 『난호어목지(蘭湖漁牧志)』에서는 한자로 이추(泥鰍), 한글로 '밋구리'로 쓰고 있다.

미꾸리 및 미꾸라지의 어원에 대해서는 몸이 미끌미끌 한 것에서 유래되었다는 설이 일반적이다. '미끄럽다'의 옛말인 '믯그럽다'의 어근 '믯글'에 명사형 어미 '이'가 붙어 '믯글이'라 불리던 것이 '믜꾸리', '밋구리' 등의 변형을 거쳐 '미꾸리'가 되었으며, 어미 '아지'가 붙은 '믯글아지'는 변하여 '미꾸라지'가 되었다는 것이다.

유희춘(柳希春)이 선조(宣祖) 9년(1576년)에 편찬한 『신증유합 (新增類合)』에 '미끄러울 활(滑)'을 '믯그러울 활(滑)'로 풀이하고 있어 '미끄럽다'의 16세기 표현이 '믯그럽다'였음을 알 수 있다. 『신증유합』은 조선시대에 『천자문(千字文)』, 『훈몽자회(訓蒙字 會)』 등과 함께 널리 이용된 한자 입문서이다.

그 외에도 미꾸리와 미꾸라지가 장호흡을 하는 특성과 연관 지어 '밑이 구리다'라는 말에서 생겨났다는 설이 있다. 이들은 입으로 공기를 마시고 창자로 보내 호흡한 뒤 이산화탄소를 항 문으로 내보내는데, 이때 방울방울 물방울이 올라오는 모습이 마치 방귀를 뀌는 것 같아서 '밑으로 방귀를 뀌는 물고기'란 뜻 의 '밑구리'로 불리다가 점차 '믯구리→미꾸리/미꾸라지'로 변한 것이라고 한다. 그러나 이 주장은 원형인 '밑구리'란 단어를 옛 문헌에서 찾아볼 수 없어 근거가 부족하고 누군가가 만들어낸 이야기로 보인다.

오래전부터 먹었을 것으로 추정되나 추어탕에 관한 문헌은 잘 발견되지 않는다. 『고려도경』에서도 미꾸라지를 먹는다는 기 록은 있으나 추어탕에 대한 내용은 없다. 기록에는 없으나 미 꾸라지는 주거지 근처의 잡기 쉬운 곳에 서식하고 있었으므로 선사시대부터 중요한 식량자원의 구실을 하였을 것으로 추측 된다.

우리 속담에 "미꾸라지 한 마리가 온 웅덩이를 흐리게 한다" 는 말이 있듯이 미꾸라지에 대한 인식이 좋지 않았으며, 미꾸라 지는 더러운 하천에 사는 하찮은 물고기로 여겨졌기 때문에 양 반이나 고위 계층은 추어탕을 먹지 않았고, 주로 가난한 서민 이나 하층민들이 먹던 음식이었으므로 기록이 거의 없는 것으 로 추정된다.

　미꾸라지 요리에 대한 최초의 문헌은 1850년경 실학자 오주 (五洲) 이규경(李圭景)이 지은 백과사전 성격의 책인 『오주연문장 전산고』이며, 여기에 추두부탕(鰍豆腐湯)에 대한 요리법이 나온 다. 그 내용은 "솥에다 두부와 물을 넣고 여기에 미꾸라지를 넣 어서 불을 때면 미꾸라지는 뜨거워서 두부 속으로 기어들어가 고, 더 뜨거워지면 죽게 되는데 이것을 참기름으로 지져 탕을 끓인다"고 하였으며, 이 탕은 주로 성균관 부근에 거주하며 소 를 도살하는 일을 하던 관노 신분의 백정들이 즐겼다고 하였다.

　추어탕을 끓이는 방법은 지역마다 차이가 있다. 기본적으로 미꾸라지는 소금으로 씻어 표면의 점액질과 해감을 제거한 후 에 요리한다. 서울, 경기, 강원 등 중부지방에서는 미꾸라지를 통으로 넣고 양념과 채소를 넣어 끓이며, 남부지방에 비해 국 물 색이 빨간 것이 특징이다. 남부지방의 미꾸라지를 갈아서 넣 는 추어탕과 구분하여 추탕(鰍湯)이라고도 하며, 추두부(鰍豆

腐)라고 하여 순두부에 미꾸라지가 파고들게 하여 함께 삶은 것을 썰어서 양념을 넣고 끓이기도 한다.

전라도식은 미꾸라지를 삶아서 뼈째 갈아 넣는 것이 특징이다. 뼈 부스러기가 씹히기도 하나, 거슬리는 정도는 아니며 또한 들깨가루가 들어가기 때문에 국물이 꽤 걸쭉하다. 초피나 산초가루를 미리 넣지 않고 먹기 전에 뿌려 먹는다. 경상도식은 전라도식과 비슷하지만, 체로 쳐서 거르기 때문에 전라도식에 비해 뼈가 덜 씹힌다. 국물이 맑고 우거지나 배춧잎을 쓰는 게 특징이다. 경상남도의 경우 배초향(방아)이라는 향이 강한 향신료를 넣기도 한다. 전라도식과 경상도식은 국물 맛이나 외관이 비슷하지만 중부지방과는 완전히 구분된다.

1950년대까지만 하여도 추어탕은 서울식이 주류를 이루었으나 미꾸라지가 통째로 들어있어 미꾸라지의 모습을 그대로 보면서 먹기가 꺼림칙하여 기피하게 되었으며, 현재는 별로 사용되지 않는 추어탕 요리법이다. 지금은 갈아 넣어 미꾸라지의 형체가 보이지 않는 전라도식이나 경상도식이 주류를 이루게 되었다.

추어탕의 재료로는 미꾸리와 미꾸라지를 모두 사용하며, 예전에는 미꾸리가 더 많이 잡혔고 맛도 좋았기 때문에 주로 미꾸리를 사용하였으나 요즘은 대부분 미꾸라지를 사용한다. 그 이유는 미꾸라지가 미꾸리에 비해 더 빨리 자라므로 양식업자들이 미꾸라지를 선호하게 되고, 추어탕집에서는 이를 공급받아 사용할 수밖에 없기 때문이다. 요즘은 미꾸리냐 미꾸라지냐를 따지지 않고 국산인지 중국산인지를 더 따지게 된다.

전라북도 남원시는 춘향이와 광한루(廣寒樓)로 유명한 곳이지만, 이에 못지않게 유명한 것이 추어탕이다. 전국의 추어탕집 상호 중에서 가장 많은 것이 '남원추어탕'이며, 특히 남원에는 추어탕집이 유독 많아 인구 약 8만 명 정도의 중소도시에 추어탕 전문점만 50여 곳이 있다.

남원은 섬진강의 지류가 곳곳에 흐르고 풍부한 퇴적층이 형성되어 있어 예로부터 미꾸리나 미꾸라지가 많이 서식하였으며, 지리산과 가까워 토란대, 무시래기, 고구마순 등의 나물과 산초, 초피 등을 쉽게 얻을 수 있었다. 이런 지역적 특성 때문에 남원은 추어탕 문화가 자연스럽게 발달할 수 있었다.

남원에서 역사가 가장 오래된 추어탕집은 '3대원조할매추어탕'과 '새집추어탕'이며, 둘 다 1959년에 문을 열었다. 3대원조할매추어탕은 직계가족으로 3대째 이어져 현재는 손녀 강남순씨 부부가 운영한다. '새집'은 '억새풀집'이란 뜻의 순우리말이며, 서삼례 할머니가 창업할 당시 억새풀로 지붕을 만들었기 때문에 새집추어탕이라고 이름 붙였다. 현재는 조카인 서정심씨가 사장으로 있다.

남원시에서는 남원추어탕을 지역의 산업으로 연결하기 위해 여러 노력들을 하고 있으며, 그중 미꾸리의 양식과 브랜드화 사업이 중심을 이룬다. 원래 남원에서 흔히 잡히던 것이 미꾸리였으며, 대부분의 다른 지역 추어탕이 중국산 미꾸라지를 사용하는 것과 차별화하기 위하여 '남원 미꾸리'를 브랜드화 하겠다는 전략이다. 현재 미꾸리 양식 기술이 확보되어 있으며 남원시 추어 브랜드 육성사업단에서 미꾸리 치어를 분양하고 있다. 남원시 천거동을 중심으로 '추어탕 거리'가 형성되어 있으며, 이곳에서 소비되는 미꾸리는 모두 인근 지역의 양식장에서 제공되고 있다.

남원추어탕 다음으로 추어탕집 상호에 자주 볼 수 있는 것이 '원주추어탕'이다. 강원도 원주시도 오래전부터 추어탕이 유명한 곳이며 지금도 50여개 추어탕 전문점이 있다. 그러나 명성은 예전만 못하며, 원주추어탕이란 상호를 내건 식당에서도 전통 원주식 추어탕이 아닌 미꾸라지를 갈아 넣은 추어탕을 팔고 있는 곳이 많다. 전통적인 통추어탕은 별도 메뉴로 취급하고 있을 뿐이다.

26.
미역국

서양에서는 미역을 포함한 해조류를 거의 먹지 않으나, 우리 나라를 비롯하여 중국, 일본 등 동양권에서는 오래전부터 식용으로 하여 왔다. 미역(sea mustard)은 갈조류에 속하는 바다 생물로서 김과 더불어 우리 민족이 가장 많이 먹는 해조류이며, 여성들의 미용식으로도 인기가 많다. 우리나라에는 산모에게 미역국을 먹이고, 생일에는 미역국을 먹는 것이 오랜 풍습으로 전해오고 있다.

우리 민족이 언제부터 해조류를 식용으로 하였는지는 알 수 없으나, 문헌상 해조 채취에 대한 기록은 고려 초기인 11세기 말에 박인량(朴寅亮)이 지은 『수이전(殊異傳)』이란 설화집에 실려 있는 연오랑(延烏郎)과 세오녀(細烏女)의 설화에 처음 나온다. 현재 『수이전』은 전해지지 않고 있으나, 그 내용은 1281년경에 일연(一然)이 편찬한 『삼국유사』에 인용되어 있다.

원문 내용은 "第八阿達羅王卽位四年丁酉 東海濱有延烏郞細烏
女夫婦而居 一日延烏歸海採藻忽有一巖[一云一魚]負歸日本 國人
見之曰此非常人也乃立爲王"이며, 해석하면 "신라 8대 왕인 아달
라왕 즉위 4년인 정유년, 동해 바닷가에 연오랑과 세오녀 부부
가 살고 있었다. 어느 날 연오랑이 해조를 따서 돌아오는데 갑
자기 바위(또는 물고기)가 그를 일본으로 데리고 갔다. 그 나라
사람들이 보고 비범한 사람이라 말하며 왕으로 삼았다"는 내용
이다. 아달라왕 즉위 4년인 정유년은 서기 157년에 해당한다.
이 설화에 나오는 해조가 무엇을 말하는지는 불확실하나 당시
신라 사람들이 해조를 채취하여 식용으로 하였음 알 수 있다.

산모가 미역국을 먹는 풍습이 언제부터 시작되었는지는 알
수 없으나, 중국 당(唐)나라의 서견(徐堅) 등이 편찬한 일종의
백과사전인 『초학기(初學記)』에 "고래가 새끼를 낳은 뒤 미역을
뜯어먹은 뒤 산후의 상처를 낫게 하는 것을 보고 고려인들이
산모에게 미역을 먹이기 시작했다"는 내용이 있어 고려시대에는
이미 이런 풍습이 있었음을 알 수 있다.

한편 이능화(李能和)가 조선 여성들의 세속적인 이야기를 모
아서 1927년에 출간한 『조선여속고(朝鮮女俗考)』에는 "산모가
첫 국밥을 먹기 전에 산모 방의 남서쪽을 깨끗이 치운 뒤 쌀밥
과 미역국을 세 그릇씩 장만해 삼신(三神) 상을 차려 바쳤는데

여기에 놓았던 밥과 국을 산모가 모두 먹었다"고 하였다. 삼신이란 우리의 민속신앙에서 자녀를 점지하고, 태어나게 하고, 길러주는 수호신이다. 쌀밥과 미역국으로 산모와 아기의 건강과 장수를 기원한 것이다.

미역은 식이섬유가 풍부하고, 무기질 중에서는 칼슘(Ca)과 요오드(I)가 특히 많아 산후조리에 좋은 것으로 알려져 있다. 칼슘은 인체 내에 가장 많이 들어있는 무기질로서 뼈와 이의 성분을 이루며, 신경자극 전달, 혈액응고, 근육 수축 등의 신체 활동을 조절한다. 임신과 출산으로 칼슘이 부족해지기 쉬운 산모에게 칼슘의 충분한 공급은 필수적이며, 아기에게 젖을 주는 수유부라면 아기의 성장 발육을 위하여도 칼슘이 필요하게 된다.

요오드는 체내 신진대사를 조절하는 갑상선호르몬의 구성성분이 되는 중요한 무기질이며, 요오드가 부족하면 신진대사가 완만해져 비만의 원인이 되기도 한다. 산후에 갑자기 뚱뚱해지는 여성은 요오드를 충분히 섭취하지 못한 것이 원인일 수도 있으며, 수유부의 경우 신진대사를 활발하게 하여 젖이 잘 나오게 하기 위하여도 요오드의 충분한 섭취가 필요하다.

생일에 미역국을 먹는 풍습은 예로부터 전해져 왔으나, 생일 미역국의 유래는 아직까지 정확하게 밝혀진 것이 없다. 다만, 어머니가 출산을 한 후 처음 먹었던 음식이어서 낳아주신 것에

감사하며, 태어남을 기념하고자 생일날에 미역국을 먹게 된 것이 아닌가 하는 의견이 있다.

미역국과 관련하여 시험이나 면접 등과 같은 중요한 날에는 먹지 않는 관습이 있다. 또한 시험에 떨어지게 되면 "미역국을 먹었다"고 말하기도 한다. 이는 미끌미끌한 미역이 '미끄러진다', '떨어진다'는 연상 작용을 일으키기 때문에 생긴 미신으로 보고 있다.

미역국은 미역과 함께 소고기를 사용한 것이 가장 일반적이기는 하나 지역에 따라 생선이나 조개류를 사용하기도 한다. 미역국에는 돼지고기를 사용하는 일이 거의 없으며, 그냥 미역만으로 끓이기도 한다. 육수는 사골육수를 사용하기도 하고, 쌀뜨물로 국물을 내기도 하며, 된장을 살짝 풀어 넣기도 한다. 때로는 두부나 들깨가루를 넣기도 한다.

미역국을 끓이는 방법은 크게 두 가지로 구분되며, 재료를 참기름 또는 들기름으로 볶은 후에 물을 넣어 끓이는 방법과 물에다 재료를 모두 넣고 한꺼번에 끓인 뒤에 참기름이나 들기름을 떨어뜨리는 방법이 있다. 보통은 앞의 방법을 사용하며, 식감이나 풍미가 좋게 된다. 뒤의 방법은 간편하다는 장점이 있어 야외에서 요리하거나 식당이나 급식시설 등에서 대량으로 만들 때 사용한다.

미역국의 간을 맞출 때에는 소금이나 조선간장 또는 국간장이라 불리는 재래식간장을 사용하며, 볶음 요리 등에 사용하는 왜간장 또는 진간장이라 불리는 산분해간장이나 혼합간장을 사용하면 미역국의 깔끔한 맛이 나지 않는다. 미역 특유의 비린내를 없애기 위해 끓일 때 다진 마늘을 조금 넣어주면 좋다.

미역국을 처음 끓이는 사람들은 흔히 미역의 양을 조절하지 못하여 낭패를 본다. 처음 만드는 경우라면 좀 적다 싶을 정도로 사용하는 것이 좋다. 마른 미역은 물에 불리면 엄청나게 팽창하여 원래 부피의 약 14배로 불어나게 되므로 미리 물에 적절히 불려 헹군 후 칼이나 가위로 썰어서 넣어야 한다.

마른 미역 1인분은 약 5g 정도이며, 요즘은 포장된 미역도 많이 판매되고 있으므로 포장지에 적혀있는 기준을 참고하는 것이 좋다. 미역국은 여러 회사에서 레토르트식품이나 동결건조식품 등으로 개발하여 판매하고 있으므로 이런 제품들을 이용하는 것도 하나의 방법이다.

27.
김치

　음식이 순서대로 나오는 서양식과는 달리 전통적인 한식의 상차림은 밥과 반찬이 한꺼번에 제공된다. 그리고 반찬의 수에 따라 3첩, 5첩, 7첩, 9첩, 12첩 반상 등으로 구분한다. 여기서 첩이란 기본적으로 제공되는 국, 찌개, 김치, 장류(醬類) 등을 제외한 반찬의 수를 의미한다.

　과거 한국인의 식사에서 김치는 빼놓을 수 없이 당연히 제공되는 반찬이므로 첩에서 제외한 것이다. 요즘은 점점 서구화하는 식습관 때문에 김치를 잘 먹지 않는 한국인도 늘어가고 있으나, 아직도 김치는 우리의 식생활에서 중요한 역할을 담당하고 있다.

　익숙하지 않은 냄새 때문에 외국인 중에는 김치를 꺼리는 사람이 많고, 특히 마늘 냄새가 너무 강해서 먹기가 힘들다고 한다. 그러나 1988년 서울 올림픽을 계기로 김치는 외국인에게도 널리 알려졌고, 건강식에 대한 관심이 증가하며 김치에 대한 호 감도 증가하였다. 특히 2006년 3월《Health(헬스)》라는 미국의 저명한 건강잡지에서 올리브유, 요구르트, 콩, 렌즈콩 등과 함께 김치를 세계 5대 건강식품으로 선정하면서 김치의 인기가 높아 졌다.

김치란 말의 어원에 관하여는 여러 가지 설이 있으나, '채소를 소금물에 담근다'는 의미의 '침채(沈菜)'에서 유래되었다는 설이 가장 유력하다. 침채는 과거에는 '팀채' 또는 '딤채'로 발음되었 으며, 이것이 '짐채', '김채' 등을 거처 오늘날의 '김치'가 되었다는 것이다. 이와 비슷하게 김장은 '가라앉혀 보관한다'는 뜻의 '침 장(沈藏)'에서 유래하여 발음이 변한 것이라고 한다.

동서양을 막론하고 인류는 채소를 수확하기 어려운 추운 겨 울에도 채소를 먹을 수 있는 저장방법을 개발하여 왔다. 우리 의 선조 역시 겨울철에도 채소를 먹을 수 있는 방법을 개발하 였으며, 처음에는 단순히 소금물에 절이는 형태였으나 점차 발 전하여 오늘날의 김치가 되었다. 삼국시대에는 이미 채소를 소 금이나 장류, 술지게미, 쌀겨 등에 넣어 발효시키는 방법들이 다양하게 존재하였다.

고려의 문헌을 보면, 고려 중기의 문신인 이규보(李奎報)가 오 이, 가지, 무, 파, 아욱, 박 등 여섯 가지 채소에 대해 읊은 '가포

육영(家圃六詠)'이란 시에서 무에 대해 "得醬尤宜三夏食 漬鹽堪備九冬支(장에 담근 무 여름철에 먹기 좋고, 소금에 절인 무 겨울 내내 반찬 되네)"라고 읊었다. '장에 담근 무'는 장아찌를 말하고, '소금에 절인 무'는 동치미에 해당한다. '지염(漬鹽)'은 원래 '소금물에 담근다'는 뜻이나, 여기서 유래한 '지(漬)'는 김치를 의미하기도 한다. 예로서 오이지, 짠지, 묵은지, 단무지 등의 '지'는 김치라는 뜻이다.

조선시대 초기의 문헌들에도 나박김치나 동치미 형태의 김치가 등장하며, 무를 기본으로 하는 단순한 절임에서 후추, 겨자, 회향(茴香) 등 향신료를 사용하는 것으로 발전하였다. 배추와 고춧가루를 주원료로 한 김치가 나타난 것은 조선시대 중반 이후의 일이다.

고추는 16세기 말 임진왜란 무렵에 일본을 통하여 전래된 것으로 알려져 있으나 1715년에 나온 『산림경제(山林經濟)』에도 김치에 고추가 들어간다는 기록이 없고, 고추를 사용한 김치는 1766년에 발간된 『증보산림경제(增補山林經濟)』에 처음 나타난다. 1809년에 저술된 『규합총서(閨閤叢書)』에 의하면 고추 외에도 마늘, 파 등 양념류와 젓갈류가 함께 사용되었다.

배추 포기 안에 여러 종류의 소재를 버무려 넣는 지금과 같은 형태의 김치가 만들어진 것은 결구배추가 도입된 이후이다.

1778년 실학자인 박제가(朴齊家)가 지은 『북학의(北學議)』라는 책에 "중국에서 얻어온 배추의 종자로 키웠을 때만 속이 들어찬 배추가 되었고, 그것을 우리나라에서 몇 년 계속 재배하면 다시 무와 비슷한 형태로 바뀌었다"는 기록이 있어 이 무렵에 결구배추가 처음 재배된 것으로 보인다.

중국에서 결구배추가 도입되기는 하였으나 일반에게 널리 보급되지는 못하였고, 오늘날 김치의 원료가 되는 결구배추는 '씨 없는 수박'으로 유명한 우장춘(禹長春) 박사가 1954년에 품종 개량한 '원예1호'를 비롯한 신품종이 널리 보급된 결과이다. 주원료인 배추 이외에도 부원료가 되는 무, 고추, 마늘, 파, 생강 등도 신품종이 보급되었으며, 소금이나 젓갈류 등도 김치에 적합한 것이 선정되어 현재의 김치가 완성되었다.

1950년의 6·25 전쟁 이전까지만 해도 사람들이 지역 간에 왕래하는 일이 빈번하지 않아 각 지방의 고유한 김치가 비교적 잘 보존되고 있었다. 6·25 전쟁으로 인하여 피난 온 사람들에 의해 북쪽의 김치가 남쪽에 소개되었고, 사람들의 교류가 왕성하게 되어 다양한 김치 조리법이 생겨나게 되었다. 도로시설과 교통수단이 발달하고 매스컴의 영향으로 서로 다른 지방의 김치를 경험하게 되는 기회가 많아짐에 따라 새로운 김치가 계속 개발되었다.

김치는 재료의 종류, 배합비율, 숙성방법 등에 따라 특성이 다르고, 각 가정마다 전래의 독특한 방법으로 담그기 때문에 그 종류가 수없이 많다. 또한 지역에 따라서도 차이가 있어 북쪽으로 갈수록 싱거워지고 남쪽으로 갈수록 짠 편이라고 한다. 김치는 주로 배추와 무로 담그지만 이외에도 오이, 열무, 갓, 미나리, 파, 부추, 고들빼기 등 재료에 제한이 없어서 한국인이 먹기 시작한 식물은 모두 김치로 담가진다는 말이 있을 정도이다. 현재 우리나라에는 200~300 종류의 김치가 알려져 있으며, 대표적으로는 다음과 같은 것이 있다.

■ 배추김치: 통배추를 쪼개서 소금물에 절인 다음 무채, 고춧가루, 마늘, 파, 젓갈 등을 넣고 버무려 만든 김치다. 보통 김치라 하면 배추김치를 떠올릴 정도로 가장 대표적인 김치이다.

■ 깍두기: 무를 작고 네모나게 썰어서 소금에 절인 후 고춧가루 등의 양념과 함께 버무려 만들며, 무로 만드는 대표적인 김치이다.

■ 동치미: 무를 주재료로 만든 물김치이며, 가장 오래 된 형태의 김치 중 하나다. 동치미는 '겨울 동(冬)'과 '잠길 침(沈)'을 합친 '동침(冬沈)'에 명사형 접미사 '-이'가 붙어 '동침이'라고 부르던 것이 변한 말이다. 겨울철에 땅에

묻으면 한 달 이상 되어야 제맛이 나지만 실온에 두면 열흘쯤 지나면 익는다.

■ 백김치: 평안도를 비롯한 추운 북쪽지방에서 즐겨 먹던 하얗게 담근 통배추김치로 배추김치에서 고춧가루만 빠진 듯한 모양새이다. 육수나 과즙의 국물을 넉넉히 부어서 익히므로 동치미처럼 국물을 떠먹을 수 있고, 시원하고 담백한 맛이 특징이다.

■ 나박김치: 네모지고 납작하게 썰어 소금에 절인 무와 배추에 마늘, 파, 생강, 고추 등을 함께 버무린 다음 소금으로 간을 한 국물을 부어 담근다. 주로 시원하고 새콤한 국물을 먹기 위해 담그며, 식사 때만이 아니라 떡, 만두, 약식, 다과 등에도 곁들여 먹는 물김치다. "떡 줄 사람은 생각도 않는데, 김칫국부터 마신다"는 속담에서 김칫국은 '나박김치의 국물'을 뜻한다.

■ 총각김치: 총각무의 뿌리와 잎(무청)을 모두 사용하여 만든 김치다. 총각무가 표준어지만 '알타리무'로 더 잘 알려져 있다. 조선시대 결혼 전의 총각은 상투를 틀지 못하고 머리를 길게 땋아 늘어트렸으며, 총각무의 무청이 이런 총각의 머리와 닮아서 '총각김치'라 부르게 되었다.

- 열무김치: 열무라는 명칭은 '어린 무'를 뜻하는 '여린 무'에서 유래하였다. 잎이 연하고 맛이 있어서 뿌리인 무 부분보다는 잎을 주로 이용한다. 열무김치는 국물 없이 겉절이 형태로 담그는 것과 국물을 자작하게 하여 떠 먹을 수 있게 담그는 것이 있으며, 주로 여름철에 물김치로 담그는 경우가 많다.

- 겉절이: 겉절이는 절임 과정을 짧게 하여 배추, 상추, 열무 등 채소의 표면 부분만 소금물이 침투할 수 있도록 한 후에 양념을 한 김치이다. 만드는 시간이 짧고 간단하기 때문에 양념만 준비되어 있다면 식사 직전에 가볍게 만들어 먹을 수도 있다.

- 보쌈김치: 개성의 향토음식으로 여러 가지 속재료를 절인 배춧잎으로 보자기 싸듯 만든 김치이다. 속재료들을 먹기 좋은 크기로 썰어 양념에 버무려 담기 때문에 손이 많이 가지만 상에 낼 때는 썰 필요 없이 하나씩만 담아내므로 편리하다. 싱싱한 해물과 과일, 버섯 등의 산해진미를 한데 넣어 만든 보쌈김치는 가장 고급스러운 김치라고 할 수 있다.

- 묵은지: 묵은지는 '오래된 김치'라는 뜻으로 6개월 이상 길게는 3년까지 저온에서 숙성시킨 김치이다. 일반 김장김치가 오래된 것도 묵은지라고 하지만 보통은 별도로 담근다. 묵은지는 낮은 온도에서 서서히 오랜 기간

숙성시켜야 신맛은 덜하고 일반 김치와는 차이가 있는 독특한 깊은 맛이 나며, 씹는 질감이 살아있게 된다.

■ 순무김치: 순무를 기본으로 한 깍두기의 일종이며, 순무의 주요 생산지인 강화도의 향토음식이다. 순무는 팽이 같은 모양에 겉은 연한 적자색을 띠고 있다. 달착지근하면서도 쌉싸름하고 톡 쏘는 맛이 인삼과 유사한 특유의 향취가 강하다.

■ 오이소박이: 적당한 크기로 자른 오이에 '십(十)'자 모양으로 칼집을 넣어 절인 다음 부추, 마늘, 고춧가루 등을 버무린 소를 채워 익힌 김치다. '맛을 내기 위하여 속에 넣는 여러 가지 재료'를 '소'라고 하며, '오이에 소를 박아 넣었다'는 의미에서 '오이소박이'라고 부른다. 오이의 아삭아삭한 식감과 시원한 맛이 특징인 겉절이의 한 종류이다.

■ 파김치: 파김치를 만드는 방법은 김치 중에서 비교적 간단한 편이다. 보통은 소금물에 절인 실파나 쪽파에 마늘, 생강, 고춧가루 등을 버무리고 액젓으로 간을 한다. 몹시 지쳐서 나른하게 되는 것을 "파김치가 되다"라고 하는데, 이는 줄기가 빳빳하게 살아있던 파가 절여져서 파김치가 되면 축 쳐지게 되는 것을 빗대어 표현한 것이다.

■ 갓김치: 갓의 잎은 채소로 먹지만 열매는 갈아서 매운맛을 내는 겨자를 만들고 기름을 짜기도 한다. 갓김치는 주로 전라도 지방에서 즐겨 먹으며, 갓의 잎으로 담근 김치이다. 갓 특유의 독특한 향과 쌉쌀하고 매운 맛이 특징이다.

■ 깻잎김치: 양념 소를 따로 만들어 깻잎에 얹으면서 켜켜로 담아 익힌 김치이다. 통조림으로도 팔기 때문에 마트 등에서 쉽게 접할 수 있는 대표적인 반찬이다. 된장에 삭힌 깻잎장아찌(깻잎지)와는 다른 음식이다.

■ 고들빼기김치: 고들빼기는 국화과의 두해살이풀로서 우리나라 산이나 들에서 흔히 볼 수 있는 식물이었으며, 요즘은 밭에서 재배하고 있다. 고들빼기김치는 담근 지 하루에서 이틀정도면 먹을 수 있으며, 특유의 쌉싸름한 맛이 있고, 주로 전라남도 동부지역에서 많이 먹는다.

■ 고구마줄기김치: 고구마줄기의 껍질을 벗겨 쪽파, 고춧가루, 마늘, 생강, 멸치액젓 등을 넣고 담그는 김치이며, 저장성이 좋아 오래 보관할 수 있다. 주로 여름철에 담그며, 담근 지 2~3일 만에 먹을 수 있고, 담백하고 상큼한 맛이 특징이다.

28.
나물

　최초의 인류는 오랜 시간 동안 수렵과 채집에 의존하여 생명을 유지하였으며, 경험에 의해 먹을 수 있는 것과 먹지 못하는 것을 구분하였다. 수렵과 채집에 의존하던 시절이 끝나고 차츰 야생동물을 길들여 가축으로 하거나 어떤 종류의 식물은 직접 재배하게 되었으며, 이처럼 선택되어 거주지 근처에서 재배하게 된 풀 종류가 채소이다.

　나물은 밭에서 재배한 채소 및 산이나 들에서 채취한 식용 가능한 야생식물을 총칭하는 말이며, 동시에 그것들을 이용해 만든 반찬을 의미하기도 한다. 예로서, 콩나물은 콩(대두)을 발아시켜 싹을 틔운 채소를 뜻하기도 하며, 그것을 양념에 버무려 만든 반찬을 뜻하기도 한다.

　나물의 재료로는 거의 모든 푸성귀와 버섯, 나무의 새순 등 종류를 헤아릴 수 없을 만큼 많다. 대표적으로는 콩나물, 숙주

나물, 시금치, 미나리, 고사리, 우거지, 시래기, 취나물, 두릅, 쑥, 달래, 냉이, 씀바귀, 도라지, 죽순 등이 있다. 나물은 김치와 함께 우리 식탁의 반찬 중에서 대표적인 음식이며, 세계적으로도 드문 우리 민족만의 독특한 음식이다.

나물과 김치는 사용하는 재료가 거의 비슷하고 양념에 버물려서 맛을 낸다는 점에서는 유사한 음식이지만, 조리법에 따라 나물과 김치로 구분된다. 김치의 경우는 소금에 절이고, 발효•숙성시키는 과정이 있는 데 비하여 나물의 경우는 대부분 가열하여 익히며 미생물에 의한 발효•숙성 과정이 없다는 점에서 구분이 된다.

우리의 건국신화에 마늘과 쑥이 등장할 정도로 우리 민족은 전통적으로 채식 위주의 식사를 하여왔다. 삼국을 통일한 신라는 불교를 숭상하여 일상생활의 기본 규범이 되었으며, 뒤를 이은 고려시대에는 불교를 국교로 삼았기 때문에 육식을 금기시하는 불교의 영향으로 채식문화가 더욱 발달하게 되었다. 조선시대에도 기본적으로 농업을 위주로 하였기 때문에 육식을 할 기회가 적었으며 주로 채식을 하였다.

문헌상 나물과 관련된 기록은 고려말에 작성된 중국어 회화 학습교재인 『노걸대(老乞大)』에 나오는 'ᄂᆞᄆᆞ새'이다. 이 말이 변하여 생긴 '남새'는 북한에서 밭에서 재배하는 채소를 가리키는 단어이며, 남한에서는 같은 의미로 강원도의 방언으로 사용된다. 다만, 남새는 채소만을 의미하고 반찬이라는 의미는 없다. 나물을 뜻하는 고어(古語)는 'ᄂᆞ믈'이었으며, 원래는 식용식물을 의미하였으나 나중에 반찬이라는 의미가 추가되었다.

조선시대의 문헌에는 나물과 관련된 내용이 많이 발견되며, 1842년경에 나온 실학자 서유구(徐有榘)의 『임원경제지(林園經濟志)』에는 128종의 나물이 소개되고 있으며, 야생 나물의 식용 부위를 싹, 이파리, 꽃, 줄기, 뿌리 등으로 구분하여 정리하였다. 이외에도 1849년에 발행된 홍석모(洪錫謨)의 『동국세시기(東國歲時記)』, 1913년에 작성된 방신영(方信榮)의 『조선요리제법(朝鮮料理製法)』 등에도 나물에 대한 설명이 나온다.

조선시대의 일반 백성들은 항상 식량의 부족을 겪었으며, 밥을 먹기가 힘들 때에는 죽으로 밥을 대신했다. 죽을 끓일 쌀도 부족하면 여러 가지 나물을 넣고 끓인 나물죽을 먹었다. 이런 궁핍한 생활을 대변하는 단어가 '초근목피(草根木皮)'이다. 초근목피의 한자 뜻은 '풀뿌리(草根)'와 '나무껍질(木皮)'이며, 맛이나 영양 가치가 없는 거친 음식을 비유적으로 표현하는 말이다.

그러나 조선시대에는 춘궁기(春窮期)를 넘기기 위해 초근목피 문자 그대로의 식생활을 하기도 하였다. 봄철 물이 오르기 시작한 소나무의 속껍질을 벗겨 먹었으며 냉이, 띠, 민들레 등의 뿌리를 먹었다. 칡은 나무이기 때문에 초근(草根)은 아니지만 춘궁기의 대표적인 구황식물(救荒植物)이었다.

이처럼 배고픔을 참고 생명을 유지하기 위하여 무엇이든 먹어야 했던 상황에서 개발되고 발전된 것이 나물이다. 따라서 나물에는 다른 나라에서는 먹지 못하는 것으로 여기는 식물까지도 먹을 수 있게 하는 요리법이 다양하게 존재한다. 나물은 요리 방법에 따라 크게 생채, 숙채, 진채로 구분한다.

■ 생채(生菜): 익히지 않고 날로 무친 나물을 말한다. 싱싱한 재료를 골라 소금으로 간을 하고 양념을 넣어 무치며, 식초를 사용하여 새콤한 맛이 나는 것이 특징이다.

■ 숙채(熟菜): 익혀서 무친 나물을 말하며 대부분의 나물이 여기에 속한다. 익히는 방법은 주로 볶거나 데치는 것이며, 때로는 찌거나 삶기도 한다.

■ 진채(陳菜): 건조시킨 재료를 사용한 나물을 말한다. 묵혀 두었다가 먹는 나물이라 하여 '묵은나물' 또는 '묵나물'이라고도 한다. 주로 동절기에 대비하여 푸성귀를 채집하고 햇볕에 말려 보관하였다가 사용하게 된다.

생채로 요리되는 나물은 무생채 등 몇몇 종류에 한정되고, 대부분은 숙채로 요리되며, 진채의 경우도 건조 상태 그대로 양념하는 것보다는 익혀서 양념하는 것이 많다. 나물의 요리법이 주로 숙채인 이유는 대부분의 재료가 쓴맛, 떫은맛, 아린맛 등이 강하여 그대로 먹기에는 부적합하였고, 섬유질이 많아 부드럽게 할 필요성이 있었기 때문이다.

숙채는 재료의 특성에 따라 익히는 방법이 다르다. 시금치나 미나리와 같이 연한 잎이나 줄기를 믹는 나물은 살짝 데쳐 낸다음 바로 식혀서 양념에 무친다. 수분이 많고 연하여 부스러지기 쉬운 오이, 호박 등의 나물은 미리 소금에 약간 절였다가 데치거나 기름에 볶아서 양념한다. 고사리, 고비, 도라지 등과 같이 섬유질이 많아 질긴 나물은 삶아서 식힌 후 양념하든가 삶은 후 다시 볶아서 양념한다.

진채는 정월대보름의 절식으로 꼽힌다. 정월대보름의 풍습으로 다섯 가지 곡식으로 오곡밥을 짓고, 아홉 가지 나물로 반찬을 만들며 먹고, 부럼이라 하여 호두, 잣, 땅콩, 밤 등 단단한 견과류를 깨물어 먹기도 한다. 오곡은 찹쌀, 조, 수수, 콩, 팥 등이 자주 이용되며, 이들 외에도 멥쌀, 흑미, 보리, 기장 등이 사용되기도 하고, 꼭 다섯 가지를 맞추지 않는 경우도 있다.

정월대보름에 자주 먹는 묵나물로는 시래기, 고사리, 토란대,

호박고지, 가지, 취나물, 말린 버섯, 고구마줄기 등이 있으며, 묵나물은 아니지만 시금치, 콩나물, 숙주나물, 무나물, 다래순. 도라지 등이 이용되기도 한다. 요즘은 나물을 아홉 가지나 하는 것이 번거롭고 부담스럽기 때문에 대여섯 가지로 줄여서 하는 것이 보통이다.

서양에도 여러 가지 과일이나 채소에 드레싱을 뿌려 먹는 샐러드라는 음식이 있으나 이용되는 식물의 종류에서 나물에 이용되는 것에 비하면 매우 제한적이다. 나물은 오랫동안 우리의 밥상을 책임져온 음식이었으며, 과거 우리 민족은 생존을 위해 나물을 선택하였다. 그러나 오늘날에는 칼로리는 낮고 섬유질은 많으며, 각종 비타민과 미네랄이 풍부한 건강식품으로 각광을 받고 있다.

29.
맛탕(마탕)

　학교 급식에서 종종 나오는 반찬 중에 기름에 바삭하게 튀긴 고구마에 달콤한 설탕시럽을 입힌 요리가 있다. 겉은 바삭하고 속은 촉촉하며, 달달하고 맛있어서 아이들이 좋아하는 간식이기도 하다. 요즘은 주로 군만두가 서비스로 제공되지만, 예전에는 중국집에서 짜장면이나 탕수육을 시키면 서비스로 이것을 조금 주기도 했다.

　한동안 길거리음식으로 인기가 있었던 이 음식은 고구마탕, 마탕, 고구마맛탕, 맛탕 등으로 불린다. 네 가지 모두 아직 표준국어대사전에 오르지 않아 표준어는 정해진 상태가 아니며, 가장 많이 사용되는 것은 맛탕이다. 그 이유는 1991년 해태제과에서 '고구마맛탕'이라는 이름의 과자를 판매한 이래 시중에 팔리고 있는 제품들이 대부분 맛탕이란 이름을 사용하는 것과도 관련이 있을 것이다.

맛탕은 국물이 전혀 없고 물로 끓이는 요리도 아닌데 '탕'이란 이름이 붙어있다. 그 이유는 여기서 탕은 국을 의미하는 '탕(湯)'이 아니라 단것을 가리킬 때 쓰는 '당(糖)'에서 나왔기 때문이다. 한자 '糖'은 주로 '당'으로 발음되지만 설탕, 사탕 등의 예에서와 같이 '탕'으로 발음되기도 한다. 맛탕은 설탕시럽을 입힌 것이기 때문에 '탕'이라 부르게 된 것이다.

원래 맛탕은 중국요리에서 후식으로 제공되는 '빠쓰(拔丝/拔絲)'에서 유래되었다. 빠쓰는 단맛의 요리를 만들 때 쓰이는 중국요리의 대표적인 조리법이며, 재료에 입히는 시럽이 끊어지지 않고 '실(絲)처럼 길고 가늘게 뽑힌다(拔)'하여 붙여진 이름이다.(외래어 표기법에 따르면 '拔丝'의 표기는 '바스'가 맞으나 실제 발음은 '빠쓰'에 가깝다) 빠쓰 요리에는 고구마만 있는 것이 아니며 옥수수, 바나나, 감자, 사과, 마, 연근 등 다양한 재료가 사용된다.

중국어로 고구마는 '띠꽈(地瓜)'라고 하며, 빠쓰 중에서도 고구마를 이용한 '빠쓰띠꽈(拔丝地瓜, básīdìguā)'가 가장 일반적이다. 우리나라에서 중식조리기능사 자격증을 따기 위한 실기시험에도 '빠스고구마' 만들기가 포함되어 있다. 빠스고구마는 빠쓰띠꽈를 말하는 것이며, 2014년부터는 빠스고구마라는 표현을 사용하고 있으나 그 이전에는 '고구마탕'이라고 하였다.

맛탕이 빠쓰에서 유래되었다는 것은 대체로 의견이 일치하나

맛탕, 마탕 등의 이름이 생기게 된 사유는 정확히 밝혀진 것이 없다. 맛탕의 어원과 관련하여 아래와 같은 내용이 인터넷에 널리 퍼져있다.

'바쓰' 조리법은 원(元)대의 마탕(麻糖)이라는 조리법에서 발전한 것인데, 문헌 기록에 의하면 이 마탕이라는 조리법에 대해서 "설탕을 졸여 재료에 입히는 조리법"이라고 설명하고 있다(우리가 '맛탕'이라고 부르게 된 연원은 '단맛이 나는 음식'이라는 삼색적인 인상에서 비롯되어 우리말화된 단어일 가능성도 있으나, 원(元)대 기원한 조리법이 전래되는 과정에서 마탕(麻糖)이 '맛탕'으로 변한 것일 수도 있다).

그러나 이것은 마탕(麻糖)과 맛탕의 발음이 비슷한데 착안하여 누군가가 지어낸 것으로 보인다. 우선 문헌의 기록에 의한다고 하였는데 관련 문헌을 밝히지 않고 있는 점이 신뢰감을 떨어뜨린다. 그리고 마탕을 조리법이라고 하였는데 중국어 '마탕(麻糖, mátáng)'은 요리법이 아니라 깨엿, 깨사탕, 깨강정 등을 의미하는 명사이다. 이들은 모두 강엿이나 조청 위에 깨를 입힌 것으로서 "설탕을 졸여 재료에 입히는 조리법"과는 차이가 있다.

맛탕과 관련된 내용이 신문에 등장하는 것은 1950년대 후반부터이며,《경향신문》의 1958년 5월 18일자 '중국요리 두 가지'라는 기사에 '빠스띠과(고구마탕)' 요리법이 나온다. 또한 1962년 1월 28일자 '좌담회 농촌계몽을 마치고 와서'라는 기사에는 "농촌에서 쉽게 구할 수 있는 고구마로 고구마탕을 했어요"라는 내용이 있다. 한편《동아일보》의 1962년 10월 16일자에는 마탕(고구마설탕튀김) 만드는 법에 대한 기사가 나온다.

위의 기사들로 보아 처음에는 '고구마탕'이라는 이름이 쓰였으며, 줄여서 '마탕'이라고도 하였던 것 같다. 그러나 마탕은 이름이 생소하고 의미를 알기 어려웠기 때문에《동아일보》의 예에서와 같이 '고구마설탕튀김'이라는 보충설명을 하여야 했을 것이다.

맛탕은 빠쓰에서 유래하였으며, 빠쓰는 중식조리기능사 자격시험에도 출제될 정도로 숙련된 기술이 필요한 요리법이다. 그러나 이 음식이 등장하기 시작한 1950년대 말은 6·25 전쟁이 끝난 지 얼마 되지 않은 시기였으며, 워낙 시대가 어렵고 물자도 풍부하지 못하였기 때문에 중국집을 운영하며 한국인을 대상으로 장사하던 화교들은 정식 빠쓰가 아닌 빨리 만들 수 있으며 값싸게 제공할 수 있는 방법을 찾게 되었다.

이렇게 개발된 요리는 빠스처럼 젓가락으로 집으면 설탕시럽이 실처럼 늘어나지도 않았으며, 빠쓰띠꽈나 빠쓰고구마라는 이름은 한국인에게 쉽게 다가가기 어려웠으므로 새로운 이름이 필요하게 되었을 것이다. 그래서 기름에 튀긴 고구마에 설탕으로 단맛을 낸 것이므로 알기 쉬운 고구마탕이란 이름을 붙인 것은 아닐까?

고구마탕과 마탕이 혼용된 예는 《경향신문》의 1971년 7월 7일자 '대학생 따분하면 술집·다방으로'라는 기사에서도 찾아볼 수 있다. 여기에는 여대생들이 튀밥, 오징어뎀뿌라, 마탕 등을 즐겨 사먹는다는 내용이 나오며, 이내 앞에서 3년 동안 고구마탕과 오징어뎀뿌라 장사를 해왔다는 김진수씨는 하루 고구마탕 75kg 팔기는 쉽다고 했다는 내용도 나온다. 같은 기사에서 마탕과 고구마탕이란 단어가 함께 사용되고 있는 것이다.

신문에서 '맛탕'이란 단어가 나오는 것은 고구마탕보다 약 30년 후인 1980년대 말부터이다. 예로서 《동아일보》의 1989년 6월 2일 '여름철 간식 경연대회'라는 기사 내용 중에 '감자맛탕'이 나온다. 《매일경제》의 1990년 6월 19일 '패스트푸드 장사 짭짤'이라는 기사에는 코리아세븐에서 떡·맛탕 등 한국적 제품 개발에 주력한다는 내용이 나오며, 1991년 7월 27일자에 해태제과가 새로운 스낵제품인 '고구마맛탕'을 내놓았다는 기사가 있다.

《동아일보》의 기사에 나오는 '감자맛탕'은 마탕이 맛탕으로 변해가는 과정을 보여주는 것이라 하겠다. 마탕의 의미도 불분명한데 고구마가 아닌 감자로 만든 비슷한 요리가 나오자 '단맛이 나는 맛있는 음식'이라는 인식에서 마탕과 발음이 비슷한 맛탕이란 이름이 생기게 된 것이다. 이에 따라 해태제과의 신제품도 고구마탕이 아닌 '고구마맛탕'이라고 이름짓게 되었을 것이다.

이상에서 살펴본 것처럼 고구마탕으로 시작한 이름은 마탕, 맛탕을 거쳐 고구마맛탕까지 변화를 겪었으며, 아직까지 네 가지 이름이 함께 쓰이고 있는 실정이다. 원래는 중국집의 후식으로 제공되던 요리였으나 이제는 일반 가정주부도 어린이 간식을 위하여 쉽게 만들 수 있는 간편한 요리로 대중화되었다.

30.
초콜릿

초콜릿은 달콤하고 쌉쌀한 유혹석인 맛 때문에 모든 과지류 중에서 가장 인기 있는 기호품이며, 사랑의 상징으로서 연인들의 마음을 설레게 하는 '사랑의 묘약'이다. 우리나라에서는 매년 2월 14일이 되면 발렌타인데이(Valentine Day)라고 하여 여성들이 좋아하는 남성에게 초콜릿을 선물하는 일이 일반화되어 있으며, 국적이 불분명한 축제일이라는 비판 속에서도 젊은 이들 사이에서 그 열기가 식을 줄을 모른다. 초콜릿은 비만과 충치의 원인이며 다이어트의 적이라는 비난도 있으나, 최근에는 오히려 건강에 유익한 식품이라는 주장도 제기되고 있다.

초콜릿(chocolate)의 원료가 되는 카카오(cacao)와 코코아(cocoa)는 흔히 혼동되어 사용되고 있으나, 일반적으로 자연상태에서는 카카오, 가공한 뒤에는 코코아라고 부른다. 작은 럭비공 모양의 카카오 열매를 쪼개면 마치 석류처럼 카카오콩

(cacao bean)이 빼곡하게 들어있다. 이 카카오콩을 볶아서 분쇄하고 겉껍질을 제거한 페이스트 상태의 것을 코코아매스 (cocoa mass)라고 하며, 이것을 압착하면 기름 성분인 황색의 투명한 코코아버터(cocoa butter)와 침전물인 코코아케익 (cocoa cake)으로 나뉜다. 코코아케익을 분쇄한 것이 코코아분말(cocoa powder)이며, 보통 코코아라고 하면 코코아분말을 의미한다.

카카오 나무의 원산지는 남아메리카의 아마존강 및 오리노코강 유역의 열대지방이며, 학명으로는 '테오브로마 카카오 (*Theobroma cacao*)'라고 한다. 테오브로마는 라틴어로 '신의 음식'이란 의미이다. 남아메리카에서는 기원전 마야문명 시대부터 카카오콩을 원료로 한 음료를 마시기 시작하였으며, 멕시코 원주민들은 카카오콩을 화폐로 사용하였을 만큼 귀하게 여겼다. 콜럼버스의 신대륙 발견 이후에 유럽으로 전해진 카카오는 처음에는 음료로 이용되었으며, 오늘날과 같은 형태의 단단한 초콜릿이 만들어진 것은 19세기 초중반의 일이다.

1828년 네덜란드의 쿤라드 반 호텐(Coenraad van Houten) 은 카카오매스를 압착하여 코코아버터를 추출하는 기술을 개발하였고, 이것은 저렴하고 품질의 일관성이 있는 초콜릿을 만들 수 있는 기초를 제공하였다. 1847년 영국의 조셉 프라이

(Joseph Fry)는 녹인 코코아버터에 코코아 파우더와 설탕을 섞어 초콜릿을 고체 형태로 성형하는 방법을 고안하였으며, 1876년 스위스의 다니엘 피터스(Daniel Peters)에 의해 지금의 밀크초콜릿과 비슷한 모습의 초콜릿이 만들어졌다.

초콜릿은 코코아 원료(코코아버터, 코코아매스, 코코아분말 등)에 우유, 설탕, 향료 등을 첨가하여 단단하게 굳힌 과자를 말하며, 사용된 원료에 따라서 다크초콜릿(dark chocolate), 밀크초콜릿(milk chocolate), 화이트초콜릿(white chocolate) 등으로 구분한다. 다크초콜릿은 코코아 고형분 함량이 높아 색상이 짙으며, 밀크초콜릿은 우유 성분이 첨가된 것이고, 화이트초콜릿은 코코아버터를 20% 이상 사용하고 코코아 고형분이 거의 없어 희게 보인다.

우리나라 〈식품공전〉에서는 초콜릿류를 "코코아가공품류에 식품 또는 식품첨가물을 가하여 가공한 초콜릿, 밀크초콜릿, 화이트초콜릿, 준초콜릿, 초콜릿가공품을 말한다"고 정의하고 있다. 초콜릿의 규격은 코코아 고형분 35% 이상이며, 밀크초콜릿의 규격은 코코아 고형분 20% 이상, 유고형분 12% 이상이다. 또한 화이트초콜릿은 코코아버터 20% 이상, 유고형분 14% 이상이어야 한다.

준초콜릿은 코코아 고형분 함량 7% 이상이고, 초콜릿가공품은 식품에 초콜릿을 입히거나 섞은 코코아 고형분 함량 2% 이상의 것을 의미한다. 일반적으로 준초콜릿이나 '빼빼로', '초코파이', '초코볼', '넥스퀵' 등의 초콜릿가공품은 초콜릿의 범주에 넣지 않는다.

젊은이들 사이에 밸런타인데이에 초콜릿을 주고받는 풍습이 생긴 것은 지극히 상업적인 동기에서였다. 원래 밸런타인데이는 3세기경 청년들을 군대로 보내기 위하여 금혼령을 내린 당시 로마 황제이던 클라우디우스2세(Claudius II)의 명령을 어기고, 몰래 젊은 남녀의 결혼식을 주례한 죄목으로 발렌티누스(Valentinus) 사제가 처형당한 2월 14일을 기념하기 위하여 연인이나 친지에게 축하카드나 꽃을 선물하는 날이었다고 한다.

'여성이 남성에게 사랑을 고백하는 날'이라는 현재의 밸런타인데이 풍습은 1477년 영국의 마거리 부르스(Margery Brews)라는 처녀가 당시의 관례를 무릅쓰고 짝사랑하는 젊은이에게 구애의 편지를 보내어 그 덕택에 결혼하게 된 것이 그 기원이라고 한다. 흔히 '발렌타인데이'라고 부르고 있으나 올바른 표현은 '밸런타인데이'이다.

여성이 남성에게 사랑을 고백하는 날을 초콜릿과 연결시킨 것은 1958년 일본의 모리나가제과(森永製菓)였다. 모리나가제과에서는 "이날 하루만이라도 여성이 남자에게 자유로이 사랑을 고백하게 하자"는 캠페인을 하면서 "초콜릿을 선물하면서 고백하라"는 말을 끼워 넣었는데, 당시에는 크게 호응받지 못하다가 1970년대에 들어와서 인기를 끌게 되었고, 그것이 1980년대에 우리나라에서도 유행하게 되었다고 한다.

제과업계의 추론에 따르면 초콜릿업체들이 밸런타인데이 시즌 동안 판매하는 초콜릿이 연간 매출액의 약 15%를 차지한다고 하며, 일부에서는 50%를 넘는다고도 한다. 이 때문에 초콜릿업체들은 매년 밸런타인데이를 겨냥해 신제품이나 리뉴얼 제품을 선보이며 판촉행사에 열을 올리는 것이다.

초콜릿에는 페닐에틸아민(phenylethylamine)이라는 성분이 들어있다. 이 물질은 우리가 무언가에 열중하고 있을 때 뇌에서 만들어지는 성분이며, 사랑의 감정을 느낄 때에도 분비된다고 한다. 이 물질은 몸의 에너지원이 되는 탄수화물의 소화, 흡수를 도와 정신을 안정시키고 심장 박동을 올려서 행복한 기분을 만들어준다고 한다.

그렇기 때문에 초콜릿이 사랑의 묘약이라고 불리며, 초콜릿을 먹으면 사랑을 유발시킨다고 믿게 되어 밸런타인데이가 아니더라도 전 세계의 젊은 연인들이 서로에게 초콜릿을 선물하는 것이다. 초콜릿에는 테오브로민(theobromine)이라는 성분도 있으며, 이것은 메틸화하면 카페인이 되는 물질로서 카페인과 마찬가지로 각성작용과 함께 근육의 긴장을 풀고 편안한 기분을 느끼도록 한다.

그러나 많은 과학자들은 초콜릿에 들어있는 페닐에틸아민이나 테오브로민 같은 화학물질의 효과에 대해서는 회의적이다. 현재 시판 중인 대부분의 초콜릿에는 주원료인 코코아보다 전지분유 등 지방 성분이 많이 들어있으며, 초콜릿에 들어있는 이들 화학물질의 양은 유용한 기능을 나타내기에는 매우 적은 양이기 때문이다.

이들 화학물질이 기능을 발휘할 수 있도록 초콜릿을 과도하게 섭취한다면 지방을 더욱더 과도하게 섭취하는 것이 되어 비만과 성인병을 불러올 가능성만 높일 뿐이다. 결국 초콜릿에는 행복감을 느끼게 하는 화학물질이 있으므로 사랑의 묘약이라는 인식은 초콜릿 관련 업계의 홍보와 마케팅에 의해 조장된 것일 뿐이다.

최근 초콜릿의 주원료인 카카오콩에 포함된 폴리페놀(poly-phenol) 성분의 항산화 효과가 알려지면서 초콜릿이 노화를 방지하고 콜레스테롤 수치를 낮추는 작용이 있다고 주장되고 있으나, 대부분 폴리페놀을 추출하여 동물에게 고농도로 투여한 실험의 결과 중에서 효과가 있었던 면만을 부각시킨 것이며, 초콜릿을 먹어서 어떤 효과를 얻기를 기대하기는 어렵다.

어떤 실험의 경우는 초콜릿 회사의 연구용역에 의해 수행된 것이어서 객관성에 의심이 가는 것도 있다. 초콜릿에는 같은 양의 녹차나 포도주에 있는 것보다 많은 양의 폴리페놀이 들어있다고도 하며 건강에 유익한 것처럼 선전되고 있으나, 다크초콜릿의 건강 이미지는 순전히 제과업계의 마케팅에 의한 효과일 뿐이다.

초콜릿의 단맛은 그동안 비만이나 충치 등 건강에 부정적인 이미지가 일반적이었으나, 업체의 노력으로 코코아 함량 50% 이상의 소위 '하이카카오' 제품들은 '쓴맛이 세련된 맛'이라는 점과 '폴리페놀 성분이 건강에 도움이 된다'는 점을 부각시켜 종전의 부정적 이미지를 불식시키는 데 성공하였다.

기존의 밀크초콜릿이 인스턴트커피에 비유된다면 하이카카오 초콜릿은 원두커피에 해당한다는 고급 이미지로 어필하면서 소비자의 좋은 반응을 얻게 된 것이다. 하이카카오 제품 중에는 상품명 뒤에 56, 72 같은 숫자를 붙인 것도 있다. 이는 코코아 함량을 의미하는 것으로서 진한 초콜릿이란 이미지를 효과적으로 부각시켰다는 평가를 받고 있다.

예로부터 많은 사람들의 사랑을 받고 관심이 많은 식품이었던 만큼 초콜릿에 관하여는 수많은 연구 결과가 있으며, 그중에는 초콜릿이 몸에 좋다는 것도 있고 해롭다는 것도 있다. 그

러나 아직까지 통상적으로 섭취하는 수준의 초콜릿에 들어있
는 정도의 양으로는 어떤 성분도 특별한 효과를 낼 수 있는 것
이 발견되지 않았다.

변함이 없는 것은 초콜릿은 기본적으로 지방 성분과 당의 함
량이 높아서 100g당 500kcal 이상의 고칼로리 식품이며, 코코
아 함량이 높은 다크초콜릿과 일반 밀크초콜릿의 칼로리 차이
는 별로 없다는 사실이다. 초콜릿은 어디까지나 감미로운 맛이
있어 즐거움을 주는 식품일 뿐이며, 너무 큰 의미를 부여하지
말고 그냥 기호식품으로 즐기는 것이 바람직하다.

유럽에서 왕실과 귀족의 애호품이었던 초콜릿은 우리나라에
도 왕실의 간식으로 첫선을 보였으며, 초콜릿을 가장 먼저 먹어
본 사람은 명성황후일 것이라는 설이 있다. 우리나라에 초콜릿
이 들어온 것은 19세기 말이었으며, 초기에는 일부 상류계층의
전유물이었다. 본격적으로 일반인이 초콜릿을 경험하게 된 것
은 일제강점기 때이다. 1920년대 말의 《조선일보》나 《동아일
보》에는 일본 모리나가제과(森永製菓)의 '밀크초콜릿(ミルク チョ
コレート)' 광고가 실려 있다.

우리나라에 본격적으로 초콜릿이 소개된 것은 해방과 더불
어 미군이 들어오면서부터이다. 미군 PX를 통하여 흘러나온 초
콜릿은 일반인에게도 유통되었으며, 6·25 전쟁을 겪으면서 아

이들은 미군만 보면 초콜릿을 달라고 쫓아다닐 정도였다. 최초의 국산 초콜릿은 1967년 해태제과에서 생산한 '나하나'이다. 1년 뒤인 1968년 동양제과에서 '넘버원(No.1)'과 '님에게' 초콜릿을 선보였지만 시장의 반응은 별로였다.

현존하는 가장 오래된 초콜릿은 1975년에 롯데제과에서 출시한 '가나초콜릿'이다. 이 제품은 1964년부터 일본 롯데에서 생산하고 있던 '가나초콜릿(ガーナチョコレート)'을 국내에서 생산한 것이며, 아프리카의 가나(Ghana)에서 카카오콩을 직수입한다는 이유에서 이런 이름이 붙여졌다. 처음 출시될 때에는 한글로 '가나쵸코렡'이라고 표기하였으나, 이후 영어로 'Ghana'라고 표기하는 것으로 바뀌었다. 가나초콜릿은 출시 후 40여 년이 지나면서 누적 판매량이 1조 원을 넘을 정도로 꾸준히 사랑받는 제품이다.

우리나라의 초콜릿 시장규모는 1조 2천억 원 정도로 추정되며, 롯데제과가 독보적인 선두를 유지하는 가운데 이탈리아 수입제품인 '페레로로쉐(Ferrero Rocher)'와 해태제과가 치열한 2위 싸움을 벌이고 있다. 페레로로쉐 초콜릿은 페레로로쉐코리아에서 수입하고 매일유업에서 유통을 담당하고 있다. 상위 3사의 시장점유율은 롯데가 약 40%, 2위 페레로로쉐가 약 16%, 3위 해태제과가 약 10% 정도이다.

31.
아이스크림

날씨가 더워지면 찾게 되는 것이 찬 음료와 아이스크림이다. 아직까지 여름철에 가장 많이 소비되기는 하나 아이스크림은 이제 추운 겨울에도 먹는 기호식품의 하나가 되었다. 최근에는 디저트 문화가 발달하면서 식후의 디저트로서 커피나 차 등의 음료나 케이크, 쿠키 등과 함께 아이스크림의 수요가 증가하고 있다.

우유 중의 지방성분은 약 3.3%이고, 이를 원심분리 등의 방법으로 분리하여 모으면 농도가 짙은 연한 황색을 띠는 유지방(乳脂肪)을 얻을 수 있으며, 이를 영어로는 크림(cream)이라고 한다. 크림은 교반하면 거품 모양의 부드러운 상태로 되어 이를 활용한 여러 식품의 원료로 사용된다.

아이스크림용으로 사용할 때에는 유지방 함량 18~25% 정도의 것이 적당하다. 아이스크림은 우유 또는 유가공품에 설탕,

계란, 안정제, 향료, 색소 등을 첨가하여 얼린 것으로 아이스트크림(iced cream)이 정확한 표현이나 아이스크림(ice cream)으로 이름이 정착되었다.

종전까지 식품은 식품의약품안전처에서 관리하고 축산물가공품은 농림축산식품부에서 관리하였으나, 효율적인 통합 관리를 위하여 축산물가공품도 식품의약품안전처로 이관하였다. 이 내용은 2018년 1월 1일부터 시행된 〈식품공전〉에 반영되어 있다. 〈식품공전〉에서는 빙과류를 "원유, 유가공품, 먹는물에 다른 식품 또는 식품첨가물 등을 가한 후 냉동하여 섭취하는 아이스크림류, 빙과, 아이스크림믹스류, 식용얼음을 말한다"고 정의하고 있다.

〈식품공전〉에서 아이스크림류는 "원유, 유가공품을 원료로 하여 이에 다른 식품 또는 식품 첨가물 등을 가한 후 냉동, 경화한 것을 말하며, 유산균(유산간균, 유산구균, 비피더스균을 포함한다) 함유제품은 유산균 함유제품 또는 발효유를 함유한 제품으로 표시한 아이스크림류를 말한다"고 정의하고 있다.

일반적으로 질이 좋은 아이스크림은 12% 이상의 유지방을 함유하고 있다. 아이스크림믹스류는 액상이나 분말로 제조하여 그대로 얼리거나 물을 타서 얼리면 아이스크림류가 되도록 만든 것이다. 〈식품공전〉에서 정한 아이스크림류의 유형은 다음과 같다.

- 아이스크림: 유지방분(乳脂肪分) 6% 이상, 유고형분(乳固形分) 16% 이상의 것
- 저지방(低脂肪)아이스크림: 조지방(粗脂肪) 2% 이하, 무지유고형분(無脂乳固形分) 10% 이상의 것
- 아이스밀크: 유지방분 2% 이상, 유고형분 7% 이상의 것
- 샤베트: 무지유고형분 2% 이상의 것
- 비유지방(非乳脂肪)아이스크림: 조지방 5% 이상, 무지유고형분 5% 이상의 것

〈식품공전〉에서 빙과는 "먹는물에 식품 또는 식품첨가물을 혼합하여 냉동한 것 중에서 아이스크림류나 아이스크림믹스류에 해당되지 않는 것"으로 정의하고 있다. 이는 우유성분을 포함하지 않고 설탕물이나 과즙에 향료, 색소 등을 첨가하여 얼린 것 등을 말하는 것이나, 사람들이 일반적으로 빙과(氷菓) 또는 얼음과자라고 할 때에는 우유성분이 들어있는 것도 포함한다.

오늘날과 같은 아이스크림이 만들어진 것은 비교적 최근의 일이나, 오랜 옛날부터 이와 유사한 식품은 존재하였다. 고대

이집트의 파라오는 두 겹으로 된 은제 술잔 안에 눈을 담고 과즙을 끼얹어 손님에게 대접했다고 전해지며, 중국에서는 기원전 3,000년경에 눈이나 얼음에 과일이나 꿀 등을 첨가해 먹었다고 한다.

기원전 4세기경 마케도니아의 알렉산더 대왕은 알프스의 만년설을 날라다가 꿀, 과일즙, 우유 등을 섞어서 먹었다고 하며, 1세기경 로마제국의 네로 황제도 만년설을 갈아서 꿀, 견과류, 과일 등과 함께 먹는 걸 좋아했다고 한다. 이러한 것들은 오늘날의 셔벗과 유사한 것이라 하겠다.

겨울철뿐만 아니라 여름에도 얼음을 먹고 싶다는 욕망은 오랜 옛날부터 있었다. 인류문명의 발상지 중 하나인 메소포타미아에서는 기원전 2,000년경부터 유프라테스 강가에 냉동창고를 지어서 얼음을 보관했다고 한다. 중국에서도 BC 1600년경부터 BC 1046년까지 존재하였던 상(商) 또는 은(殷)이라 불렸던 왕조에서 겨울철에 얼음을 채취해 보관했다가 여름에 먹었다고 한다.

은나라에 이어 BC 1046년에서 BC 771까지 존재하였던 주(周)나라 때에는 얼음을 채취하고 보관하는 기관이 따로 있었고, 여기에서 일하는 관리를 능인(凌人)이라고 불렀다. 우리나라에서도 얼음을 채취하여 저장하는 일은 신라시대부터 있었으며, 『삼국사기』에는 얼음 창고를 관리하는 빙고전(氷庫典)이란 관청을 두었다는 기록이 있다.

인공으로 얼음을 만드는 기술은 중국의 당(唐)나라 시대에 처음 개발되었다. 중국은 세계에서 처음으로 화약을 발명한 나라이며, 7세기 초인 당나라 초기부터 초석(硝石)과 유황(硫黃) 그리고 숯을 적당히 혼합하여 점화하면 강력한 화염이 발생한다는 사실을 기록으로 남기고 있다.

초석은 질산칼륨(KNO_3)을 한자식으로 표현한 것이며, 초석을 물에 녹이면 열을 흡수해 물의 온도를 빙점(氷點) 아래까지 떨어뜨릴 수 있다. 당시 사람들은 화약 제조를 위해 다량의 초석을 채굴하였으며, 이런 과정에서 자연스럽게 초석을 이용하여 얼음을 만드는 기술을 알게 되었을 것이다.

얼음을 만드는 방법을 알게 되면서 과거에는 왕족이나 귀족들만 먹을 수 있었던 최고급 간식을 일반인들도 먹을 수 있게 되었다. 당나라 시대인 9세기 말에는 수도인 장안(長安)에서 상인들이 얼음에 향료와 꿀을 섞어 팔았다고 한다. 그러나 이 당시의 얼음 가격은 금의 가격에 맞먹는다고 할 만큼 고가였기 때문에 누구나 먹을 수 있는 음식은 아니었다. 당나라에서 시작된 빙과류는 송(宋)나라 시대에 더욱 발전하였으며, 유목민인 몽골족이 세운 원(元)나라 때에는 우유가 들어간 제품이 만들어졌다.

원나라의 빙과 제조기술은 마르코 폴로(Marco Polo)가 1271년 부터 1295년까지 동방을 여행한 체험담을 담은 『동방견문록』에 의해 이탈리아에 전해졌다. 이탈리아에서 발전한 셔벗 비슷한 음식은 프랑스와 영국을 거쳐 유럽의 여러 나라로 전파되었다.

왕과 귀족 등 일부 특권층만이 즐길 수 있는 별미였던 이 음식은 17세기 중반 영국의 청교도혁명을 계기로 일반인에게도 알려지게 되었다. 이전에는 왕궁 소속의 요리사만이 그 제조법을 알고 있었으나 청교도혁명에 의해 당시 국왕이던 찰스1세가 처형된 후 왕실 소속이던 요리사들이 궁 밖으로 나오게 되어 제조법이 널리 퍼지게 되었다.

현대식 아이스크림 제조법이 처음으로 문헌에 등장한 것은 1718년 영국에서 나온 『Mrs. Mary Eales's Receipts(메리 에일스 아주머니의 요리책)』이라는 책이었으며, 아이스크림(ice cream)이라는 말도 여기서 탄생했다. 영국에서 미국에 전해진 아이스크림은 1851년 제이콥 후셀(Jacob Fussell)이 메릴랜드주의 볼티모아에서 세계 최초로 아이스크림 공장을 설립하여 산업화하였다.

1876년 독일의 과학자 칼 폰 린데(Carl Von Linde)가 암모니아 압착법을 활용해 인공제빙기를 개발하면서 아이스크림의 기업화가 급속히 진전되기 시작하였다. 20세기에 들어와서 냉장고를 비롯한 냉동기술이 크게 발전하여 값싸게 아이스크림을 대량으로 생산할 수 있게 되면서 세계적인 기호식품이 되었다.

우리말로는 식감(食感) 또는 질감(質感)이라고 번역되는 텍스쳐(texture)는 아이스크림의 생명이라 할 수 있다. 맛있는 아이스크림의 첫째 조건은 부드러움이며, 이 부드러움을 추구하는 과정이 아이스크림의 발달사라고 할 수 있다. 원료로 크림을 넣으면서 얼음의 부드러움이 엄청나게 좋아졌으며, 그 때문에 아이스크림이란 이름도 생기게 되었다. 얼음 결정의 크기도 텍스쳐를 결정하는 중요한 요소이며, 크기가 작을수록 부드럽게 된다. 결정의 크기를 작게 하려면 냉동시간이 짧게 급속 냉동하여야 하며, 이는 냉동기의 성능에 좌우된다.

얼음 결정의 크기와 더불어 아이스크림 속에 포함된 공기의 양도 부드러움에 결정적인 역할을 한다. 원료 혼합액과 공기의 비율을 오버런(overrun)이라 하며 백분율(%)로 표기한다. 오버런이 100%라고 하면 원료 혼합액과 공기의 비율이 1:1이라는 의미이며, 수치가 높을수록 부드러운 아이스크림이 된다.

보통 소프트아이스크림의 오버런은 60~100% 정도이다. 오버런 수치가 높다는 것은 그만큼 공기가 많이 포함되어 있어 원료가 적게 들어있다는 의미이고, 고품질의 아이스크림은 오버런 수치가 낮은 편이다. 아이스크림 제조 시 오버런 수치는 제품의 성격에 맞게 조절된다. 오버런 수치 조정은 기계의 성능도 중요하지만 첨가물인 증점제의 역할도 무시할 수 없다.

아이스크림은 크게 소프트아이스크림(soft ice cream)과 하드아이스크림(hard ice cream)으로 구분할 수 있다. 아이스크림의 제조공정은 기본적으로 각 원료를 균질하게 혼합한 후 살균·냉각하여 베이스(base)를 만들고, 휘저어서 공기를 함유시키고, 동결시키는 3단계로 이루어져 있다. 이때 충분히 동결되지 않아 비교적 부드러운 것을 소프트아이스크림이라 하고, 완전히 동결시킨 것을 하드아이스크림이라 한다.

바닐라(vanilla) 등의 향료를 사용한 단순한 것은 플레인아이스크림(plain ice cream)이라 하고, 달걀노른자의 함유량이 많은 것은 프렌치아이스크림(French ice cream) 또는 커스터드아이스크림(custard ice cream)이라 한다. 이 밖에 과일, 초콜릿, 커피, 양주 등을 첨가하여 특별한 맛을 낸 것을 '풍미(風味) 아이스크림'이라고 부르기도 한다.

우리나라에서는 보통 소프트아이스크림(soft ice cream) 또는 소프트크림(soft cream)이라고 부르고 있으나 정식 영어는 '소프트서브아이스크림(soft serve ice cream)'이 맞는 표현이다. 완전히 동결되지 않고 약 70%만 얼음결정으로 되어 있으며, 얼음결정이 작고 지방분이 적으며 공기가 많이 함유되어 있어 부드러운 느낌을 준다. 일반적으로 원뿔 모양의 과자에 담아서 판매하는 경우가 많다.

원래 아이스크림콘(ice cream cone)은 아이스크림을 담는 그릇 겸 손잡이로 쓰이는 원뿔(cone) 형태의 과자를 가리키는 명칭이지만, '콘에 얹힌 형태로 나오는 아이스크림'이란 의미로 쓰이는 경우가 많다. 콘에 담긴 아이스크림이 처음 나온 것은 1904년 미국의 미주리주 세인트루인스에서 열렸던 세계박람회(EXPO)에서였다. 당시 엑스포 개최기간이 여름이어서 아이스크림을 찾는 사람이 너무 많아 아이스크림을 담을 용기가 다 떨어지자 상인이 근처에서 와플을 팔던 다른 상인에게 콘 형태의 와플을 부탁하여 아이스크림을 담아 준 것이 시초라고 한다.

소프트아이스크림과는 달리 완전히 꽁꽁 얼려서 판매하는 것을 하드아이스크림이라고 하며, 일반적으로 막대기에 꽂아서 얼린 형태로 판매된다. 우리나라에서는 보통 아이스바(ice bar) 또는 하드(hard)라고 줄여서 부르고 있으며 외국에서는 아이스팝(ice pop), 아이스스틱(ice stick), 아이스캔디(ice candy), 팝시클(popsicle), 프리저팝(freezer pop), 아이스롤리(ice lolly), 아이스폴(icy pole) 등 다양한 이름으로 불리고 있다.

1962년 롯데푸드의 전신인 삼강산업에서 국내 최초로 대량생산한 아이스크림인 '삼강하드'가 폭발적인 인기를 끌면서 '하드'라는 용어가 하드타입 아이스크림을 지칭하는 보통명사가 되었다. 아이스바 중에는 우유 성분은 들어있지 않고 감미료, 향료, 색소 등을 섞은 것을 얼린 〈식품공전〉에서 정의한 빙과에 해당하는 제품도 포함된다.

아이스크림류 중에 아이스크림 또는 아이스 등의 이름을 사용하지 않는 것에 셔벗이 있다. 셔벗은 과즙, 설탕, 안정제, 탈지유, 연유, 분유 등을 배합하여 얼린 것으로 얼음 결정의 입자는 아이스크림보다 거칠며, 작은 숟가락으로 떠먹기도 하고 빨대로 마시기도 한다. 〈식품공전〉에서는 '샤베트'라고 표기되고 있으나, 이는 영어인 'sherbet'를 일본어에서 '샤벳토(シャーベット)'라고 표기한 것에서 유래하였으며, 표준어는 '셔벗'이다.

셔벗과 비슷한 빙과류에 소르베(sorbet)가 있다. 우리나라에서는 셔벗과 소르베를 구분하지 않고 사용하는 경향이 있으나, 프랑스어에서 유래한 소르베는 유제품이 들어있지 않다는 차이점 외에는 셔벗과 유사한 제품이다. 최근에는 셔벗보다는 소르베라는 이름이 유행하고 있다.

그 이유는 우유를 첨가한 셔벗의 인기가 줄어들고 순수과즙만 넣은 소르베가 유행하는 것일 수도 있으나, 셔벗은 1960~70

년대에 샤베트라는 이름으로 대중화되었는데 주로 문구점, 구멍가게 등에서 기계식 슬러시(slush)로 만들어진 탓에 '싸구려', '불량식품'이라는 이미지가 있었으므로, 마케팅 차원에서 소르베라는 새로운 이름을 내세우는 경향도 있다.

'얼음물'이나 '빙수(氷水)'라고 부르는 음식도 셔벗이나 소르베와 유사한 것이다. 빙수는 얼음을 잘게 갈아서 과일, 젤리, 시리얼 등을 얹은 것이며, 우유는 넣기도 하고 넣지 않기도 한다. 조선시대의 기록에도 관료들이 얼음을 잘게 부수어 과일과 함께 섞어 먹었다는 기록이 있다. 오늘날에는 팥을 넣은 팥빙수가 대세를 이루고 있다. 초기에는 팥, 떡, 땅콩분말 등 2~3가지를 첨가한 것이 대부분이었으나, 현재는 이외에 과일 칵테일, 견과류, 시리얼, 시럽, 거품크림(whipped cream) 등 다양한 재료가 사용된다.

우리나라에 아이스크림이 들어온 것은 일제강점기 때이지만 대중화된 것은 1962년 삼강산업에서 판매한 삼강하드 이후이다. 그 이전에는 영어인 아이스케이크(Ice cake)의 일본어 표기인 'アイスケーキ'에서 유래된 '아이스케키' 또는 '아이스께끼'라고 불렸다.

소규모 생산 공장에서 물에 향료, 색소, 설탕이나 사카린 등의 감미료를 섞어 얼리거나, 팥앙금과 팥물을 넣어 만든 것이

주종을 이루었으며, 우유를 넣지 않아 아이스크림으로 분류할
수 없는 것도 있었다. 생산 과정도 비위생적이었으며, 판매 방
식도 주로 고학생(苦學生)들이 아이스박스에 넣은 것을 어깨에
둘러매고 거리를 돌아다니며 직접 판매하였다.

1962년부터 시행된 식품위생법에 의해 아이스케키는 불량식
품의 대명사가 되었으며, 이후 최신 위생설비를 갖춘 아이스크
림 생산업체들이 생겨났다. 초기에는 삼강하드처럼 얼음이 많
은 아이스바가 많았지만, 차츰 유지방 함량이 높은 아이스크림
이 출현했다.

1970년 해태제과의 '부라보콘', 1972년 삼강산업의 '아맛나',
1974년 빙그레의 전신인 대일유업에서 만든 '퍼모스트 투게더'
등이 출시되었으며, 이 밖에도 비비빅, 누가바, 바밤바, 쌍쌍바,
쮸쮸바, 조안나, 싸만코 등 현재까지도 판매되는 상당수의 아이
스크림이 1970년대 탄생했다. 아이스바 타입, 콘 타입, 짜먹는
튜브 타입, 과자나 빵 사이에 아이스크림을 채운 샌드위치 타
입, 가족을 위한 대용량 제품 등 현재 출시되는 아이스크림 유
형이 모두 이 시기에 출시되었다.

생활수준이 향상되면서 아이스크림의 고급화는 더욱 가속화
되었고, 1990년대에는 우유의 함량을 높이거나 견과류와 과일
을 첨가한 아이스크림이 인기를 얻었다. 그중에서도 1992년 빙

그레에서 출시한 초록색의 메론맛 아이스크림인 '메로나'가 가장 유명하다. 당시로서는 희귀한 과일이었던 멜론의 모양과 맛을 아이스바로 재현하여 아이스크림 시장을 석권하였으며, 지금까지도 잘 팔리고 있다.

2000년대의 히트 제품은 2003년 롯데제과에서 출시한 '설레임'이었다. 설레임은 잘게 간 얼음을 섞은 슬러시 타입의 셔벗이다. 그 맛이나 텍스쳐는 1976년 삼강산업에서 출시한 '쮸쮸바'에 가깝지만, 치어팩(cheer pack)이라는 새로운 포장재를 사용한 것이 특징이다. 치어팩은 음료제품의 휴대성을 높이기 위해 개발된 마개가 달린 파우치 형태의 포장재이며, 어린 시절 쮸쮸바를 먹고 자란 성인세대들이 체면 때문에 쮸쮸바를 빨고 다니지 못하던 불편을 해소하여 마케팅에 성공하였다는 평가를 받고 있다.

2010년대에 들어서면서 아이스크림 시장은 축소되는 경향을 보이고 있다. 업계의 추정에 따르면 최고치에 이르렀던 2013년에 2조원 수준이던 소매점 매출 규모는 그 후 계속 하락하여 2016년 1조 2천억 원을 기록하였으며, 이러한 감소세는 당분간 지속될 것으로 전망되고 있다. 아이스크림 시장이 줄어들게 된 원인으로는 다음과 같은 몇 가지 이유가 거론되고 있다.

첫째로 아이스크림의 주소비층인 아동 인구의 감소와 히트상품의 부재를 원인으로 꼽고 있다. 실제로 2017년 기준으로 가장 판매가 많았던 Top5 제품인 월드콘, 설레임, 사만코, 메로나, 투게더 등이 모두 수십 년 된 장수상품이었다. 단일제품으로 점유율 1% 이상을 차지하는 20위권 이내 상품 중에서도 출시 10년 이내의 제품은 단 1개도 없었다.

둘째로 디저트 시장의 성장 및 다른 대체식품과의 경쟁에서 밀린 것과도 관련이 있다. 예를 들어 커피의 소비가 증가한 것이 상대적으로 아이스크림의 감소로 나타났다. 예전만큼 심하지는 않으나 아직도 아이스크림의 성수기는 기온이 상승하는 여름이다. 그런데 요즘은 날씨가 더워지면 아이스크림을 찾는 사람보다 아이스커피를 찾는 사람이 많아지게 되면서 아이스크림의 매출이 크게 늘지 않게 되었다.

셋째로 몇 년 전부터 유통 채널에서 아이스크림을 미끼상품으로 활용하면서 50~90% 할인하여 판매하는 정책을 써왔기 때문에 소비자의 인식 자체가 달라졌다는 분석이다. "아이스크림을 제값 주고 사면 손해다"라는 생각이 널리 퍼져있기 때문에 아이스크림은 싸게 팔아야 팔리는 제품이 되어버렸다. 이에 위기감을 느낀 빙과업체에서는 가격정찰제 도입에 적극적으로 나서고 있다. 그러나 과거에도 가격정찰제가 시도된 적은 있으나 소매점 등의 반발에 큰 효과를 보지 못했던 경험이 있어 큰 효과를 거둘지는 미지수이다.

저렴한 아이스크림에 대한 요구는 2017년 5월에 등장한 아이스크림 할인매장 'The달달'의 유행으로 나타나고 있다. 'The달달'은 롯데제과, 빙그레, 롯데푸드, 해태제과 등 아이스크림 제조사와 계약을 맺고 유통과정을 최소화하여 350여 가지의 아이스크림을 40%~70% 할인된 가격으로 판매하는 체인점이다. 매장 규모가 크지 않고, 여성 혼자서도 충분히 운영이 가능한 소자본 창업 아이템으로 각광을 받으면서 1년도 안 되어 가맹점이 100개를 넘어섰다.

편의점이나 마트 등에서 판매되는 아이스크림 시장만큼은 아니지만 프랜차이즈 매장에서 판매되는 아이스크림 시장도 '배스킨라빈스'를 제외하면 부진을 면치 못하고 있는 상황이다. 국내 프랜차이즈 아이스크림 매장은 전국에 약 1,500개 정도로 추산되며, 배스킨라빈스가 전체의 약 90%를 차지하고 있다.

배스킨라빈스는 SPC그룹의 모기업인 샤니가 미국 배스킨라빈스(Baskin Robbins)사와 합작투자하여 1985년에 설립한 비알코리아에서 1988년부터 사업을 시작한 아이스크림 브랜드 이름이다. 미국 배스킨라빈스는 1945년에 캘리포니아주의 글렌데일(Glendale)에서 설립되었으며, 두 명의 창업자인 버턴 배스킨(Burton Baskin)과 어바인 라빈스(Irvine Robbins)의 이름을 따서 상호를 정하였다.

 아이스크림 시장의 전반적인 부진 속에서도 프리미엄 아이스크림 시장만큼은 매년 10% 이상씩 성장 중이다. 아직은 전체 아이스크림 시장에서 차지하는 비중이 미미하지만 성장률이 높기 때문에 여러 아이스크림 업체에서 관심을 가지고 신제품들을 내놓고 있다. 프리미엄 아이스크림이 성장하는 배경에는 4,000원 안팎의 다소 높은 가격대임에도 불구하고 디저트 문화에 익숙한 20~30대 여성 소비자들을 중심으로 고급 아이스크림을 디저트로 인식하고 즐기고 있는 소비 경향이 있다.

32.
푸딩

서양식 식문화가 우리의 일상생활에 자연스럽게 스며들었으며, 그중에서도 최근 급격하게 증가한 것이 디저트를 먹는 습관이다. 식후에 입가심용으로 후식을 먹는 일은 서양의 문물이 소개되기 전에도 있었던 일이었으며, 외식문화가 정착되면서 어느 식당에서나 일상적으로 있었던 것이었다. 그러나 최근에는 디저트가 점점 고급화되고, 그 수요도 급격하게 증가하고 있다. 이에 따라 조금 생소한 음식이었던 푸딩도 낯설지 않게 다가오고 있다.

푸딩(pudding)이란 단어의 어원은 '작은 소시지'를 뜻하는 라티어 'botellus'에서 기원한 프랑스어 '부댕(boudin)'에서 유래된 것으로 추정된다. 푸딩은 '밀가루, 쌀, 동·식물성 기름, 고기, 달걀, 우유, 버터, 과일 등의 원재료에 설탕, 소금 등을 조미하여 굽거나 쪄서 굳힌 식품' 전체를 가리키는 명칭이지만, 우리나라에서는 보통 계란이나 우유를 주원료로 하여 만들고, 디저트용으로 사용되는 부드럽고 달콤한 맛의 커스터드푸딩(custard pudding)을 의미하는 경우가 많다.

푸딩의 유래에 대해서는 정확히 밝혀진 것이 없으며, 피를 굳혀 만든 소시지 형태의 음식이 영국으로 전해져서 시작되었다고 추정되고 있다. 영국으로 유입된 이 음식은 블랙푸딩(black pudding)으로 발전하게 된다. 블랙푸딩은 블러드소시지(blood sausages)라고도 하며, 돼지의 피와 함께 고기, 지방, 옥수수가루, 양파, 밤, 보리, 오트밀(oat meal) 등을 넣어 만든 검은색의 소시지이다. 영국의 대표 요리로서 영국인들의 전통적인 아침 식사에 빠지지 않는다.

창자에 채워 넣는 소시지 형태의 음식에서 점차 재료를 봉지에 넣거나 천으로 감싸서 익히거나 냉장하여 굳히는 형태로 변경되면서 현재의 푸딩에 가까운 음식으로 발전하게 되었다. 재료에 있어서도 쌀, 빵가루나 밀가루, 고기, 라드(lard) 등과 함께 우유, 계란, 과일 등이 사용되었고, 향신료나 소금 등의 조미료가 첨가되어 맛이 향상되었다. 커스터드푸딩의 원조격인 이 음식은 빵가루의 처리에 고민하던 주부에 의해 고안되었다는 설도 있다.

서유럽의 여러 나라들이 새로운 바닷길을 통해 새로운 땅을 찾아 나서던 15세기 후반에서 17세기까지의 대항해시대(大航海時代)에 영국 선원들에 의해 푸딩이 유래되었다는 설도 있다. 항해의 막바지에 이르면 식재료들이 어정쩡하게 남았고, 이 남은 식재료인 빵 부스러기, 밀가루, 계란, 우유 등을 섞어서 쪄먹던 음식이 푸딩의 시초라는 것이다.

그러나 대항해시대를 푸딩의 기원으로 보는 것은 시기적으로도 너무 늦고, 푸딩(pudding)이라는 단어의 어원을 설명하기 곤란하다. 오히려 그 이전부터 영국 가정에서 일반적으로 만들어 먹던 요리가 보존성이 좋았기 때문에 항해 중의 식사로 이용된 것이 와전된 것으로 보인다.

요크셔푸딩(Yorkshire pudding)은 12~16세기경에 잉글랜드 북부의 요리사들에 의해 고안되었다고 한다. 그들은 양고기를 오븐에 굽는 과정에서 나오는 기름을 이용하여 밀가루, 달걀, 우유 등을 섞은 반죽을 구워서 부풀린 푸딩을 만들었다. 이 요리법은 1737년에 발간된 『The whole duty of a woman』이라는 책에 'dripping pudding'이라는 이름으로 소개되었다.

요리법은 10년 후인 1747년에 한나 글라세(Hannah Glasse)의 요리책 『The Art of Cookery made Plain and Easy』에서 요크셔푸딩(Yorkshire pudding)이라는 이름으로 소개되어 널리 알려지게 되었다. 요크셔 지방에서 탄생했기 때문에 요크셔

푸딩이라는 이름이 붙었다는 견해가 있지만, 이에 반대하는 의견 역시 존재하며, 그 어원에 대해 정확하게 알려진 내용은 없다. 요크셔(Yorkshire)는 잉글랜드 북동부에 있었던 주(州)의 이름이다.

요크셔푸딩은 원래 귀한 고기 요리를 먹기 전에 배를 채울 목적으로 먹는 애피타이저 메뉴였다. 요크셔푸딩은 고기 기름에서 비롯한 고소한 풍미가 특징으로, 버섯의 갓을 뒤집어 놓은 듯한 모양을 하고 있으며, 일반적으로 움푹 꺼진 윗면에 고기를 굽는 과정에서 얻은 육즙으로 만든 소스인 그레이비(gravy)를 부어서 먹었다. 당시 값비싼 고기를 넉넉히 먹을 수 없었던 대다수의 사람들이 요크셔푸딩과 같은 고기 맛이 풍부하면서도 저렴한 요리로 먼저 배를 채우고자 했던 것이다. 오늘날에는 주로 영국의 유명한 소고기 요리인 로스트비프(roast beef)와 함께 먹는다.

원래 푸딩은 곡물, 시리얼, 버터, 소기름(suet), 밀가루, 계란 등의 다양한 성분을 혼합하여 굽거나, 찌거나, 삶아서 덩어리로 굳힌 것을 지칭하는 용어였다. 재료에 따라 푸딩은 메인 코스의 일부 또는 디저트로 제공되었다. 푸딩이란 용어가 풍미가 있고 주로 디저트용으로 제공되는 음식이라는 현대적 의미로 변하는 데는 오랜 시간이 필요하였다. 오늘날에는 블랙푸딩, 요크

서푸딩만이 전통적인 푸딩의 의미를 지키는 음식으로 남아있다.

영국 및 영연방국가에서는 '달콤하고 맛있는 요리'를 표현할 때 푸딩(pudding)이라는 단어를 사용하며, 영국에서는 푸딩이 디저트코스(dessert course)와 같은 의미로 사용된다. 영연방국가에서는 젤라틴으로 굳힌 것은 젤리(jelly), 계란으로 굳힌 것은 커스터드푸딩(custard pudding), 전분으로 굳힌 것은 블라망주(blancmange)라고 부른다.

영국 및 영연방국가에는 푸딩이라는 이름은 붙어있으나 일반적인 푸딩과는 다른 요리인 빵푸딩(bread pudding)이나 쌀푸딩(rice pudding)과 같은 디저트도 있다. 빵푸딩은 빵 위에 말린 과일, 설탕, 계란, 향신료 등을 섞은 우유를 부어 적신 후 다시 구운 것으로 디저트용으로 사용되는 음식이며, 쌀푸딩은 쌀, 우유, 설탕으로 만든 디저트이다.

미국과 캐나다의 몇몇 지역에서 사용하는 디저트푸딩(dessert pudding)은 우유를 기반으로 한 달콤한 디저트 음식을 의미하며, 때로는 옥수수전분이나 젤라틴 또는 이와 유사한 콜라겐제제(collagen agent)를 사용하여 판매되는 제품을 가리키기도 한다. 북아메리카와 네덜란드와 같은 일부 유럽 국가에서 사용하는 크림푸딩(cream pudding)은 설탕과 우유를 사용하고 옥수수전분, 젤라틴, 계란, 쌀 또는 타피오카 등으로 굳힌 것을 말한다.

일본에서는 일반적으로 '푸린(プリン)'이라고 부르며, 이것은 커스터드푸딩의 일종이다. 일본에 푸딩이 전해진 것은 19세기 말이었으며, 외래어인 푸딩은 처음에는 일본인의 귀에 들리는 발음대로 여러 가지로 표기하였으나 차츰 푸린으로 정착되었다. 푸린은 계란에 우유와 설탕을 섞어서 가열하여 응고시키며, 때로는 젤라틴을 사용하여 응고시키기도 한다. 일본에서 푸린은 일부 식당의 메뉴를 제외하면, 디저트라기보다는 달콤하고 부드러운 양과자(洋菓子)를 의미한다. 제과점이나 편의점에서도 인기가 높은 상품이며, 선물용이나 답례품으로도 사용된다.

우리나라는 일본을 통하여 푸딩이 전해졌기 때문에, 푸딩이라고 하면 대부분 커스터드푸딩을 말한다. 우리나라나 일본에 있는 젤리 같은 푸딩은 플랑(flan) 또는 크림캐러멜(cream caramel)이라고 부르는 유럽식 음식으로, 크게 보면 푸딩의 일종이라 할 수 있으나 외국에서는 이것을 푸딩이라고 부르는 경우는 드물다. 젤리와 푸딩은 엄연히 다른 것이지만 둘 모두 낯선 외국 음식이고, 탄력 있는 모양새가 비슷하여 구분하지 않고 푸딩이라고 부르게 된 것이다.

커스터드푸딩은 계란에 우유와 설탕을 섞어서 가열하여 응고시키며, 함께 사용한 재료에 따라 초콜릿을 넣은 초콜릿푸딩 (chocolate pudding), 카스텔라 분말을 넣은 로열푸딩(royal pudding), 카스텔라와 건포도를 넣은 캐비닛푸딩(cabinet pudding), 아몬드를 넣은 아몬드푸딩(almond pudding), 옥수수전분을 넣은 콘스타치푸딩(cornstarch pudding) 등으로 구분하기도 한다.

젤리는 과즙에 설탕을 넣고 펙틴, 젤라틴, 한천, 알긴산(alginic acid) 등을 이용하여 만든 식품이다. 젤리를 응고시킬 때에는 pH가 중요한 변수이며, 젤리의 물성은 각 원료의 비율에 따라 정해지게 된다. 젤리는 투명하고 반짝이는 듯한 광택을 가지며, 스푼으로 떠먹거나 마실 수 있게 플라스틱용기 안에 넣은 컵 타입의 젤리가 일반적이고, 취향에 따라 얼려서 먹는 사람도 있다.

우리나라에서 푸딩이라는 이름의 제품이 처음 출시된 것은 1999년 12월 엠디에스코리아의 1kg 업무용 제품인 '딸기맛푸딩'과 '사과맛푸딩'이었다. 푸딩이라는 명칭을 사용하기는 하였으나 젤리에 해당하는 제품이었다. 이듬해인 2000년에 CJ제일제당에서 출시한 소비자용 제품 '쁘띠첼(Petitzel)' 3종 역시 젤리로 분류될 것이었다. 쁘띠첼은 CJ제일제당의 디저트 브랜드이며, 이 제품의 인기 때문에 우리나라에서 젤리와 푸딩이 혼동되는 원인을 제공하기도 하였다. 쁘띠첼 브랜드의 푸딩은 젤리형 쁘띠첼의 성공에 힘입어 2004년에 처음으로 출시되었다.

2017년 기준 푸딩의 시장 규모는 300억 원 정도로 추정되며, 아직은 작은 규모이나 연평균 20% 이상의 성장세를 보이고 있다. 이처럼 푸딩을 비롯한 디저트 시장이 급성장하게 된 배경에는 장기적 불황과 취업의 어려움으로 경제적 사정이 어려워진 젊은 층을 중심으로 나타난 '립스틱 효과(lipstick effect)', '작은 사치(small indulgence)' 등의 소비 형태가 있다.

립스틱 효과는 1930년대 미국의 대공황 때 만들어진 경제학 용어로서, 경기가 불황일 때 소비자를 만족시켜줄 수 있는 저렴한 제품이 잘 팔리는 현상을 일컫는다. 특히 여성들이 비싼 옷이나 핸드백 대신에 상대적으로 가격이 싼 화려한 색상의 립스틱만으로도 만족을 느끼며 쇼핑을 알뜰하게 하는 데서 유래했다. 남자들이 불경기에 비싼 양복을 사는 대신 넥타이를 사서 매일 바꿔 맴으로써 여러 양복을 입는 것 같은 효과를 내는 것도 비슷한 심리이며, 이런 현상을 '넥타이 효과(necktie effect)'라고 하여 립스틱 효과와 비슷한 의미로 사용된다.

작은 사치는 현실적인 경제적 제약으로 집 구매 등과 같은 큰 소비에서 행복감을 얻기가 어려워지면서 고가의 핸드백, 자동차, 보석 등을 즐기는 일반적인 사치와 다르게 본인이 즐기고 원하는 것에 한해 최고급으로 즐기는 소비 행위를 의미한다. 이와 비슷한 개념으로 우리나라에서는 '소확행(小確幸)'이란 신조어가 유행하고 있다. 소확행은 '소소하지만 확실한 행복'을 줄인 말로서 일상에서 느낄 수 있는 작지만 확실하게 실현 가능한 행복, 또는 그러한 행복을 추구하는 삶의 경향을 의미한다.

립스틱 효과와 유사하지만 과시적 소비가 아니라 자기만족을 위한 소비라는 점에서 다르다. 작은 사치에서는 일반적인 '비싸다', '비싸지 않다'는 개념을 적용시키지 않고 본인이 이 소비를 통해 얼마나 즐거워지는지에만 집중하며, 대부분 여가나 식음료에 한정되어 있다.

이와 같은 소비 형태가 만연하면서 카페에서 커피 한 잔과 케이크 한 조각에 1만 원 이상을 지불하면서 여유를 즐기고, 1개당 수천 원이나 하는 작은 과자 마카롱(macaron)을 구입하는데 망설임이 없다. 이러한 소비 형태는 당분간 지속될 것으로 전망되며, 이에 따라 디저트 시장도 계속해서 커질 것으로 전망된다.

2017년의 국내 디저트 시장 규모는 약 9조원으로 추정되며, 매년 10% 이상의 성장을 나타내고 있다. 디저트 시장은 천천히 변화한 것이 아니라 최근 급성장을 하였으며, 이제는 전체 외식 시장의 약 10%를 차지할 정도가 되었다. 디저트 전문 카페뿐

아니라 편의점과 대형 마트에서도 푸딩을 비롯한 디저트 관련
상품의 매출이 매년 증가하고 있다.

33.
가정간편식(HMR)

식품과 관련하여 최근에 매스컴이나 식품매장에서 'HMR'이란 용어를 자주 접하게 된다. HMR은 'Home Meal Replacement'의 약자로서 국내에서는 가정간편식, 간편가정식, 가정대체식, 가정편이식, 간편식 등으로 번역되고 있으며, 그중에서 가정간편식이 가장 많이 사용되고 있다.

HMR과 인스턴트식품은 둘 모두 간편함과 빠름이라는 공통점이 있으나, 인스턴트식품이 주로 부정적인 의미로 사용되는 데 비하여 HMR은 긍정적이고 신기술이라는 이미지를 갖고 있는 차이가 있다. 그러나 HMR은 인스턴트식품과 마찬가지로 법률적이거나 학문적인 용어가 아니고, 상업적으로 사용되기 시작하면서 굳어진 용어이며, 아직 개념이 확립되어 있지 못하여 혼동을 주는 용어이기도 하다.

식문화(食文化)와 생활방식의 차이 때문에 HMR에 대한 개념

은 나라마다 다르다. 미국의 경우는 "완전하게 조리가 끝난 식품 또는 가열이 필요한 식품으로 끼니를 해결할 수 있는 식사"로 풀이하고 있다. 우리와 식문화가 비슷한 일본에서는 HMR을 '나카쇼쿠(中食, なかしょく)'라고 하며, 완전히 조리가 끝난 식품뿐만 아니라 가공식품이나 반조리 식품도 포함시키고 있다.

같은 한자를 사용하지만 발음을 달리하고 점심을 의미하는 '주쇼쿠(中食, ちゅうしょく)'와는 구분되는 개념이다. 나카쇼쿠에는 집에서 직접 만들어 먹는 식사인 '내식(內食, ないしょく/うちしょく)' 및 밖에서 사먹는 식사인 '외식(外食, がいしょく)'과 구분하여 '밖에서 만들어진 음식을 사와서 가정에서 먹는다'는 의미가 담겨있다.

우리나라에서는 아직 HMR에 대한 정의나 사회적 개념 정리가 확립되어 있지 못하며, 여러 가지 제안이 나와 있는 상태이다. 합의되지는 않았으나 HMR에 대한 여러 의견들을 모아보면 다음과 같은 공통점들이 나타난다.

- 가정식: HMR 제품은 '가정의 식사를 대체한다'는 특징이 있어 일반 공산품과 구분된다. 라면도 식사대용으로 이용되고, 간편성도 있으나 일반적으로 HMR로 분류하지는 않는다. 그 이유는 라면이 일상적으로 가정에서 만들어 먹던 음식이 아니라 처음부터 공장에서 만들어진 것을 사먹던 공

산품이었기 때문이다.

소비자들이 HMR 제품을 구매할 때에는 단순히 '식품을 구매(buy food)'하는 것이 아니라 '식사를 구매(buy meal)'하는 것이다. 한국인의 식생활도 예전과 달리 서양식의 비중도 커지고 있으며, 인도의 카레나 베트남의 쌀국수처럼 점점 세계화되고 있다. 이에 따라 HMR 제품도 밥이나 국과 같은 전통적인 한식의 범위를 벗어나고 있다.

■ 간편식: 일반적으로 가정에서 음식을 준비할 때에는 식재료를 구입하여 손질하고, 조리하여, 식탁에 제공하는 과정을 거치게 된다. HMR 제품은 이 과정에서 들어가는 노력과 시간을 최대한 줄이려는 목적으로 만들어진 것이다. 따라서 대부분의 HMR 제품은 어느 정도 조리가 된 상태에서 판매되기 때문에 데우거나 끓이는 등의 단순한 조리 과정만 거치면 요리가 완성된다.

HMR 제품은 간편하면서도 영양이 충분히 고려되어 있고, 맛도 단순히 한 끼를 해결하는 수준이 아니라 웬만한 식당의 요리 못지않게 훌륭하다. HMR 제품의 범주와 종류에 대해서는 약간의 이견이 있기는 하지만 대체로 다름의 4가지로 구분할 수 있다.

- RTP(Ready To Prepare): 각각의 식재료를 바로 조리에 사용할 수 있도록 손질된 상태로 포장해 놓은 것을 말한다. RTC가 하나의 요리에 필요한 모든 재료를 포장해 놓은 반면에 RTP는 한 가지의 식재료만 포장하였기 때문에 다른 재료로 인한 변질이 없어 RTC보다 신선하다는 장점이 있다. 다만 다른 HMR 제품들에 비하여 조리과정이 복잡하고, 폐기가 발생할 수 있으며, 비용이 좀 더 높아진다는 단점이 있다.

- RTC(Ready To Cook): 바로 조리가 가능하게 손질이 된 제품을 말한다. 물을 붓거나 다른 식재료를 첨가해서 간단한 조리과정을 거쳐야 하는 형태로 찌개, 탕 등의 제품이 있다.

- RTH(Ready To Hit): 레토르트식품이나 냉동식품과 같이 전자레인지 등에서 데우기만 하면 되는 제품을 말하며, '3분카레', '햇반' 등의 제품이 이에 속한다.

- RTE(Ready To Eat): 구매하여 더 이상의 조리나 가열 없이 바로 먹을 수 있는 삼각김밥, 샌드위치 등의 식품을 말한다.

HMR 제품의 소비가 증가함에 따라 식품위생법에도 반영하게 되었으며, 2007년에 고시되어 2008년 2월부터 시행된 〈식품공전〉에는 '즉석섭취·편의식품류'가 신설되었고, "소비자가 별도의 조리과정 없이 그대로 또는 단순조리과정을 거쳐 섭취할 수 있도록 제조·가공·포장한 것"으로 정의하였다. 세부 유형으로는 즉석섭취식품, 신선편의식품, 즉석조리식품으로 구분하였다.

■ 즉석섭취식품: "동·식물성 원료를 식품이나 식품첨가물을 가하여 제조·가공한 것으로서 더 이상의 가열, 조리과정 없이 그대로 섭취할 수 있는 도시락, 김밥, 햄버거, 선식 등의 식품을 말한다"고 정의되어 있으며, RTE 제품에 해당한다.

■ 신선편의식품: "농·임산물을 세척, 박피, 절단 또는 세절 등의 가공공정을 거치거나 이에 단순히 식품 또는 식품첨가물을 가한 것으로서 그대로 섭취할 수 있는 샐러드, 새싹채소 등의 식품을 말한다"고 정의되어 있으며, RTE 또는 RTP 제품에 해당한다.

■ 즉석조리식품: "동·식물성 원료를 식품이나 식품첨가물을 가하여 제조·가공한 것으로서 단순가열 등의 조리과정을 거치거나 이와 동등한 방법을 거쳐 섭취 할 수 있는 국, 탕, 수프, 순대 등의 식품을 말한다"고 정의되어 있으며, RTC 또는 RTH 제품에 해당한다.

일상적인 식사는 각 가정에서 요리하여 먹는 것이 인류의 오랜 역사에서 보편적인 생활방식이었다. 그러나 산업혁명의 결과 인류의 생활 패턴이 변하면서 가정이 아닌 밖에서 식사하는 일이 많아졌으며, 외식산업이 생겨나게 되었다. 미국에서는 1950~1960년대에 'dining industry' 또는 'food service industry'라는 표현이 사용되기 시작하였으며, 일본에서는 1970년대에 외식산업(外食産業)이라는 용어가 사용되기 시작하였다.

산업 발전에 따른 여성의 사회진출 증가 및 일상의 시간을 효율적으로 활용하고자 하는 라이프스타일 변화는 단순히 밖에서 사먹는 외식이 아닌 새로운 식사 방식을 요구하게 되었으며, 그 대안으로 등장한 것이 HMR이다. 1970년대에 미국에서 시작된 HMR은 그 이후 유럽으로 점점 퍼져나갔으며, 일본은 1980년대 말에 HMR 시장이 급성장하였다.

우리나라에서 HMR 제품이 처음 등장한 것은 1981년 오뚜기에서 판매한 '3분카레'이며, 1996년 CJ제일제당에서 '햇반'을 출시하면서 종전의 소스 위주의 제품에서 주식인 밥까지 HMR 제품이 확대되었다. 국내에서 HMR 제품이 본격적인 주목을 받기 시작한 것은 2000년대 초반이다.

1인 가구 및 맞벌이부부가 증가하고, 고령화 추세의 확산으로 간편한 식사를 원하는 소비자가 많아지면서 HMR 제품에 대한 수요가 증가하였기 때문이다. 혼자서 밥을 먹는 이른바 '혼밥족'이 증가하며 1주에 3~4회는 HMR로 끼니를 해결하고 있다. 혼밥족의 비율은 과거 10~20대의 젊은 층에서 압도적으로 높았지만 지금은 전 세대에 걸쳐 고르게 나타나고 있다.

최근 국내 HMR 시장은 연평균 20%가 넘는 성장률을 보이고 있으며, 유형별로는 도시락, 삼각김밥, 샌드위치 등의 즉석섭취식품이 약 60%, 즉석조리식품이 약 35%, 신선편의식품이 약 5%를 차지하고 있다. 유통경로는 전에는 이마트 등 대형마트의 비중이 컸으나, 최근에는 편의점의 비중이 빠르게 증가하고 있다. HMR 시장의 규모는 2019년 기준으로 약 4조원 정도로 추정되고 있다.

그러나 아직은 식품 전체 시장에서 차지하는 비중이 매우 미미하며, 초기단계라고 할 수 있다. 현재는 HMR 시장의 가능성에 주목한 여러 업체에서 참여하여 다양한 제품과 유통경로가 생겨나면서 시장을 더욱 키우고 있는 상황이다. 2020년 초에 발생한 코로나19 유행에 따른 '사회적 거리두기'의 영향으로 집에 머무는 시간이 많아져서 배달음식의 수요가 증가하였으며, HMR 역시 급성장의 계기를 맞이하였다.